동양사연구총서

中國과 東아시아世界

曺永祿 卞麟錫
申採湜 金九鎭
崔韶子

국학자료원

發 刊 辭

年例的으로 東洋史學會가 실시해 오던 冬季 워크샵을 금년은 장소를 天津으로 옮겨 개최하게 되었음을 기쁘게 생각합니다. 개최장소를 國外로 옮긴 것은 이번이 두 번째로서, 그 연륜이 쌓이기 시작했다는 점에서 퍽 의미있는 일이라 생각됩니다. 특히 學術會議의 附隨 行事로서 遺跡地 踏査를 아울러 실시하게 된 점은 무엇보다 값진 경험으로서, 본 워크샵을 더욱 의미있게 했으리라 생각됩니다. 학술교류와 아울러 평소에 확인하고 싶었던 Silk Road 선 상의 敦煌을 踏査地로 선정했던 것은 개인적으로는 뜻있는 추억으로 남겨질 것입니다.

본 冬季 워크샵의 주제를 '中國과 東아시아 世界'로 택한 것은 2년 전의 일이었습니다만은 實務를 맡아 준비해 보니 이만한 시간도 그다지 넉넉지 않았습니다.

위의 주제를 가지고 中國 안에서 發表會를 갖는다는 것이 과연 적절한가 고려해 보기도 했습니다만은, 막상 회의를 끝마치고 보니 바로 이 염려때문에 오히려 효과가 컸었다는 것으로 자위하게 됩니다. 그 이유는 종래 中國文獻이 주장해 왔던 '中心'이라는 개념이 지리적 거리에서만 좌우될 성질의 것이 아니었으며, 나아가 그들에게서 '周邊'으로 인식되어져 왔던 문화가 오히려 '中心'에 상대적인 比重의 영향을 미침으로써, 이를 통해 世界化가 이루어 진다는 이론적인 지적도 확인되었기 때문입니다. '中心'과 '周邊'을 묶어 中國的 世界觀을 형성해 왔던 것에 대하여 그 내부를 들여다 보면 분립·독립의 역사가 많은 것을 보게 된다. 그 이유는 실질적인 변화를 일으킬 수 있는 中國의 開放化에 기인된다고 생각되기 때문이다.

종래 中國文獻이 경직된 편견에 사로잡혀 있었던 점은 사실입니다. 그래서 이러한 문제를 두고 中國의 학자들과 토론을 벌이자면 상당한 거리감이 있을 것으로 예상되어 조심스러웠던 점도 없잖아 있었습니다. 그러나 막상 그들과 대화를 나누는 가운데 이러한 거리는 좁혀질 수 있음을 느꼈으며, 중국문화도 周邊世界와 공동으로 創出되어 진 것이라는 생각이 일부 중국의 少壯學者들로부터 관심의 대상이 되었다는 점을 확인할 수 있었습니다. 이 점은 본 冬季 워크샵의 큰 所得으로 남을 것입니다. 논평을 해 준 南開大學 歷史系 교수님께 감사드리며, 아울러 성황리에 만찬을 베풀도록 찬조해 주신 아주학원 김 준엽 이사장님께도 이 자리를 빌어 감사드립니다.

앞으로 이와 같은 國際 學術會議가 우리의 학문적 수준의 발달에 따라 계속 이어지기를 바라마지 않습니다.

1995. 5. 20.

東洋史學會 會長 卞 麟 錫

■ 中國과 東아시아世界

目　次

發刊辭/ 3

◇ 中國的 國際秩序의 推移와 韓·日의 對應 ……… 曺永祿 ─── 7
◇ 唐代에 있어서의 中國과 東亞關係 ……… 卞麟錫 ─── 37
◇ 10-13世紀 東아시아의 文化交流
　－海路를 통한 麗·宋의 文物交易을 中心으로 ……… 申採湜 ─── 67
◇ 遼·金·元 時代에 있어서 高麗와 北方騎馬民族 ……… 金九鎭 ─── 105
◇ 清과 朝鮮
　－明·淸交替期 동아시아의 國際 秩序에서 ……… 崔韶子 ─── 137

부　록
◆ 要略文 ─── 163
◆ 論　評 ─── 241

中國的 國際秩序의 推移와 韓·日의 對應

曺 永 祿(東國大學校)

<목차>

1. 머리말
2. 開放時代의 中國과 동아시아 國際秩序의 推移
3. 征服王朝의 出現과 東亞 諸國의 對外的 消極性
4. 14세기 이래 中國의 '鎖國'과 韓·日의 對應
5. 맺음말

---

1. 머리말

동아시아 三國, 中·韓·日은 지역상의 이유로 하여 일찍부터 비교적 밀접한 관계를 가지면서 발전하여 왔다. 더욱이 이들은 儒教文化와 佛教(大乘佛教)文化를 매개로 하여 상호 교섭하면서 발전하였기 때문에 문화적 공통성을 띠었다는 점에서 다른 문화권과도 구별된다.

지금까지 동아시아 역사에 관한 시대별·분야별 연구는 이루 헤아릴 수 없이 축적되어 온 것이 사실이지만, 東亞 三國의 역사를 通代的으로 종합하여 보려는 경우는 그리 흔치 않은 것으로 보인다. 사실 이를 통대적으로 종합하여 고찰한다는 일이 가능한 것인가?

이 글은 제14회 東洋史學會 워크샵의 주제 「중국과 동아시아 세계」의 총설격으로 준비한 것으로, 秦漢帝國의 출현에서 17·18세기까지의 동아시아 국제관계를 통관해 보려 하였다. 그러나 실제에 있어서는 중국을 중심으로 하여 삼국관계가 본격화되는 당에서부터 宋·元을 거쳐 明·淸初까지에 이르는 시기의 동아시아의 국제관계사를 역사적 내지 시대적 특징에 따라 그 추이를 일별해 보려 한 것이다.

국제관계사의 연구는 국내외 학계에서 이미 질적, 양적으로 상당한 업적을 쌓아 왔다. 우리나라의 이 방면 연구로서, 먼저 손꼽을 수 있는 것은 全海宗 교수의 연구인데[1], 이는 한중관계사 특히 朝貢關係史의 해명에 국한하여 일본은 제외되고 있다고는 하더라도 동아시아 연구의 중요한 부분이 상세히 그리고 체계적으로 구명되었다. 다음으로 高柄翊 교수의 연구로서, 전자에 비해 체계성은 덜하다 하더라도 폭넓은 분야와 다양한 문제에 대하여 여러 각도에서 접근하고 있다.[2] 모두 이 방면 연구에 기여할 뿐 아니라 후학들의 후속적 연구의 초석이 되고 있다. 이 밖에도 일일이 열거하기 어렵거니와 최근에는 震檀學會에서도 동아시아 국제관계의 새시대를 맞이하는 이 시점에서 고려시대 한중교섭에 관한 국제학술회의를 개최하여 그 내용을 담아 특집호로 발간한 바 있다.[3]

이 글은 동아시아 국제관계사를 통시대적으로 고찰하려 하였다는 점에서 개설적 논고에 그칠 부담을 안고 있을 뿐 아니라 내용 구성의 성질상 기존의 연구를 통합하고 재구성하지 않을 수 없는 한계를 처

---

1) 대표적인 것으로 『韓中關係史硏究』(일조각, 1970)를 들 수 있으며, 이밖에도 여러시대에 걸쳐 많은 연구가 있다.
2) 고병익, 『東亞交涉史硏究』(서울대출판부, 1970) 등.
3) 『高麗時代 韓中交涉의 諸樣相』(『진단학보』 제71·72 합병호, 1991)

음부터 가진 것이 사실이다. 그리고 동아시아사 연구라고는 하였지만 일본관계는 중한관계에 부수하여 논급한 정도로 소략할 수밖에 없었다. 이러한 문제성을 띤 것이 사실이지만 나름대로 기존의 연구를 토대로 하여 이를 종합 정리하여 문제를 단순화시킴으로써 동아시아 國際秩序가 형성되고 전개되는 과정에서 나타나는 시대적 특징을 부각시켜 보려 하였다. 그리고 또 한편으로는 중국이 주도하는 동아시아 국제관계가 시대가 내려 옴에 따라 鎖國的 傾向이 강화되어 가는 추세에서 한국과 일본이 어떻게 대응하면서 독자적 위치를 확보하여 가는가 하는 문제시각에서 이를 역사적으로 조명해 보려 한 것이다.

2. 開放時代 中國과 동아시아 國際秩序의 推移

1) 동아시아 국제질서의 형성

秦漢帝國의 출현은 중국사의 전개에 하나의 중요한 劃期가 됨은 물론 東아시아 諸 民族이 서로 구성하는 국제관계의 원형이 이를 계기로 하여 이루어졌다. 특히 漢의 武帝는 朝鮮 북부에 四郡을 설치하여 內地와 같은 郡縣制 지배를 시도하였으나 얼마 후에는 韓族의 저항으로 漢의 郡이 폐지되거나 후퇴하였다. 그후 漢帝國이 쇠약하게 되자 樂浪郡의 주위에는 고구려의 세력이 부상하고, 남쪽에도 신라와 백제가 점차 강한 세력을 형성하였다.

3세기에는 三國의 魏가 公孫氏를 쳐서 遼東지방으로 지배의 손길을 뻗으면서 동쪽 해상으로는 倭의 邪馬臺國과도 교섭을 열었다. 이들 '東夷' 諸族은 중국의 군사력이 강성할 때는 朝貢을 바치는 등 事

大의 禮를 행하였으나, 4세기초 西晉王朝가 五胡의 亂으로 멸망하자 각자 자립적인 움직임이 활발하게 진행되었다. 高句麗는 樂浪郡을 멸망시켜 요동지방에 세력을 확충하고, 신라와 백제는 국가의 형태를 갖추었으며, 大和朝廷은 점차 일본의 서반부를 통일하여 한반도와의 교섭과 항쟁을 반복하였다.

중국 주변의 여러 민족이 이렇게 발전을 거듭하자, 이에 발맞추어 漢民族 자신의 세계도 확대되었다. 三國시대에 魏는 동북지방, 吳는 江南, 蜀은 四川지방 등의 변방을 개발하였으며, 五胡의 침입으로 東晉이 南渡하면서 한인이 대거 남방으로 이주함으로써 江南이 획기적으로 발전하여 華北에 필적할 정도로 정치와 문화가 발달하였다. 화북지방에도 北魏의 孝文帝가 洛陽遷都와 함께 漢化정책을 실시하여 일정한 성과를 거두더니, 뒤에 다시 분열되어 西魏·北魏에서 생겨난 關隴貴族集團은 胡漢의 융합을 한층 발전시켰다.

조선반도에서는 漢·魏의 樂浪·帶方 두 郡은 韓族과 倭의 朝貢을 담당하였는데 조공하는 군장에게는 중국의 爵位와 印綬가 주어졌다. 倭의 奴國王이 金印을 받고 卑彌呼에게 '親魏倭王'의 爵號가 내려진 것도 그런 경우이다. 중국의 영향력이 약화된 뒤에도 고구려·백제·신라나 왜의 五王이 南北朝에 입조하였으며, 다음 隋가 이 방면에 다시 영향력을 행사하기 위하여 고구려 원정을 기도하다가 왕조의 멸망을 초래한 원인이 되기도 하였다. 唐은 신라를 이용하여 백제를 치고, 이어 고구려를 멸망시켜 그 자리에 安東都護府를 설치하여 반도의 지배권을 강화하려 하였으나 신라의 저항을 받고 후퇴하지 않을 수 없었다. 韓族의 성장이 중국의 반도지배를 물리친 결과였다. 삼국 가운데서도 국가형성이 가장 빨랐던 고구려가 중국과의 교섭도 먼저 하였으나 전쟁과 평화가 교차하였으며, 대체로 5세기초 이래 조공을 하고 작위를 받았다.

2) 唐帝國과 開放的 동아시아 國際關係[4]

중국은 6세기말 7세기초, 隋唐帝國의 출현으로 華北과 江南의 두 지역이 다시 통일되었을 뿐만 아니라 주변의 諸 民族까지 내포하는 一大 世界帝國을 형성하게 됨으로써 동아시아 국제관계도 새로운 시대를 맞이하게 된다.[5] 신라는 7세기에 들어 年號와 曆을 사용하고, 入唐使가 宿衛가 되는 등 조공제도가 본격화하였다. 당시의 日本도 遺隋使, 遺唐使를 보내어 中國의 선진적인 律令制를 받아들여 지배질서 확립에 노력하였던 것은 신라의 경우와 마찬가지였다.

수당제국은 중국의 內地 統一과 주변 제 민족에 대한 冊封體制를 확립함으로써 세계제국을 형성하고,[6] 이를 어떻게 통치할 것인가 하는 이념적 방법을 전통적 천하관념에서 구하였다. 이른바 華夷觀이 그것이다. 皇帝의 郡縣制에 의한 직접 지배지역이 中華인데 대하여 夷狄의 郡長에게는 朝貢하게 하고 대신 그들에게는 中國의 官爵을 수여하는 책봉체제도 바로 화이적 천하관념에 기초하는 것이다. 수당제국의 이러한 천하관념에 의한 지배방식은 기본적으로 秦漢帝國의 그것을 계승 발전한 것으로서, 그것은 기본적으로 包容的이며 開放的이지 않을 수 없다. 물론 일부 物資에 대해서는 제약이 없었던 것이 아

---

4) 高柄翊 선생은 「近世 中·韓·日의 鎖國」, 『진단학보』 제29·30에서 중국의 대외관계의 성격에 대하여 元代 이전을 개방성이 강하고, 明淸代를 쇄국적 경향이 강하다고 보고 있다. 그러나 필자는 그 시기를 더 세분하여 隋唐代까지를 원칙적으로 개방하의 중국으로 보지만, 漢代에서 魏晉南北朝시대까지는 동아시아 국제관계가 아직 본격화하지 못하였다는 점에서 이를 구분하여 서술한다.
5) 田中健夫 「東アジア交通關係の形成」 『岩波講座 世界歷史』 9(1974) p.515-524.
6) 屈敏一은 「東アジア世界の形成」 『岩波講座 世界歷史』 5(1974)에서 秦漢帝國의 출현으로 동아시아 세계가 형성되기 시작하였으며, 隋唐의 世界帝國을 중심한 동아시아 세계제국은 이를 기초로 형성되었다고 보고 있다.

니지만, 당과 같이 힘을 뒷받침한 세계제국으로서는 '外夷'에 대하여 관대하고 개방적 태도로 임하지 않을 이유가 없다.7)

특히 唐의 세계제국 지배의 특색은 羈縻州의 설치에 있었다. 기미정책은 他 민족국가에는 기미주를 두어 자치를 인정하되 그들을 느슨한 상태로나마 관료제적 지배체계내에 묶으려는 방식이었다. 그러나 주변국들의 힘의 消長에 따라 기미정책의 운용에도 신축성을 두지 않을 수 없었으며, 더구나 국내의 반란 등 내적 지배력이 강화하면 대외적 통치력도 약화하기 마련이다. 高宗 末年에는 동쪽으로 신라가 조선을 통일하여 安東都護府가 후퇴하더니, 얼마 후 東突厥이 부흥하여 몽고를 대신하였으며, 이어서 契丹의 반란을 계기로 渤海가 일어났다. 그리고 서방에는 吐蕃, 중앙아시아에는 突騎施, 雲南에는 南詔가 각기 중국의 주변을 어지럽혀 羈縻州體制를 붕괴시켰다. 帝國의 중앙대군도 이러한 와중에서 패퇴함으로써 내지에도 節度使를 두어 중앙집권적 황제체제를 강화하지 않을 수 없었다. 玄宗朝의 限時的 번영은 莊園이라고 하는 대토지 소유제의 발달과 강남경제의 발전을 기초로 가능한 것이었다. 그러나 한편으로는 均田制의 붕괴와 異民族의 內地活動이 있게 됨에 따라 지방의 절도사들은 이들 몰락농민과 이민족으로부터 傭兵을 모집하여 오히려 자기 세력을 강화시킴으로써 地方分權化 현상을 초래하였다.

藩鎭이라고도 불리는 이들 절도사 세력은 점차 강대한 권력을 장악하여 安・史의 亂을 계기로 하여 점차 唐帝國의 중앙집권체제를 붕괴시키는 결과를 가져왔다. 唐末의 藩鎭은 土豪와 兵士・群盜 등 下層出身者의 손에 좌우되어, 907년 大運河의 요충인 開封을 장악한 朱

---

7) 全海宗, 앞의 책, pp.2-3.

全忠이 唐을 멸하고 後梁을 세워 五代十國期를 열게 된 것이다. 당의 몰락은 동아시아 세계질서에 커다란 변화를 초래하였다. 주변 제민족의 독자적인 활동이 활발하게 됨으로써 이전까지 중국을 중심으로 전개되어 오던 국제관계에도 변화가 따르게 된 것이다.

3) 開放體制下의 中國(唐)과 韓·日 交涉

中國의 對外交涉은 일찍이 개방적으로 이루어졌으나, 漢代의 四郡 설치와 이로 인한 교류 등은 아직도 韓民族의 발달정도가 낮아서 본격적인 교섭이라고 볼 수 없다. 三國時代로부터 晉을 걸쳐 南北朝에 이르는 3세기에서 6세기경에 고구려·신라·백제의 朝貢關係 기사와 함께 印度의 불교가 중국을 거쳐 한반도에 전해졌으며, 唐代에 이르러 그 대외교섭이 가장 개방적으로 이루어졌다. 남쪽의 突厥과 鞋鞨族, 西로 回紇 등 西域 諸族, 남으로 大食과 波斯人이 출입하였으며, 동방에서는 韓族과 倭의 使臣이 출입할 뿐 아니라 留學生이나 宿衛가 입당하고 僧侶·商人들이 내왕하였으며, 심지어는 唐朝에 벼슬하는 이도 비일비재하였다. 당의 수도 長安은 서역으로부터 여러 종교가 새로 유입되었으며, 음악과 기예가 들어와 국제도시로서 번영하였다. 특히 海路로 南海貿易이 발달하여 廣州에는 外國商船이 폭주하고 外國居留民의 수가 늘어났다. 당 중기에는 市舶司를 설치하여 외국상품의 關稅業務를 담당하였으며, 광주 이외에도 交州, 明州, 揚州 등 여러 항구가 주로 아랍상인들로 붐볐다.

해로에 의한 羅唐交涉도 활발하게 진행되었다. 특히 新羅統一期에 와서는 公的 교섭 이외에도 私貿易이 성행하였다. 삼국통일 이후에는 黃海道 椒島로부터 서남으로 山東半島의 登州 방면에 이르는 항로가 개척되어8) 반도로부터는 韓人들이 산동반도에서 淮河유역에 이르는 해안지대에 집단적으로 거주하고 있었다는 사실은 羅唐交涉이 얼마나 활발하게 이루어지고 있었던가를 말해준다. 755년 이래, 산동지역에는 고구려유민계통의 平盧淄靑節度觀察使 李正己 一家는 산동반도 지역을 점유하여 약 60여 년간 사실상의 小王國體制를 유지하였다.9) 당시 李氏 일가는 唐의 對新羅·渤海 외교의 교섭임무를 담당하는 한편 私的으로는 그들과 교역도 행하고 있었기 때문에 산동반도 일대는 신라인의 촌락이 건설되기도 하였으며, 이씨 일가의 몰락 후에도 이 지역은 나당 교섭의 중심지로서의 역할이 계속되었다.

또한 9세기 전반에는 張保皐가 나와 신라인의 해외진출과 무역활동을 주도하였다. 이 무렵 중국을 비롯한 반도의 삼국은 대체로 중앙정부의 지방통제력이 이완되기 시작한 반면 민간무역업자들에 의한 활동이 해상에서도 활발하게 전개되었다. 장보고는 韓·中·日 삼각무역의 요충지가 되는 반도의 莞島에 靑海鎭을 건설하고, 여기를 본영으로 활동하여 이른바 貿易王으로서 商業帝國을 건설하는 데 성공한 인물이다. 그는 신라국왕의 보증하에 반도의 서남해안 일대의 군소 해상세력을 통제할 수 있었을 뿐 아니라 산동반도의 남해안 일대와 淮河유역에 거류하고 있었던 신라상인들을 통제하거나 직접 장악함으로써 일대 해상왕국을 건설할 수 있었던 것이다.10) 장보고의 해

---

8) 金在瑾,「張保皐時代의 貿易船과 그 航路」,『張保皐의 新研究』, 莞島文化院, 1985, pp.120-151 ; 朱江,「唐과 新羅의 海上交通」,『張保皐, 海洋經營史研究』, 李鎭出版社, 1993, pp.237-268.
9) 金文經,「唐代 藩鎭의 한 研究-高句麗遺民 李正己 一家를 중심으로-」,『省谷論叢』 6, 1975, pp.454-477.
10) 李基東,「張保皐와 그의 海上王國」,『張保皐의 新研究』, 莞島文化院, 1985, pp.86-119 ; 金文經,『張保皐, 海上王國의 사람들』,『張保皐, 海上經營史研究』, 李鎭出版社, 1993, pp.91-130.

상활동과 在唐新羅居留民의 동태를 생생하게 전해주는 『入唐求法巡禮行記』의 저자 일본 승려 圓仁이 귀국할 때도 바로 그들 신라인의 해상활동에 힘입은 바 크다. 사실 고구려가 일찍부터 요동반도에 웅거하고 있는 상태에서는 백제와 신라의 중국과의 교섭은 바다를 이용할 수밖에 없었기 때문에 양국 승려의 중국 來往도 지금까지 알려진 6세기보다 훨씬 일찍부터 시작되었을 가능성도 있다. 한반도의 해상활동은 일찍부터 廣州를 근거로 하여 발달한 중국 동남해지역의 상업활동에 많은 영향을 받았을 것이다. 삼국시대에 이어 신라통일기에 들어와서는 여러 계통의 사람들이 당으로 들어갔다. 公式使行의 내왕은 물론이고 위로는 王公 貴族으로서 宿衛하는 사람, 科擧를 보아 官職을 얻는 사람, 유학승 등을 비롯하여 아래로는 일반 상인이나 심지어는 노예로 끌려가는 이에 이르기까지 수많은 사람이 신라에서 당으로 흘러 들어갔다. 그러한 당시의 정황을 崔致遠은 "무릇 길이 멀다 해서 사람 못 가는 곳이 없고, 사람으로서 못 갈 나라가 없다. 그렇기 때문에 동쪽나라 사람들은 儒者건 僧侶건 반드시 서쪽으로 대양을 건너서 몇 겹의 通譯을 거쳐 말을 통하면서 공부하러 간다"[11] 하여 적절히 표현해 주고 있다. 이들 가운데서 승려의 구법행렬은 특기할 만하다. 중국에 가서 法을 하고 돌아오거나 혹은 계속 머물러서 修行에 일생을 마친 이를 합하면 부지기수이며, 高僧으로서 오늘날에 이르러서야 그 이름이 알려지고 있는 경우가 있는 것으로 보아 앞으로도 발굴할 수 있는 경우도 상당히 있을 것으로 추측된다. 求法 활동은 중국에만 그치는 것이 아니라 멀리 인도에까지 가는 승려도 있었다. 『往五天竺國記』로 유명한 慧超를 비롯하여 기록에 보이는 인도구법승

---

11) 崔致遠 撰, 「智異山雙溪寺眞鑑國師碑」, 『海東金石苑』 1.

만 하더라도 6·7인이나 된다는 사실도 당시 신라인의 대외활동이 얼마나 적극적이었던가를 보여주는 하나의 좋은 실례가 되는 것이다.

3. '征服王朝'의 출현과 東亞 諸國의 對外的 消極性

1) 정복왕조의 출현과 국제관계의 소극성

10세기의 동아시아 세계는 일찍이 볼 수 없었던 격변의 시기였다. 唐末五代의 중국은 中國史의 전개에 있어서 매우 중요한 전환기로서 특징지어지고 있거니와 이른바 정복왕조의 대두도 그 전환기적 특징의 하나가 된다. 10세기초 당이 멸망하자 華北지방에는 절도사 출신 朱全忠이 세운 후량을 필두로 하여 五代가 교체하고, 지방 각지에는 十國이 난립하였다. 뿐만 아니라 주변 제 민족의 움직임도 활발하였다. 만주 방면에는 916년 契丹族 耶律阿保機가 遼를 세워 오래 계속된 渤海國을 멸망시켰으며, 한반도에는 918년 王建이 高麗王朝를 세워 935년에는 신라를 치고, 다음 해에는 後百濟를 쳐서 통일을 완수하였다.

중국은 약 반세기간의 군벌정권시대를 끝내고, 960년 趙光胤이 宋王朝를 세워 천하를 통일하였으나, 이번에는 북방민족들의 남방에 대한 핍박을 가중시켜 왔다. 隋·唐시대에 한족국가의 대외활동이 매우 활발하였으나 10세기 이후의 중국은 이들 '정복왕조'의 압박으로 국내외의 정치가 자연히 위축되지 않을 수 없었다. 五代의 後晉이 燕雲

十六州를 遼에 헌납하고, 신하가 된 것은 그후의 중국이 金과 元으로 이어지는 '정복왕조'와의 사이에 있어서 자신에 대한 그들의 우위를 예고해 주는 불행한 사건이었다. 宋帝國은 요와 西夏에 대하여 한족으로서는 굴욕적인 和約을 맺고 막대한 歲幣를 보내지 않으면 않되었다. 금과 원에 대하여도 마찬가지였다. 女眞族 酋長 阿骨打가 1115년 金을 건국하더니 얼마 후 요와 북송을 멸망시켰으며, 1206년에는 징기스칸이 蒙古를 통일하더니 1279년 世祖가 南宋을 멸망시킴에 이르러서는 동아시아 국제정세는 일대 전환을 맞게 된 것이다. 10세기 이후, 수·당제국과 주변 여러 나라들과의 사이에 국제질서로서 전개되어 오던 冊封體制는 이리하여 크게 손상을 입게 되었다.

강성한 北方民族의 압박이 계속되는 한 한반도의 韓族과 강남의 漢族국가와의 교섭은 해로를 통하여 이루어질 수밖에 없었다. 오대십국 중 江南의 吳越國(907-978)은 해로로 한반도와 일본과도 꽤 잦은 교섭을 가졌다. 후백제의 甄萱은 오월국에 사신을 보내어 名馬를 증여하고 官爵을 받는가 하면 오월국으로부터 사신이 와서 후백제와 고려의 화친을 권고하는 國書를 보내기도 하였다. 고려 태조 王建도 해상무역세력으로 성장하여 오대의 여러 왕조 및 오월 등 강남의 연안 지역과 교류하였으며, 오대의 뒤를 이은 宋과도 교류를 계속하였다. 이처럼 한반도와 강남간의 정치와 문화교류가 활발하였던 데에는 절강 및 복건 지방 해상들에 힘입은 바 컸으며, 이후 고려의 대송교역도 실은 이 오월의 海商들이 주도한 것이었다.[12]

양측의 해상교통은 11세기 후반 遼의 세력이 강성하여 黃海橫斷

---

12) 韓半島와 吳越國의 교섭에 대하여는 李基東, 「9·10세기에 있어서 黃海를 무대로 한 韓·中·日 三國의 海上活動」, 『震檀學報』 71·72 합병호, 1991, pp.295-297.

航路가 위협받게 됨에 따라 揚子江 이남의 東中國海 斜斷航路를 주로 이용하였다. 北宋말 고려에 使臣 온 徐兢의 『宣化奉使高麗圖經』(1124)에 지남침을 이용하여 방향을 가린다는 기록은 당시의 항해활동이 상당히 활발하였음을 말해주고 있거니와 사실 12세기 경에는 廣州나 泉州 등지에 외국상인에 대한 무역사무를 관장하는 市舶司가 설치되어 남해무역이 성해졌다.13) 송의 상인들이 동으로 고려와 일본으로도 내왕하였으나 동아시아 해역에서는 일찍이 신라의 장보고의 해상활동에서 보여준 지배적 해상세력은 되지 못하였다.

　高麗와 宋은 본래 서로간의 공식적 외교관계의 수립을 원하였는데, 이는 북쪽의 契丹이나 女眞族의 위협에 직면한 양국의 공동대처를 위해서도 필요한 조처였다. 그러나 강성한 북방민족의 압박은 그러한 여유를 주지 않았기 때문에 麗宋關係는 그들과의 관계 여하에 따라 斷續될 수밖에 없었다. 北宋이 金에 망하고 南宋이 서자 그 초기 약 40년간은 고려와 국교가 열리더니 그후 몽고족의 등장으로 다시 국교가 단절되었다. 비록 공식관계는 끊어질 때라도 상인의 내왕은 끊이지 않았음은 물론이다.

　고려의 대중국관계는 지리적으로 남방의 송보다는 오히려 북방민족과 더욱 용이하였다. 고려가 요와의 사이에 처음 내왕한 것은 922년이었으나, 994년에 이르러서야 朝貢關係가 정식으로 성립되면서 송과는 외교관계를 끊었다. 고려는 요에 대하여 여러 종류의 조공사절을 파견하였으며, 요로부터의 來使도 잦았다. 왕과 세자의 생신에 賀使를 파견하는 이전에 없던 사절조차 있게 되었던 것은 요의 강압적 태도에 말미암은 탓이었다. 심지어는 고려의 국왕으로 하여금 직접

---

13) 高柄翊, 「高麗 東아시아의 海上交通」, 『진단학보』 71·72 합병호, 1991, pp.300-304.

入朝하기를 요구하는 경우도 있었다.

고려와 금과의 관계도 이와 비슷하여 使行의 종류, 빈도 그리고 금의 사신에 대한 예우 등이 그러하였다. 요가 고려왕으로 하여금 입조하기를 요구하더니, 금은 고려에 대하여 藩屬國으로서의 誓表를 제출하도록 강요하였다.

북방민족의 남방 농경사회에 대한 강압적인 자세는 元代에 와서 더욱 심하였다. 원의 대고려 사절의 성격은 요와 금에 유사한 점도 있지마는 의례적 내용보다는 내정간섭이 많아 그 폐해가 더 하였다. 원은 일본원정을 위하여 고려로 하여금 함선을 만들고, 향도가 되어 출병할 것을 요구하였으며, 고려의 영토를 元의 行省으로 하려고 논의하였다. 또한 왕과 세자의 폐립을 자의로 하였으며, 왕과 세자로 하여금 몽고의 공주를 취하도록 강요하였다.

이처럼 원은 정치적·경제적으로 강압적인 태도를 취하였으나 사회는 폐쇄적이 아니라 오히려 개방적이었다. 몽고제국은 사실상 중국이라는 國境이 존재하지 않았다고 할 만큼 중앙아시아와 남러시아, 이란지방에까지 이르는 방대한 세계제국을 驛站제도로서 통합하고 있었다. 동쪽으로는 고려와 내왕하였고, 해상으로는 남방으로의 해상수송이 발달하여 외국과의 무역이 전에 없이 활발하였다. 그런데 元 世祖 때에 정부가 상인에게 자본을 대어주고 해외무역을 하게 하여 남는 이익에서 70퍼센트를 차지하는 특색있는 제도가 생김으로써 여러 가지 규제 조치가 생기고, 특히 延祐 元年(1314) 市舶司條例가 생겨났다. 해외무역에 대한 정부의 통제가 14세기 전반기부터 시작된 元代의 해외무역 통제가 그대로 明代의 해금으로 연결된다는 의견도 이러한 사실에 근거하고 있는 것이다.[14] 원제국의 고려에 대한 강압적인 태도와 이로 인한 여러 규제조치를 결코 개방적이라기보다는 폐쇄적이라고 해야 할 비슷한 이유가 여기에도 있는 것이다.

일본의 중국과의 공식적인 교섭은 838년의 遣唐使를 끝으로 끊어졌으며, 韓國과는 779년부터 외교교섭이 끊어졌다. 조정의 교역 금지에도 불구하고 민간의 해외교역은 끊이지 않고 때로는 조정의 묵인아래 이루어졌으며, 때로는 지방관헌의 밀무역 행위가 행해지기도 하였다. 10세기에 들어와서도 일본 서부지방의 토호나 관료 가운데 吳越國이나 한반도를 상대로 밀무역에 종사한 자가 적지 않았을 것으로 추정된다. 10세기 중엽 오월국에서 여러 차례 사신을 보낸 일이 있으며, 국왕 錢씨가 사신을 고려에 파견하여 天台經典을 요구할 때 일본에 대해서도 사신을 보내어 같은 요구를 한 바 있다. 宋代에 들어서도 공식적인 외교관계가 정기적으로 계속된 것이 아니었으나 민간 차원의 교섭은 계속되었다.15)

고려시대는 일본의 平安시대와 鎌倉시대에 해당되는데 이 시기에 두 나라의 공식적 관계는 있지 않았다. 고려나 일본 모두 이 시기에는 대외관계에 소극적이었으며, 특히 후자는 10세기부터 14세기까지 고려와는 아무런 국교를 수립하지 않았다. 공적 내왕은 없었으나 민간의 교역은 물론 계속되어 穆宗 2년(999)에는 일본인이 귀화해 오는가 하면 가끔 상선의 내왕이 있었으며, 12세기 이후로는 九州 太宰府의 官人들이 직권을 이용해서 무역선을 고려로 보내오는 경우도 있었다. 그리고 元의 일본원정으로 양국의 관계는 멀어지게 되었지만 민간의 교역활동은 계속되었으니, 1320년 중국 상선이 일본 博多港으로

---

14) 全海宗, 앞의 책, pp.4-6, 21-22 및 同氏「麗·元貿易의 性格」『東洋史學研究』12·13合輯, 1988. ; 佐久間重南,「明代の海禁政策」,『東方學』6, p.43.

15) 이기동,「9~10세기에 있어서 황해를 무대로 한 한·중·일 삼국의 해상활동」, 앞의 책, pp.295-297 ; 田中健夫「東アジア通交關係の形成」,『岩波講座 世界歷史』9, 1974, pp.520-540.

가다가 반도의 남쪽 新安 앞바다에서 침몰한 것도 이런 사정을 말해 주는 것이다.16) 일본은 대외활동에 소극적이더니 14세기부터는 倭寇로서 고려 연안에 출몰하기 시작하였다.

2) 士人官僚의 名分主義와 對外的 消極性

당대후기에는 藩鎭세력에 의한 지방분권화 경향이 심화되어감에 따라 그 세력집단을 유지 존속하는 데 필요불가결한 요소로서 兵士와 士人을 들 수 있다. 그 중 점차 官吏로 발전하게 되는 士人들은 均田制의 붕괴로 인하여 새로이 나타난 토지의 소유자 계층으로부터 나왔다. 다시 말하면 그들 地主들이 節度使세력에 기생하면서 자기네 자식으로 하여금 유교적 교양을 갖추어 절도사를 위하여 문서수발을 하게 함으로써 비롯한 것이다. 물론 唐初부터 科擧가 실시되어 유교적 禮敎主義를 숭상하는 신진세력이 중앙으로 진출할 수 있는 길이 열려 있었으나 아직도 舊貴族의 세력이 만만치 않은데다 황제권력이 퇴폐하고, 이로 인한 宦官세력의 발호 등으로 新興士人階層이 대두하기는 시기상조였다. 唐末에 이르러서야 절도사세력의 비호하에 신흥사인층이 광범하게 형성되었으며, 다시 오대라고 하는 과도기의 宦官政治·武人政治를 지나 송대에 와서야 그들은 새로운 지배체제를 확립하게 되는 것이다

宋 太祖가 천하를 통일하자 단연 武臣 지배체제에서 文治主義 정책으로 전환하여 황제를 정점으로 한 중앙집권적 관료제 국가로 터전을 굳혀갔다. 皇帝獨裁權의 강화는 안으로는 무인세력에 의한 지방분

---

16) 高柄翊,「麗代 東아시아의 海上交通」, 앞의 책, pp.304-307 ; 中田健夫, 위의 책, 참조.

권적 할거성을 청산함과 함께 지주관료층의 佃戶支配體制를 확립하고, 밖으로 북방민족의 위협에 대결하기 위하여 어느 때보다 요청되는 일이었다. 사인관료층에서는 尊王攘夷意識이 팽배하여 正統論이 제기되고, 春秋學이 중시되었다. 이러한 사인관료의 극단적 존왕양이 의식은 이민족에 대한 외교문제에 있어서는 소극적 내지 기피적 태도로 나오게 된 것은 오히려 자연스러운 일이다.

麗·宋간에는 공식적인 외교관계가 정기적으로 계속된 것이 아니었으나, 민간 차원의 교섭은 계속되었다. 吳越國으로부터 文士가 來投하는가 하면 고려인으로서 유학하여 관직을 제수받는 경우도 있었다. 高麗 光宗代에 後周로부터 귀화한 雙冀나 오월지방으로부터 來投한 王融 등이 과거제의 운용과 文風의 振作에 기여한 사실이라던지, 永明延壽의 天台宗 關係 저서에 감명받아 사신을 보내어 제자의 예를 취한 일은 유명하다. 또한 中國 浙江省 天台山 國淸寺를 중심으로 활약한 천태종의 제13조 義通은 고려인이며, 그와 함께 활동하면서『天台四敎義』를 찬술한 諦觀도 고려의 승려라는 사실은 잘 알려져 있다. 그리고 광종의 넷째아들 大覺國師 義天이 宋으로 건너가서 杭州 慧因禪院의 淨源晉水法師에게 나아가 法을 구하는 한편 佛事를 위한 막대한 재정적 지원을 하여, 여기를 중심으로 한중 불교교류가 활발히 진행되었다는 사실 또한 너무나 유명하다.[17]

神宗祖를 전후하여 성행하던 宋商의 해외무역과 麗·宋간의 불교교류에 대하여 蘇東坡가 취한 신랄한 비판적 태도는 잘 알려진 일이거니와, 이제 이 문제는 송대 사인관료의 소극적 대외의식과 관련하여 논의해 볼 필요가 있다. 동파는 상소를 올려 "만일 朝廷에서 조금

---

17) 崔柄憲,「大覺國師 義天의 渡宋活動과 高麗·宋의 佛敎交流-晉水淨源·慧因禪寺와의 관계를 중심으로-」,『震檀學報』71·72합병호, pp.360-372.

만 후하게 대접하면 탐욕의 마음이 다시 열려 朝貢을 분분히 바쳐 반드시 무궁한 우환이 될 것이다" 하면서 당시 대각국사 의천이 송의 상인을 통하여 정원법사와 佛書를 교환하고 經板을 구해오는 등의 사적 교류에 대하여 비판하였다.18) 그는 그후에도 수차의 상소를 올려 고려와의 교역을 금지할 것을 진언한다든지, 고려에 서적 수출을 금지할 것을 강력하게 촉구하고 있다.19)

전술한 바 있듯이 北宋 前期의 대외관계는 매우 소극적이었는데, 神宗代에 이르러 보다 적극적 대외정책을 추구하였다. 신종이 국내산업의 발달을 도모하고자 王安石을 등용하여 新法을 실시하게 된 것은 유명한 일이거니와 이와 함께 그의 외국과의 교역에 대한 관심도 매우 왕성하였다.20) 이와 같은 정부의 적극적 관심하에 상인들의 海外貿易도 활발하게 진행되어 송의 고려와의 통상은 불교교류와 함께 성행하게 된 것이었다. 그런데 소동파가 여기에 제동을 걸고 나온 것이다. 잘 알다시피 소동파는 북송의 대표적 士人官僚이며, 그의 정치적 계보는 司馬光을 영수로 하는 舊法黨에 속한다. 사마광의 유명한 『資治通鑑』은 春秋筆法에 따른 大義名分 정신을 한껏 천명한 것으로서, 동파의 고려에 대한 쇄국적 태도나 排佛의 입장도 기본적으로 그와 동일한 발상법이라 할 것이었다.21) 동파는 항시 구법당의 입장에서 왕안석의 신법을 반대하였다. 여기서 또 하나 주목할 것은 사마광과 그를 비롯한 구법당의 인사들은 西部地方 출신이었던 데 대하여 왕안석을 중심한 신법당은 江南 출신이었다는 점이며,22) 당시의 송상의

---

18) 『蘇東坡集』奏議, 第6論, 「高麗進奉狀」.
19) 全海宗, 앞의 책, pp.106-107 ; 崔柄憲, 앞의 논문, pp.369-372.
20) 田中健夫, 앞의 글, pp.545-546.
21) 신채식, 「宋代官人의 高麗觀」『邊太燮博士華甲紀念史學論叢』, 1985.
22) 제임스 류 著, 李範鶴 譯, 『왕안석과 개혁정책』, 지식산업사, 1991, pp.44-59.

주류가 대부분 江南沿海 지역을 근거로 활동하고 있었고, 정원법사도 閩南 출신[23]이라는 점은 매우 흥미있는 일이다.

북송의 理學과 史學은 남송의 朱子學에 와서 집대성됨으로써 名分主義 정치이념은 더욱 철저화되었다. 漢化에로 한발짝 다가선 元世祖이후 주자학자가 기용되면서 그 명분주의가 원과 고려조의 후기 정치에 일정한 영향을 주었을 것임에 틀림없다. 그것은 아마도 양조의 대외정책의 쇄국적 경향에 다소나마 작용하였을 것이다.

4. 14세기 이래의 '鎖國'과 韓·日의 對應

1) 明初의 鎖國政策과 韓·日의 對應

중국 대륙의 동난기에는 한반도에도 크든 적든 변화를 초래한다. 唐末五代의 격변기에 後三國이 난립하더니, 元明交替期에는 高麗와 朝鮮王朝의 교체와 같은 정치적 대변동이 있었다. 왕조의 교체가 있게 되면 각 왕조의 내부적 변화와 함께 中·韓 양국의 외교관계에도 변화가 있기 마련이었다.

元을 華北에 둔 채, 江南에서 뭇 정적들을 제치고 大明帝國을 건설한 朱元璋은 일찍이 볼 수 없었던 강력한 황제 독재체제를 구축하였다. 그는 황제권 강화의 타당성을 주자학의 명분주의 정치이념에서 구하여, 丞相制를 폐지하고 모든 권력을 자신이 직접 장악하였다. 그의 대의명분적 존왕양이사상은 이민족에 대한 철저한 쇄국정책을 감

---

[23] 최병헌, 앞의 글, p.372.

행케 하였으며, 그것은 이후 역대 제왕들이 祖法으로 추종하였을 뿐 아니라 淸代에 이르러서도 변함없이 추구되었다.

명의 쇄국정책은 "조각배도 바다에 띄울 수 없다"24)는 말에서 이미 예시되고 있다. 그런데 이 "조각배도 바다에 띄울 수 없다"는 말의 연원은 元末에까지 올라간다는 점에 주목할 필요가 있으니, 원대 海禁에 관한 법규는 市舶에 관한 條規 중에 이미 下海에 대한 금령이 보이고 있기 때문이다.25) 그러나 해금에 대한 벌칙도 가벼웠으며, 인적·물적 교류가 비교적 빈번하였다. 元이 高麗에 대해여는 지배야욕을 가졌기 때문에 양자의 관계는 일반적 한중관계와는 차이가 있으며, 따라서 원대의 해금도 明淸의 그것에 비하여 훨씬 경미하였다.

명 태조가 취한 '關禁'과 '海禁' 조치는 원대에 비하여 훨씬 엄중하였다. 『大明會典』 권 167, 「關津」에는 "무릇 馬牛, 軍需, 鐵貨, 銅錢, 段疋, 紬絹, 絲綿을 사사로이 外境으로 가져가 팔거나 해외로 가져가는 자는 杖 백대를 치고… 만약 人口나 軍器를 국경으로 가져가거나 해외로 가져가는 자는 絞하며, 이어서 事情을 누설하는 자는 斬한다"고 규정하고 있을 정도로 엄격하였다. 명조의 이러한 관금과 해금은 청대에 이르면 더욱 강화되고 있는데, 그 내용은 『大淸會典』과 『大淸會典事例』의 관계 조항에 상세하게 규정하고 있다. 내외국인을 막론하고 사적으로 국경을 넘거나 교역하는 일을 엄금하였으며, 이를 위배하는 자에 대해서는 중형으로 다스렸다. 명청시대에는 당대는 물론 송원시대에도 자주 볼 수 있었던 인물의 자유로운 내왕이 일체 금지되었다. 고려나 조선왕으로부터 명에 대하여 유학생을 파견하겠다는 요청을 받아들이지 않았을 뿐 아니라 승려들의 구법행위도 일체 이루

---

24) 『明史』 卷 205, 朱紈傳에 "初明祖定制 片板不許下海"라 하고 있다.
25) 全海宗, 앞의 책, pp.4-8.

어지지 않았다.26) 외국과의 교섭은 오직 조공을 통해서만 가능하게 하였다.

명의 외국에 대한 폐쇄적 태도는 조공제도의 운용에서도 나타난다. 중국은 中華理念에 입각하여 이른바 四夷의 조공을 받고, 이에 대한 '施恩'으로 償賜를 내리는 조공제도가 일찍이 시행되어 왔으며, 특히 명대 이후부터는 조공관계 이외에는 일체의 사적 교섭을 허용하지 않았다.27) 명은 조선에 대해서는 三年一貢을 요구하고, 일본에 대해서는 十年一貢을 하게 하였다. 그리고 朝貢使節의 人員, 교역물품의 수량, 출입의 경로와 체류기간 및 거주지역의 제한 등의 규제조치가 엄격하였으며, 그 밖에 특히 軍器와 같은 물품에 대한 금제품목과 그 반출입의 금령 등은 더욱 철저하였다. 이러한 제한조치는 중국으로서는 정복왕조 출현 이후 그들 異民族의 군사적 위협에 대한 위기의식의 소산이었음이 그 주된 이유였던 것 같다. 그러나 조선과 일본으로서는 物貨가 많고 문화가 발달한 중국과 보다 많은 교류를 원하였기 때문에 密貿易・私貿易이 성행하는 등 중국의 그러한 제한조치가 제대로 지켜지지 않았다.28)

中國은 전통적으로 다른 북방민족들과는 달리 韓民族에 대해서는 漢文文化 내지 농업국으로서의 동질성이나 또는 文臣官僚制국가로서의 공통성 때문에 친근감을 갖고 호의적으로 대하여 왔음은 역대 中國正史의 朝鮮傳을 통하여 읽을 수 있다. 그러면서도 한편으로는 일찍이 蘇東坡가 그랬던 것처럼 외국에 대한 불신감을 불식하지 못하였

---

26) 全海宗, 위의 글 및 고병익, 위의 글, pp.296-306.
27) 전해종 교수는 韓中 朝貢關係史 연구에서 명청대의 그것을 典型的 조공관계라고 규정하고 있다.
28) 졸고,「水牛再貿易을 통해 본 鮮明關係」『東國史學』 9, 1966.

다. 明王朝도 요동에 奴兒干都司를 설치하고 女眞族에 대한 분리통치를 시행하면서도 항시 조선에 대한 군사적 경계심을 늦추지 아니하였다. 여진족이 明과 朝鮮으로부터 官爵을 겹쳐서 받는 등 스스로의 이익을 좇아 이중적 군신관계를 맺는 행위에 대해서도 명은 오히려 조선을 의심하고 이에 대한 군사적 불신감을 자주 표명하고 있다.[29]

그러나 실은 조선의 사대부들은 朱子學을 體制理念으로 받아들여 鄕村을 근거로 한 정적인 兩班社會를 심화시켜 나갔으며, 明에 대하여 事大外交로서 대륙과의 정치적·군사적 충돌을 피하려 하였다. 어떻든 三國時代의 육해 양면에 걸친 적극적 대외활동은 高麗朝의 소극적 대외관계를 거쳐 명청시대에 이르러 오로지 육로만에 의한 朝貢관계에 의존하게 되는 폐쇄적 경향으로 일관하게 된 것이다.

明의 日本에 대한 태도는 조선에 비하여 또 달랐다. 일본의 지배층은 武臣的 기풍이 강한 사회로서 元末부터 중국의 동남해 연안과 한반도에 倭寇가 출현하기 시작하였으며, 14세기초 足利義滿이 明에 稱臣한 이후 약 1세기 반 동안 대명 勘合貿易을 실시해 왔다. 그러나 室町幕府가 약체화하자 감합무역의 관리권이 유력한 守護大名의 손으로 넘어가 상인들 사이에 무역의 주도권 문제로 대립하더니, 1523년 寧波事件이 발생함으로써 公貿易은 끝나고 말았다. 이리하여 이무렵 佛郎機 등 西歐 商船의 東來와 시기를 같이하여 다시 왜구가 창궐하게 되었으니, 壬辰倭亂은 그러한 왜구의 대규모 폭발이라 할 것이었다.

---

29) 『明史』 卷 320, 朝鮮傳.

2) 明末淸初'鎖國'의 弛緩과 韓·日의 新 華夷觀

明 嘉靖年間의 中國은 바다로는 왜구와 漠北으로는 蒙古族의 침구가 있더니, 萬曆中에는 倭亂으로 東아시아 세계질서가 크게 혼란한 틈을 타서 東北의 女眞族이 민족적 규합으로 점차 그 세력을 신장하고 있었다. 1644년, 드디어 滿洲 女眞은 明의 내부혼란을 틈타 北京에 定都함으로써 이른바 明·淸交替를 이룩한 것이다.

淸의 康熙帝는 南明 政權과 抗淸 海上勢力을 타도하고, 이어서 三藩의 亂을 진압하기 위하여 위로는 中央執權的 皇帝權의 제도적 강화를 꾀함과 동시에 대외적으로는 철저한 쇄국정책을 실시하였다. 康熙帝의 쇄국정책은 明의 조공제도와 關禁·海禁政策을 계승하면서도 그 規定의 세부지침이나 현실적 운용에 있어서 보다 강화 실시한데서 그 특징을 볼 수 있다.

明·淸交替는 東아시아 국제사회에 커다란 변화와 충격을 안겨 주었다. 지식인의 傳統的 華夷觀, 즉 천하관에도 질적인 변화를 초래하였다. 이 시기에 살았던 漢族 士大夫들의 화이관, 즉 천하관에 어떠한 변화가 있었는가에 대한 일정한 해답을 구하기 위해서는 이른바 明末淸初의 삼대 사상가라 불리는 王夫之 顧炎武 黃宗羲의 견해를 알아볼 필요가 있다. 이들은 명의 遺臣으로서 抗淸運動에 직접 투신한 민족주의자로서 그들 학문에 강약의 차이는 있을지라도 화이감정에 바탕하고 있었을 것임에 틀림없다. 이들 중 왕부지는 華와 夷는 원래 종족과 地界에 연유하는 것이라 하여 화이사상에 가장 투철하다고 알려졌다. 황종희와 고염무는 왕과는 달리 화와 이의 차이는 문명과 야만에 있다고 하면서 그들의 새로운 천하의식을 표명하고 있다. 원래 文

化 中心의 華夷觀은 春秋公羊家의 "夷狄進而至於爵"30)이라거나 혹은 "중국도 역시 新夷狄"31)이라고 하는 文野論에 근거한 것이다. 그런데 黃의 문야론에는 "중국은 중국을 다스리고, 이적은 이적을 다스릴 것"32)을 주장하여 '이적'을 중국과의 별개의 이민족으로 인식하고 있다.33) 여기에는 중국만이 세계의 중심이라고 하는 전통적 중화의식과는 인식의 차이가 있음은 주목할 필요가 있다. 이러한 인식은 임진왜란과 청의 入關이라고 하는 역사적 경험을 통하여 왜인이나 여진을 전통적 책봉체제, 즉 중화중심의 세계질서 속으로 수용할 수 없다는 현실의 반영이라 할 것이었다.

그들의 봉건 군현 논의도 새로운 천하의식과 관계가 있다. 황종희는 변경지방을 철저히 분권화하여 안으로 내적 충실을 기함으로써 밖으로 외침을 막을 수 있다고 주장하였다34). 이는 이민족의 독립적 존재를 의식하면서 주장된 것 같다. 그리고 고염무는 內地의 분권과 지방자치화를 통하여 부국강병을 이룩함으로써 안으로는 專制지배를 막고, 밖으로는 이민족의 침략에 대비할 수 있다는 것이었다.35)

명청교체기를 전후한 시기에 조선과 일본에서는 중국 중심의 전통적 화이사상을 거부하려는 주장들이 대두되었다. 조선에 臣屬해 오면서 그 허실을 숙지하고 있는 女眞은 明·淸交替 이전에 이미 丙子·丁卯 胡亂으로 알려진 두 차례의 침략을 감행한 바가 있다. 더구나

---

30) 『春秋公羊傳』何休解 昭公 13년.
31) 同 昭公 23년.
32) 留書, 「史」
33) 졸고, 「新發見 黃宗羲著作二種과 그 民族思想問題」 『東洋史學硏究』 39, 1992.
34) 『明夷待訪錄』, 「方鎭」
35) 『日知錄』 권8, 「鄕亭之職」

조선으로서는 일본과 여진에 대하여 전통적으로 交隣政策을 실시할 만큼 천시하고 있었던 터이므로 滿淸이 '中華'가 된다는 사실을 인정할 수가 없었다. 조선에서는 北伐論이 제기되고, 그 이념적 근거로써 少中華論이 주창되었다.36)

조선의 소중화론에 대해서는 일반적으로 朱子學과 그 華夷思想을 지나치게 신봉한 朝鮮 士大夫들이 慕華思想에 젖어 자신을 小中華로 비하하였다고 비판한다. 그러나 그것이 모화사상에 근거를 두고 있는 것이 사실이지마는 그 한가지 이유만으로는 설명이 가능한 것은 아니다. 滿淸은 두 차례나 우리 국토를 유린한 不恭戴天의 원수요, 멸망한 明은 壬辰倭亂時에 우리를 원조해준 은혜의 나라일 뿐 아니라 漢族은 역사적으로 선진문화를 발전시켜 온 '友邦'으로서 존중되어 마땅한 나라로 인식되었다. 조선은 그들에게는 중화에 대한 小中華, 중화에 대한 '東華'로 인식되어졌으므로 거기에는 크기나 동서의 차이가 있을 뿐 문화의 질적 차이는 있지 않았다. 오히려 조선시대의 小華論者들은 宦官이 깊숙히 관여하는 정치제도나 불교적 색채가 강한 陽明學의 대두와 같은 明의 정치나 학술, 문화에 대하여 신랄하게 비판하면서 中華의 正統은 箕子를 통하여 일찍이 조선에도 전승되었다고 주장하였다. 따라서 소화론은 文化民族으로서의 자존심의 발로로써 16세기경부터 明의 '中華'에 대한 비판시각을 갖게 되었으며, 명·청교체 이후에 와서는 이른바 朝鮮型 華夷觀이라 할 새로운 화이질서 의식의 형성을 보게 된 것이었다.

이러한 현상은 日本에서도 나타났다. 日本의 鎖國은 豊臣秀吉의 조선침략으로부터 明淸交替期에 이르는 국제관계 속에서 德川政權이 幕

---

36) 졸고, 「17-18세기 朝鮮學人의 尊我的 華夷觀의 한 視覺」 『東國史學』 17, 1982.

藩體制를 형성하면서 대외관계를 독점하기 위하여 해금을 실시하기 시작하면서부터이다. 일본은 쇄국의 상황하에서 명청교체를 겪게 되었는데, 이에 대한 일본 知識人의 반응은 "華夷變態"로서 그들에게는 "유쾌한 일"로 받아들여졌다. 秀吉의 조선침략에서부터 중국의 명청교체기를 겪으면서 日本은 中國을 대등관계로 두고 조선과 琉球, 심지어는 홀랜드 아이누까지를 포함한 이방을 이적시하는 화이질서를 실현시키는 무력적 자신감을 갖게 되었다. 일본이 여러 나라에 대하여 자기를 優位에 두려고 하는 새로운 우월감을 이른바 日本型 華夷意識이라고 한다.[37]

이리하여 18세기에 이르면 "화와 이는 하나다"라는 의식이 한·중·일 三國의 지식인들에게는 공통적인 것이 되었다. 같은 말이라도 그 정치적 내지 민족적 의미에는 차이가 있었다. 청의 雍正帝의 주장은 한족 사대부들의 反清 민족의식의 사상공세로써 청조의 중국지배를 정당화하기 위한 정치적 발언이었던 반면, 조선의 洪大容이나 일본 지식인의 그것은 중국의 전통적 세계관에서 탈피하고 자기 민족의 독자적 내지 주체적 의식의 변화에서 가능한 것이었다. 그러한 천하관의 변화는 19세기 개방의 시대를 맞기 위한 의식상의 준비였다고 할 것이었다.

---

37) 荒野泰典, 『近世日本と東アジア』, 東京大學出版社, 1988. 第二章 近世の東アジアと日本. 참조.

5. 맺음말

중국은 6세기말 7세기초, 隋唐帝國의 출현으로 內地 통일은 물론 주변의 제 민족까지 포함하는 일대 世界帝國을 형성하고, 이를 冊封體制에 의하여 통치하려 하였다. 책봉체제란 황제의 직접 지배 지역이 中華인데 대하여 夷狄의 君長에게는 方物을 朝貢하게 하고 대신 그들에게는 중국의 官爵을 수여하는 전통적 華夷觀에 기초한 것이다. 군사적 힘과 경제적 능력을 가진 수당제국의 이러한 異民族에 대한 지배방식은 기본적으로 秦漢帝國의 그것을 계승한 것으로써 원래 포용적이며 개방적이었다. 신라는 7세기에 들어 年號와 曆을 사용하면서 唐의 선진적 문물제도를 받아들이고, 일본도 遣隋史·遣唐使를 받아들여 지배질서의 확립에 노력하였다.

羅唐交涉은 海路에 의하여 활발히 이루어졌다. 삼국통일 이후에는 黃海道 椒島로부터 산동반도의 登州 방면에 이르는 항로가 개척되어 산동반도에서 淮河유역에 이르는 해안지대에 韓人들이 집단적으로 거주할 만큼 나당교섭이 활발하였다. 使臣의 출입뿐 아니라 儒學生·宿衛, 그리고 僧侶나 商人들의 내왕이 잦았으며, 심지어는 唐朝에 벼슬하는 경우도 비일비재하였다. 張保皐의 해상활동은 너무나도 유명하다. 그는 반도의 군소 해상세력은 물론 중국 거주 신라상인들을 휘하에 장악함으로써 일대 해상왕국을 건설하였다.

10세기 들어 동아시아 세계는 격변의 시대를 맞이하게 된다. 당제국이 멸망하자 五代十國이 난립하고, 만주지방에는 契丹이 渤海를 치고, 한반도에는 고려가 신라와 후백제를 차례로 멸망시켰다. 중국은 약 반세기간의 군웅할거 시대를 끝내고, 960년 宋帝國이 출현하였으나 서북으로는 西夏와 동북으로는 金이 신흥국으로서 압력을 가하여 왔다. 송제국은 처음에는 遼의 압박을 받고, 다음은 金의 침략으로 북송정권이 무너졌으며, 마지막으로는 몽고 고원에서 일어난 元帝國에 의하여 남송정권마저 멸망하고 말았다. 한족국가가 이른바 征服王朝에 의하여 침범되고 드디어는 멸망한 것이다.

이른바 정복왕조의 압박이 계속되는 상황에서는 송과 고려의 교섭은 해로를 통하여 이루어질 수밖에 없었으나, 때로는 아예 단절되는 경우도 없지 않았다. 중국은 12세기경, 廣州・泉州 등지에 외국상인에 대한 무역사무를 관장하는 市舶司가 설치되어 남해무역이 활발하였으며, 동쪽으로 宋商들이 고려와 일본으로 자주 내왕하였다. 고려와 송은 동일한 농업국이요 漢文化, 특히 유교문화권이라는 공통성 때문에 상호 친근감을 가졌으나, 지리적으로는 북방민족과의 교섭이 더욱 용이하였다. 麗遼, 麗金 교섭에 이어 麗元關係에 있어서는 元의 내정간섭이 더욱 심하였던 것은 잘 알려진 일이다. 원은 정치적으로나 경제적으로 군림하는 자세로 임하였으나 사회는 폐쇄적이 아니라 개방적이었다. 그러나 世祖는 차차 해외무역에 대한 정부의 규제조치를 강화하면서 대외적으로 쇄국적 정책을 취하였으며, 이러한 경향은 明代의 海禁措置로 연결되어 진다.

정복왕조의 출현은 宋의 士人官僚에 대하여 華夷意識을 자극하고도 남음이 있었다. 당말오대의 지방분권적 군웅할거 시대는 新興 士大夫官僚의 名分主義와 春秋筆法에 의하여 이념적으로 극복되어야 할 것이었으며, 더욱이 異民族 국가는 말할 필요가 없었다. 江南 浙江과 福建地方의 상인들이 한국과 일본을 자유롭게 왕래하고, 大覺國師 義天을 비롯한 韓中 불교교류가 私的으로 비교적 자유롭게 이루어진 데 대하여 尊王壤夷 의식에 철저하였던 당시의 사인관료들이 불만스러워 하였던 것은 오히려 당연한 것이었다. 蘇東坡가 고려와의 교역을 금지함은 물론, 書籍의 수출까지 금지할 것을 주장하는 이유도 바로 이 점에 있는 것이다. 고려가 비록 우방이기는 하여도 '外夷'인 점에는

마찬가지이기 때문이다.38)

정복왕조 출현 이후 중국의 대외정책이 다소 폐쇄적 경향을 띠던 것이 明淸時代에 이르면 철저한 쇄국정책으로 변한다. 明의 太祖는 오로지 朝貢制度에 의한 교섭만을 허락한 채, "조각배도 바다에 띄우는 것을 금한다"고 할 정도로 철저한 海禁과 關禁을 실시하였다. 조선에 대해서는 3年 1貢을 주장하고, 일본에 대해서는 10년 1貢을 허가하였으나 조선과 일본으로서는 그것만으로는 중국의 문물과 경제의 최소한의 교류효과마저 기대할 수 없었다.

이리하여 조선은 年 수 차례의 使節을 파견하여 중국의 선진문물을 수입하여 유교문화의 질적 향상을 도모하려 하였다. 조선은 자기 사회체질에 맞는 性理學을 숭상, 심화시켜 독자적 兩班社會를 형성하여 중국의 宦官政治나 또는 학술 사상면에 있어서도 三敎合一的 경향이나 陽明學의 유행에 대하여도 신랄한 비판을 가하였다. 중국을 추종하려던 단계를 지나 이제는 독자적 입장에서 중국을 비판하게 된 것이었다. 이에 비하여 武를 숭상하던 일본은 점차 지방 상인세력이 성장하여 중앙정부를 무시한 채 그들 사이에 勘合貿易의 주도권 쟁탈로 치닫더니, 급기야는 寧波事件(1523)으로 말미암아 斷交하고 말았다. 섬나라 일본은 대륙의 영향력을 피할 수 있는 지리적 위치에서 14세기부터는 倭寇로 변신하여 고려의 해안에 출몰하기 시작하였으며, 嘉靖年間에는 중국의 동남해 연안에 왜구의 환란이 극심하였다. 壬辰倭亂은 대규모 왜구라 할 것으로서 동아 삼국의 국제질서와 전통적 화이관념에 심대한 타격을 주었다.

---

38) 신채식 교수는 앞의 글에서 蘇東坡가 고려에 대하여 비판적이었던 이유를 王安石의 정책에 반대한다는 점에서 구법당의 당파의식에서 찾고 있으면서도, 같은 구법당의 曾鞏은 친고려적이었다는 것과 대비하여 전자의 반고려적 자세를 不可解한 성격의 소유자라고 비판하고 있다. 그러나 필자는 신교수와는 견해를 달리한다. 당시의 宋이 처한 國防에 대한 의식상의 문제라고 생각하는 바 이는 후일의 논고로 미룬다.

東亞 三國, 중국과 한국 그리고 일본의 전통적 국제질서와 화이의 천하관념에 더욱더 큰 타격을 끼친 것은 明淸交替였다. 임진왜란 이후 명청교체기를 전후한 시기에 조선과 일본에서는 중국 중심의 화이사상을 거부하려는 움직임이 대두되었다. 丙子·丁卯 胡亂을 겪은 바 있는 조선은 滿淸을 '中華'로 인정할 수 없었음은 물론 사대부 사회에서는 小中華意識이 고조되고 北伐論이 제창되었다. 원래 사대부들의 소중화의식에는 慕華와 尊我의 두 측면이 혼재해 있었던 것인데, 명청교체를 당하면서 尊我的 小華意識이 팽배하게 된 것이다. 한편, 일본은 豊臣秀吉이 조선침략을 자행한 뒤, 17세기에는 德川政權이 幕府體制를 형성하면서 대외관계를 독점하기 위하여 쇄국정책을 실시하였다. 더구나 華와 夷가 뒤바뀌는 명청교체를 당하여서는 淸을 대등관계로 보는 이른바 日本型 華夷觀이 나타나게 된 것이다. 당시 일본 지식인의 천하의식이 일본형 화이관이라 한다면, 조선 사대부의 소중화의식을 朝鮮型 華夷觀이라 하여 좋을 것이다.[39]

---

39) 졸고,「朝鮮의 小中華觀-明淸交替期 東亞三國의 天下觀의 변화를 중심으로-」『歷史學報』149, 참조.

唐代에 있어서의 中國과 東亞關係 *

卞 麟 錫(亞洲大學校)

<목차>

1. 머리말
2. 唐代의 周邊觀
   1) 中國과 四夷
   2) 唐의 羈縻府州
   3) 中國文化의 평가
3. 唐의 夷族關係
   1) 敵國關係
   2) 唐文化와 夷族의 接觸
4. 맺음말 ——韓半島 政策의 推移

1. 머리말

다가오는 21世紀에 韓國은 분명히 統一될 것으로 보인다. 이 때를 위해 歷史學界도 統一을 내다보는 準備를 해야 한다고 생각된다. 南北韓의 學者가 머리를 맞대고 같은 民族史를 써야 한다고 할 때, 모두 주체적으로 古代 韓日關係史나 韓中關係史에 대하여 새로운 각도에서 硏究方向을 모아가야 하기 때문이다. 이를 준비하는 노력은 통일을 앞당기는 길이 될 수 있다. 우리가 統一을 맞았을 때, 혹은 이를

---

* '96학년도 대우장학재단 특별연구비에 의하여 쓰여졌음.

맞기 위하여 우선 推進되어야 할 커다란 課題는 첫째, 日本에 대해서는 그들이 저지른 韓國史에 대한 歪曲·誤導를 바로잡는 일이고, 둘째, 中國에 대해서는 中華主義的 史觀(中國中心 思想)을 克服하는 일이다. 그것은 中華主義에 의한 잘못 된 찌꺼기를 말끔히 씻어야 하기 때문이다.

이같은 목적을 달성하기 위해서는 무엇이 障碍要因으로 작용하고 있는가를 탐색하는 學術會議나 공동연구가 자주 이루어져야 한다. 이 점에서 이번 東洋史學會와 亞州大學校 史學科가 공동으로 주관한 제14회 天津硏討會는 '역사바로 세우기'의 시점에서 볼 때 큰 의미를 지닌다고 말할 것이다.

2. 唐代의 周邊觀

1) 中國과 四夷

周邊國을 보는 中國史의 인식은 하루 속히 전환되어야 한다. 이를 위해서는 우선 온통 中華主義的 史觀에서 쓰여진 과거의 中國文獻에 대한 史料的 批判이 앞서야 한다. 지금까지 日本이나 中國에 의해 저질러진 歷史歪曲은 부분적으로 연구되어 왔으며, 그 시정 문제를 둘러싸고 양국간에 약간의 學術會議도 있어 왔던 것이 사실이다. 특히 日本의 敎科書에 대해서는, 별다른 성과는 거두지 못하였다 해도 과언이 아니지만 큰 과제는 그런대로 지적이 있어 왔다. 그러나, 中國의 中華主義的 史觀에 대해서는 전혀 그렇게 하지도 못하였다.

이런 문제점을 고려할 때, 무엇보다 먼저 中國中心 思想을 극복하기 위한 일련의 작업이 연구과제로 지적될 수 있다. 이의 中心課題는 중국 학자들이 제기하는 이른바 '天朝禮治體系(世界)', '賓貢進士科', '冊封體制' 등을 들 수 있다. 앞으로 두 나라 역사학계가 머리를 맞대고 해결해 나가야 할 과제이다. 여기서는 이들과 연관된 唐의 東亞관계 만을 살피기로 한다.

中國의 歷史書는 종래 周邊의 諸民族을 그들의 正史에 붙여 기록하는 체제를 갖추어 왔다. 이것은 史記가 표본이 되어 淸代까지 내려온 것으로 지적되었다.[1] 中國의 正史 속에 보이는 四夷傳이 그것이다.

오늘의 視角에서 四夷傳의 기록을 보면, 완전히 中國 중심의 입장에서 敍述된 것으로서, 少數民族의 입장이나 視角은 전혀 고려되어 있지 않다. 그들의 意識構造에 있어, 四夷를 보는 觀念은 '오랑캐'로 命名되는 野蠻人이었다.

堀敏一은 夷狄을 禽獸로 명명한 데에는 이들을 사람으로 보지 않는 관념이 표현되어 있다고 보았으며, 이러한 관념은 戰國 이후의 奴隸制의 발달과 관계 있는 것으로, 華夷에 대한 差別意識이 한층 더 강화된 결과로 보았다.[2]

周谷城에 의하면 中國 奴隸社會는 두 시기로 나누었다. 前期는 殷周時代이다. 이 시기는 貴族奴隸主가 우세한 시기였다는 것이다. 後期는 戰國·秦漢時代로서 工商奴隸主가 우세했던 시기였다.[3] 郭沫若은

---

1) 高柄翊,「中國 歷代正史의 外國列傳 —— 朝鮮傳을 중심으로」,『大東文化硏究』 2, 1966) 참조.
2) 堀敏一,『中國と古代東アジア世界』(岩波書店, 1993) p. 18 참조.
3) 周谷城,「中國奴隸社會論」(『周谷城學術論著自選集』北京師範學院出版社, 1992) p. 179 참조

戰國時代를 中國 封建社會가 열리는 始發點으로 보았다.4)

'中國'이라는 용어가 처음 보이는 문헌은 『詩經』『尙書』이다. 이때의 중국은 결코 오늘날과 같은 국가 개념이 아니었고, 하나의 지역적, 문화적 개념이었다. 이렇게 주변개념은 역사의 발전과 더불어 변화되어 갔다.5) 이것도 東周에 이르러서야 시작된 지역적 구분이 점차 문화적 구분으로 진전되었다. 中國이라는 칭호가 周의 직접 통치 지역에서부터 華夏의 여러 侯國으로 확대되어 갔던 것이다.

'중국'과 夷狄을 구분하는 조건은 지역이 아니라 앞에서와 같이 문화를 가지고 규정하는 쪽으로 옮겨간 것이다. 그러므로, 이때에는 비록 '夷夏'일지라도 두 문화를 흡수하고 周禮에 따르면 '諸夏'라고 불렀다. 『馬克思主義與民族, 殖民地問題』(人民出版社, 1953, p.28)에 의하면 '민족이라는 것은 역사상 형성된 한개의 공동언어, 공동지역, 공동경제생활 및 공동문화상의 심리상태가 안정된 공동체이다'라고 하였다. 이 말은 『禮記·中庸篇』에 있는 '今天下同軌, 書同文, 行同倫'과 같은 것으로 '今'은 秦의 統一이후를 말한다. 이리하여 '中國'이라는 칭호도 점차 華夏, 侯國이 있는 中原 지구에서 통일왕조를 통칭하였다.

四夷란 東夷, 北狄, 西戎, 南蠻으로서 이들의 명칭이 '弓', '犭', '戈', '虫' 등 武器나 짐승, 곤충의 部首字로 표기된 데에는 야만스러움에 대한 경시의 뜻이 스며 있으며, 나아가 이들이 사람으로 간주되지 못하고 있음을 보여 준다.

이처럼 中國人의 認識에서는 夷狄을 人面獸心의 種族으로 여기므로써 인간으로서의 가치를 부여하기를 부인하고 있지만 실제로는 그

---

4) 郭沫若, 「中國古代史的分期問題」(『郭沫若全集(歷史篇)』3) pp. 12-13 참조.
5) 陳梧桐, 「論中國的歷史疆域與古代民族戰爭」(『求是學刊』1982-4) p.36. 참조.

들 나름대로의 문화를 인정해야 할 것이다. 高麗人의 北方帝國(契丹, 女眞, 蒙古)의 인식에서도 인면수심의 기질이 파악되고 있다.6) 이들은 군사 방면에서 그 우수성을 보여주는바, 특히 조직·기능·통솔력 등의 動員體制에서 현저한 것으로 높이 평가되고 있기 때문이다. 이와 같이 군사적으로 우수한 騎馬民族의 南下를 막기 위해 中國은 長城을 축조하였던 것이다.

따라서 萬里長城은 사상적으로 華·夷를 구분시켜 주는 것, 즉 長城 이북은 오랑캐가 사는 곳이라는 사상을 고정시키는 역할을 한 것이라 말할 수 있다. 이와 같이 中國人의 天下觀에서는 夷族을 그들과 구분하면서도 天下共主를 강조하는 양면성을 보이고 있는 것이다.

天下共主란 말은 臺灣의 傅樂成이 자주 사용한 용어인데, 그 뜻은 中國을 中心으로 하는 共同文化의 지역이 擴大되고 文化와 種族이 中國 중심으로 융합된다는 바탕 위에서 쓰여진 것이다. 따라서 華·夷의 구분은 문화의 폐쇄성을 가져오는 반면에 天下共主의 관념이 나타날 때에는 문화가 개방성을 띠게 되는 것으로 말할 수가 있다.

개방은 種族과 文化에 대하여 배타가 아닌 무한의 天下觀을 형성시킨다. 中國人의 天下觀은 짐승과 공존하지만 구별하였다. 그런데 이같은 華·夷의 구분, 즉 夷夏之防은 문화적인 기준에 따른 것으로서, 크게는 인륜이 행해지는 곳과 행해지지 않는 경계, 즉 荒外로 나눈 것이다.7) 이같은 문화적 기준에서 보자면 유목민족과 농경민족으로 구분할 수 있을 것이다. 中國에서는 起動的인 유목민족을 行國이라

---

6) 『高麗史』卷2 世家 太祖1千年條 「北蕃之人, 人面獸心, 饑未飽去.」 및 同王 26年條 「契丹是禽獸之國, 風俗不同, 言語亦異. 衣冠制度, 愼勿效焉.」
7) ①『公羊傳』莊公二十四年 「戎象以無義.」
   ②『左傳』襄公四年 「戎, 禽獸也, 獲戎失華, 無乃不可乎.」

하고, 농경민족인 中國 자신을 居國이라 표현하였다.

萬里長城은 유목민족과 농경민족 간의 치열한 戰鬪・鬪爭의 교착지이기도 하였다. 이들 사이의 鬪爭史가 곧 中國史를 엮어갔다고 할 수 있을만큼 이곳에서는 離・合이 연속되었다. 대체로 中國과 夷族을 區分하는 데에는 위에서와 같은 行國과 居國으로서의 구별 및 南의 大國, 北의 强胡(『史記』 匈奴傳)라는 구별 이외에 義法이 통용되는가 하는 기준도 잣대가 되었다. 四夷의 뜻이 짐승과 벌레로 나타나 있지만 역사적인 실제에 있어서는 어떠한가?

唐 初期에 李淵이 起兵하였을 때는 突厥로 부터 象徵的인 援兵을 이끌어 내기 위해 잠정적으로 突厥에 대해 稱臣하기도 한, 굴욕적인 시기도 있었다.8) 뿐만 아니라 中國은 周邊의 四夷에 대하여 때로는 雙方對峙의 상태에 있었다. 더우기 北魏 末年, 突厥이 崛起하자 中原의 周와 齊는 他鉢可汗(Tapar Khan)의 突厥과 경쟁적으로 友好關係를 맺고자 했으며, 突厥은 위와 전혀 다르게 "兩兒孝順"이라고 묘사했다.9) 父・子關係는 곧 君・臣關係를 의미한다.

이와 같이 中國이 北方帝國과의 對峙關係에서 보인 記錄에는, 野獸를 대하듯 한 疾視를 깔고 攘夷的인 이른바 '志滅'을 표방하고 있을 뿐만 아니라, 이와 달리 平等한 關係를 설정한 '敵國禮'도 있어 이중적인 면모를 보여 준다. 특히 貞觀代에는 周邊民族을 '異類', '戎狄人面獸心', '非我族類'라는 극단적인 警戒, 혹은 差別觀으로 말한 데서도 모순적인 일면을 볼 수 있다.10)

---

8) 졸고, 「隋末唐初 中國의 突厥에 대한 '稱臣事'의 學說史的 考察」(『東方學志』 80, 1993) p.124 참조.
9) 『周書』 卷50 突厥傳 「我在南兩箇兒孝順, 何憂無物邪.」
10) ①『資治通鑑』 卷193 貞觀 4年條 「夫戎狄人面獸心, 弱則請服, 彊則叛亂, 固其常性. 今降者衆近萬, 數年之後, 蕃息倍多.」 및 18年條 참조.

일반적으로 夷는 非人間的인 疾視를 받고 있었기 때문에 '人面獸心'이라 불렸을 뿐만 아니라, 나아가 '夷狄腥羶', '輕漢入寇' 등으로 표현되기도 하였다.11) 이것은 中國의 中原地區, 즉 夏·商·周의 발상지만이 유일하게 진보되고 文明化되었다는 표현이다. 이는 中原 이외는 野蠻스럽고 落後된 곳이라는 관념, 이른바 '尊夏卑夷'의 관념을 담은 것으로 풀이된다.

위의 '尊夏卑夷'의 문화관은 오랜 역사를 통하여 中國에서 전통적 관념으로 이어져 왔다. 그러다가 최근(1930년대)에 이르러 山東(章丘縣 城子崖)의 龍山文化가 발굴되자, 中國의 古代 文化가 새롭게 주목되기 시작하였다. 오로지 낙후되고 야만스러웠던 것으로만 여겨져 왔던 中國의 東部 周邊의 夷族文化가 의외로 고도하게 발달했던 문화로 평가되면서 '尊夏卑夷'의 전통사상에 대한 의문을 갖게 된 것이다.12)

그래서, 특별히 華夷一體라는 대등한 관계로서의 開放性에 바탕을 둔 貞觀時代(627-649)를 除外하고서는 대체로 周邊民族에 대한 당시의 현실적 목표를 共滅에 두어 24史가 모두 '志滅匈奴'를 내세웠는지도 모른다. 실제로 당 태종은 종래의 여러 제왕들이 中華만을 귀하게 여기고, 夷狄은 천대하였던 풍토를 과감히 극복하였던 것이다.

때문에 당 태종 시대의 夷族政策은 개방적이었다고 말할 수 있다. 이와 반대로 志滅匈奴란 疾視를 바탕으로 한 華·夷 區分의 差別觀이 극단화된 것이다. 때문에 中國을 제일주의로 하는 沙文主義에서는 夷狄의 행동에 대한 대립투쟁을 잔혹한 殺戮·屠殺로 표현하기도 하였

---

② 『舊唐書』 卷194 突厥傳 「上曰, 夷狄亦人耳, 其情與中夏不殊, 人主惠德澤不加, 猜忌異類.」
③ 薛宗正, 『突厥史』(中國社會科學出版社, 1992) pp.234-235 참조.
11) 졸저, 『安史亂의 新硏究』(螢雪出版社, 1984) p.127 참조.
12) 逢振鎬, 「十年來東夷文化硏究槪況」 『中國史硏究動態』(1991-10) p.1 참조.

다. 이것은 신사학의 투쟁사에 수용되어 잔인한 살육・도살전으로 짜 마추어졌는데 그 중에서도 안사난이 심하였다. 즉, 華・夷의 투쟁사를 극도의 殺戮戰으로 몰아놓고 있는 것이다.

2) 唐의 羈縻府州

夏夷 구분의 사상에서 오랑캐를 인간 아닌 짐승으로 본 것은 중국의 실제적인 대외책에서 볼 때 그들에게 위협을 주는 대상이었다. 이러한 夷族區分의 사상에서 오랑캐가 인간이 아닌 짐승이라는 생각은 실제적인 중국의 대외책에서 볼 때 위협을 주는 대상이 되었다. 이러한 당의 이율배반적인 사상을 제도적으로 수렴해 나간 것이 羈縻府州이다.

이 제도는 唐 高祖 때 실시된 것이지만, 대규모로 실시된 것은 당 태종 貞觀 4년(630) 동돌궐을 평정한 이후 부터이다. 실제적으로는 중국에 內附하는 소수민족에게 安置하였지만, 또 다른 일면으로는 이를 통해 주변의 소수민족에게도 연결시켜 변경을 안전하게 처리・조정하는 데 목적이 있었다. 주변 민족에게 설치한 羈縻府州는 이들을 패망시킨 이후 적극적으로 추진하였다. 당은 百濟・高句麗를 멸망시킨 후 그들의 직접 통치 아래에서 都督府를 설치하였던 것이다. 이에 신라는 당의 의도를 알아차리고 저항하였다. 그 결과 신라는 불완전하지만 통일을 이룩하였다.

이와 같이 四夷를 사상적으로 나누면서 하나의 제도 안에 넣어 조종해 나간 것은 二十四史에서 부터 찾아 진다. 그것은 二十四史가 중국을 중심으로 하고, 이 밖의 사람을 夷狄으로 삼았을 뿐만 아니라

和戰 양면의 전법으로 羈縻府州를 조종해 나갔기 때문이다. 따라서 이것은 자연히 중국의 제왕을 天帝로 하는 사상에 기반을 두게 되었다.

시대적인 배경에서 보면 晋 이전에는 漢人이 전통적으로 중국의 황제가 되었다. 때문에 역사가들은 漢族을 중시하게 되었다. 이러한 표현을 중국에서는 '大漢'이라 불렀다. 이와는 달리 밖에 사는 한민족은 '蠻夷戎狄'이라고 경시하였다. 그러나 晋 이후가 되면 外族이 中原으로 들어와 주인이 되었기 때문에 역사가들은 종종 통치 종족에 대하여 솔직히 받아들이려 하지 아니 하였다.

때문에 최고의 통치자로부터 미움을 사기도 하였다. 그것은 그들의 역사를 우회적으로 서술한다든지, 또는 속을 잘 드러내지 않고 서술하였기 때문이다. 따라서 역사의 진실이 왜곡되는 경우가 많았다. 이처럼 중국 역사 속에 표현되는 중국 중심의 이른바 '大漢族主義'는 협의의 민족주의를 취하고 있었기 때문에 지금에 와서 우리들은 이를 극복해야 하는 문제가 남아있는 것이다.

중국 사회에서는 이를 '華夷之辨'이라고 부른다. 이러한 사상은 지금까지 조금도 흔들리지 않고 제자리를 잡고 있다고 보아야 한다. 이 같은 한계의 장벽이 가로막고 있는 이상 진정한 동아시아사가 형성될 수가 없다. 그들이 외족을 멸시한 점은 다음에서와 같은 명칭에서도 잘 나타난다.

① 夷狄腥羶

夷狄腥羶은 生活方式이 中國과 다른 데서 붙여진 말이다. 이것은 南方의 農耕民族이 北方의 遊牧生活을 보는 基準이 다른 데서 비롯된 것으로 본다. 夷狄이 비린내가 나고 노린내가 난다고 했지만, 이들이

常食하는 食品은 오히려 영양가가 높다. 이것은 기동력의 원천이기도 한다. 牧畜과 관련된 우유, 우유술, 치즈 등은 영양가 면에서 볼 때 보다 발달된 것이며, 또 가죽제품의 생활화도 그러하다. 비린내를 경시의 눈초리로 보았던 까닭은 조리하지 않고 生食하는 데에서 이를 낙후된 것으로 여겼을 것으로 생각될 뿐이다.13)

② 輕漢主義

輕漢主義는 中國史 中心의 偏見에서 쓰여진 것이다. 中國史 중심의 觀點에서 볼 때에 唐과 외국의 관계는 종래 羈縻支配라는 형식이거나 또는 强弱의 기준에서 말하는 것이 일반적이었다.14)

③ 索虜과 夷島

또 다른 代稱으로서는 남조가 북조를 '索虜', 북조가 남조를 '夷島'라고 경멸하였다. 또 遼·金은 스스로 북조라 칭하고 宋을 남조라 불렀다.

그러나, 臺灣의 劉義棠은 '敵國'이라는 말을 풀이하는 가운데, 敵國을 中國에 匹敵하는 맞상대의 勢力으로 보고 優待도 뒤따르는 것이라고 하였다.15)

---

13) 『禮記·王制』「東方曰夷, 被髮文身有不火食者矣, 北方曰狄, 衣羽毛穴居, 有不粒食者矣.」
14) ① 程志, 「唐代羈縻州府簡論」(『東北師大學報』 1984-1) p.104. 참조.
② 林超民, 「羈縻府州與唐代民族關係」(『思想戰線』 1985-5) p.51. 참조.
③ 王可, 「律與羈縻術是唐代調節民族的工具」(『中央民族學院學報』 1990-1) p.35 참조.
15) ① 劉義棠, 『突回研究』(經世書局, 1990) p.577 참조.
② 卞麟錫, 「唐初 中國의 突厥에 대한 '稱臣事'의 檢討」(『亞細亞學報』 8, 1970) pp.117-122 참조.

敵國禮가 성립된 것은 다음의 세 가지 경우로 생각된다. 첫째는 中國이 周邊國으로부터 外援을 받기 위해 低姿勢를 취할 때이다. 둘째는 戰爭이 終熄되고 親密한 새 局面의 관계로 들어 갔을 때이다. 세째는 상대로부터 威脅을 받을 때이다.16)

위의 實證的인 바탕에는 武德 8年(625) 唐 高祖가 "지금부터 突厥에 보내는 文書는 '書'라고 하지 말고 오로지 '詔'만으로 쓰도록" 당부한 예를 들 수 있다.17) 여기서 주목할 만한 것은 唐 高祖 李淵이 起義하면서 外援을 얻기 위해 突厥에 보인 優容의 敵國關係가 武德 8年(625)까지 지속되었음을 볼 수 있다는 점이다. 그러므로 동북아의 정세를 중국만이 결정적으로 지배한 것이 아니라는 것을 알게 한다. 그것은 ①중국세계 ②주변 소수민족 연합 ③중국과 적국관계의 개선 시기 등으로 나눌 수가 있다.

위 ①은 중국중심의 책봉체계라고 말할 수 있으며 ②는 중국세계와 다른 주변국간의 연합이 공존되어 간 상태이다. 이 시기 동북아의 정세를 한 손에 쥐고 주도해 나간 것은 중국과의 연합세력이었다는 것을 잊어서는 안된다. ③은 중국과 적국관계가 대립이었지만 서로가 전쟁은 피하고 있었다.

3) 中國文化의 평가

外夷에 대하여 가진 中國의 문화적 인식은 다분히 偏見으로 歪曲되어 있음을 알 수 있다. 中國이 일반적으로 文化程度를 가지고 外夷를 규정했다고 하지만, 전체적인 틀은 이들을 짐승과 벌레로 설정하

---
16) 拙著, 前揭書 p.119 참조.
17) 『資治通鑑』 卷191 武德八年條 참조.

는 우월감에서 출발하고 있다. 때문에 中國은 그들 중심의 吸收, 同化를 기본 정책으로 강조했는지도 모른다. 中國的 四海同胞의 관념은 이같은 吸收·同化의 强點을 바탕으로 한 것이다.

楊績蓀에 따르자면 종래 中國의 同化力이 施惠的인 德治에서 연유된 것으로 말해지기도 했다.18) 楊聯陞은 中國과 周邊을 비교해서 中國을 '高', '大'라 하였고, 周邊을 '底', '小'라 하였다.19)

日本의 羽田亨은 中國文化의 특징을 ① 一家思想, ② 執中力, ③ 民族 등으로 열거한 바 있다. 羽田亨은 中國文化의 執中力이 효과적으로 作用될 수 있었던 외적 요인으로서, 얼굴모습이 거의 구별되지 않았다는 점을 지적하기도 하였다.20)

또한 그 대상이 溫順한 土着民이었기 때문에 쉽게 同化할 수 있었다고 주장하는 학자도 있다.21)

中國文化가 위와 같이 강한 同化力이라는 특징을 갖고 있었다는 주장에도 불구하고 北方에서는 강한 군사적인 힘 때문에 突厥로부터 빈번한 入侵을 받았을 뿐만 아니라 東北의 高句麗 또한 힘겨운 상대였다.『資治通鑑』에 의하면 武德 7年(624) 3月에서 武德 9年(626) 5月까지 3년간 突厥로부터 받은 入侵은 35次나 되었다. 突厥과 같이 中國에 入侵한 邊疆民族이 全部 漢化되었는가에 대한 평가는 이미 종래의 盲目的인, 또는 神話的인 자리매김에만 머물고 있지는 않고 있다.22)

---

18) 楊績蓀,「中國民族對於入侵異族的同化力」(『孔孟月刊』1-4) p.25 참조.
19) 楊聯陞, 邢義田譯,「從歷史看中國的世界秩序」(『食貨月刊』2-2, 1972) pp.1-2 참조.
20) 羽田亨,「漢民族の同化力の說に就いて」(『東洋學報』29-3·4, 1921); (『羽田博士史學論文集』上, 同朋舍, 1975 所收) p.717 참조.
21) 林語堂,『吾國與吾民』(世界文摘出版社, 1954) p.17 참조.

최근 Luc Kwanten은 『遊牧民族帝國史』의 「中國 邊防의 帝國들」에서, 漢人이 夷族과의 관계에서 문화적으로 우세하였기 때문에 征服과 被征服의 관계든 아니든 언제나 征服民族들을 同化시켰다는 주장은 사실상 근거가 없다고 지적하였다.23) 이를 다음의 徙民論에서 살펴볼 수가 있을 것이다.

3. 唐의 夷族關係

1) 敵國關係

唐代에 와서 中國 正史의 東夷傳은 前代를 계승하였으나, 그 내용에 있어서는 冊封秩序를 주축으로 하는 縱軸의 강화는 그대로였다. 이러한 宗藩의 縱軸은 말할 것도 없이 上下의 傾斜關係를 構造의 틀로 삼아 中國과 周邊國을 묶은 것이다. 무엇보다 唐代에 이르면 外延的인 擴大로 인하여 中國과 왕래한 나라가 百餘國으로 增加하였다.

---

22) W. Eberhard는 拓拔氏의 漢化를 두고 全部 漢化說을 부정하고 部分的인 漢化說을 채택하였다. 즉, 中國人의 생활 속에 融合되어 있는 '夷狄文化'를 보고 中國 사람들이 일반적으로 생각하는 것처럼 吸收가 "반드시 그러하지는 않다(Did not always)"고 보았다. 이 말은 항상, 또는 전부가 아니라는 데에서 中國人의 盲目的이고 神話的인 同化에 대한 評價를 비판한 것이다. 그의 著書(Conquerors and Rulers, Leiden, 1952. pp.52-53, 122-123)에서는 南北朝에서 五代까지 中國에 入侵한 胡族을 분석하면서 歷代의 王朝를 세운 사람을 세 가지 유형으로 나누었다. ① 紳士(Gentry), ② 暴動을 일으킨 農民이나 盜匪, ③ 外來 征服者 등이다. K. A.. Wittfogel은 漢族이 中國에 入侵한 部族을 완전히 吸收하지 못한다고 말했다.
23) Luc Kwanten, 宋基中譯, 『遊牧民族帝國史』(民音社, 1984) p.174 참조.

이것은 분명히 前代와 다른 점이었다.

이때, 東夷에 속하는 나라는 동북을 비롯한 韓半島의 三國, 즉 高句麗, 百濟, 新羅 및 日本 등이다. 이들은 모두 中國에 대하여 이른바 '朝貢關係'를 유지하며 中國으로부터 王室의 嗣位나 冊妃를 허가받아야만 했다. 일본은 멀리 떨어진 관계로 책봉 밖에 있었다. 이러한 연결끈을 冊封體制라 부른다. 또 이러한 정치관계를 제도적으로 연결시키는 것이 앞서 말한 羈縻府州이다. 종래 사상적으로 지배적인 영향을 미친 天下共主의 觀念도 唐 太宗代에 가장 발달하였다.

그러나, 위에서 서술한 바와 같이 安定期를 맞기까지의 唐 初期에는 東北亞에서 突厥이 強國으로 등장하여 突厥 중심의 冊封世界가 형성되었으며, 隋末의 群雄들은 突厥로부터 冊封을 받았던 것이다. 高句麗도 隋로부터 밀려 오는 外壓에 대한 牽制勢力을 突厥과의 관계에서 찾기 위해 그들의 帳幕으로 使節을 파견하였다.

高句麗가 隋·唐에 맹렬히 對抗한 것을 中國的 表現으로는 '抗衡'이라고 말한다. 抗衡이란 서로 양보하지 않고 항쟁하는 敵國關係를 가리키는 것으로 보인다. 이른바 '抗衡'은 史書에서 볼 때 突厥, 高句麗 및 吐蕃에 한해서 쓰여지고 있다.[24] 中國史書가 주변이족과의 관계를 宗藩으로 내세우지만 실제관계에서는 그렇지가 않다. 바로 '抗衡', '敵國'의 표현이 그것을 말해주고 있다. 이러한 관계에서는 唐이 고도의 기미책을 동원할 수밖에 없었다. 간접으로 契丹·靺鞨을 투입시키려 한 것과[25] 직접적으로 원정을 기도하는 고압적인 방책이었다.

高句麗와 隋·唐 간의 戰爭은 분명히 高句麗의 雄大한 國力을 기반으로 한 저항 내지는 충돌이었음을 잊어서는 안 될 것이다. 실제로

---

24) 『資治通鑑』 卷 211 玄宗開元 2年 10月條 참조.
25) 『三國史記』 卷21 寶藏王 2年條 참조.

당에 대한 고구려의 저항은 막강한 힘을 바탕으로 한 것이지만 정신적으로 볼 때도 레닌이 제1의 전쟁으로 분류한 것처럼 '억압민족과 피억압민족 간'의 치열한 대립이였다.26) 이 때 고구려는 중국에 대한 臣禮의 관계가 무너지고 새로운 질서의 '異域'으로 편입 되었다.27)

또 高句麗가 突厥에 使臣을 파견한 일을 隋는 容納하지 못하였으며, 隋 煬帝는 이를 혹독하게 꾸짖고 있다. 이는 그들의 周邊政策 때문으로서, 현대적인 표현을 빌자면 周邊國을 구역(Block)화 시키지 않기 위해 '境外之交'를 禁止하고 있었던 것이다.28) 이것은 高句麗의 독자성을 엿보게 하는 좋은 實例가 된다.

7世紀 中葉 韓半島에서 일어난 白江口戰爭에 日本이 水軍을 派兵한 사실을 두고, 이를 羅·唐 聯合의 세력과 對峙한 日本의 小帝國으로 간주하고자 하는 일본 학자들의 주장은, 이러한 '境外之交'의 禁止라는 측면에서 볼 때, 당시 通用될 수 없었던 '구들장 풍수'의 이야기로 볼 수밖에 없다. 이를 7C중엽의 中日戰爭이라고 명명하는 사람도 있다.

중국의 책봉질서란 중국을 중심으로하는 軸이다. 그래서 여러나라가 자국의 생존을 위해 서로 손 잡는 동맹관계로 복잡하게 움직여 나갔다. 高句麗가 隋·唐을 통하여 중국과 완강하게 항쟁을 계속하는 동안 7-9C의 동아시아정세의 구도는 복잡하게 짜여졌다. 하나는 羅·唐연합을 구축한 것으로 이로 인하여 신라가 삼국을 통일할 수 있었다. 이후 나·당연합의 군사적 협조는 ①은 733(開元 21)년 발해의 登州入寇의 사건이 발생하자 신라가 원정군을 파견하여 발해와 직접 交

---

26) 石母田正,「古代における帝國主義について─レーニンからのノート」(『歷史評論』256) p.52 참조.
27) 『資治通鑑』 卷181 大業 6年 12月條「帝曰, 高麗本箕子所封之地, 漢晉皆爲郡縣. 今乃不臣, 別爲異域.」
28) 『隋書』 卷84 北狄傳「啓民推誠奉公, 不敢隱境外之交.」

戰한 것 ②는 이정기의 손자 師道가 819(元和 14)년 당에 배반하자 金雄元으로 하여금 3만을 이끌고 출전한 것 등 2차례의 군사파병이 있다. 물론 이것은 660년 신라가 당에 병력을 끌어 들인 끈끈한 유대의 답례라고 말할 수 있다. 이러한 국제관계의 구도는 舊高句麗를 계승한 발해가 당과 신라에 대하여 대립한데 반하여 멀리 있는 일본과는 친선을 유지하였다. 따라서 平盧淄青藩鎭 이정기 왕국은 신라를 멀리하고 발해와는 친분을 유지하였다.

이렇게 7-8세기에 걸친 동아시아정세는 복잡한 양상을 띠고 서로의 생존을 유지하기 위해 복잡한 동맹관계를 만들어 나갔다. 이렇게 볼 때 당의 대외관계는 전적으로 그들의 의지대로 전개되었다고는 볼 수가 없다.

唐人이 지니고 있던 夷族에 대한 文化的인 認識은 이들을 中國 領內로 移住시키는 過程 중에 惹起된 徙民論에서도 엿보인다. 貞觀 4年 (630)에 東突厥을 敗亡시킨 직후 唐이 이들을 中國 領內로 끌여드린 移住 戶數는 무려 10萬戶이며, 전체적으로 보면 120萬戶나 된다. 당시 전국이 380萬戶였던 데에서 본다면 대단한 숫자이며, 여기에다 高句麗와 百濟로부터 中國에 移住해 간 戶數를 더하면 실로 엄청나다.

이 무렵 當時의 朝臣들 사이에는 徙民을 두고 肯·否定의 論爭이 提起되었다. 그들의 主張을 살펴 보면 徙民을 贊成한 쪽은 顔師古, 溫彦博 등으로서, 그들은 夷族일지라도 敎化를 통하여 耕民과 衛兵(宿衛)으로 전환할 수 있다고 보았다. 이 때의 많은 朝士들은 실제로 北狄의 胡虜들을 中國의 內地로 풀어 집단적으로 散居시키면 훌륭한 耕民과 衛兵이 될 수 있을 것으로 생각하였다.

그러나, 魏徵은 이를 반대하는 쪽으로서, 그 근거는 이들의 子孫들이 왕성하게 滋息·繁殖하여 머지않아 邊叛이 발생할 것이라는 염려

때문이었던바, 그러한 禍根을 미리 막자는 것이었다. 즉 이들은 邊境의 人口調節이 어려울 것으로 내다 보고 반대한 것이다.

실제로 晉 武帝는 20年 못 가서 戎狄의 後患이 일어날 것으로 예측한 바 있고, 또 江統의 「徙戎論」에서 보면 10年을 넘기지 못하고 戎亂이 일어났다고 말하였다. 이들을 邊境 밖으로 驅逐해야 한다는 이유가 바로 여기에 있었던 것이다. 이를 소위 徙戎論이라 한다.

위의 贊·反 양쪽의 내용을 보면, 夷族은 敎化의 대상이 될 수 없는 野蠻人이요, 또 魏徵의 말을 빌자면, 戎狄은 人面獸心이라, 弱할 때는 降伏을 청하지만 强할 때는 反亂을 일으키는 것이 그들의 '常性' 또는 '天性'이라 하였다.[29]

徙民을 찬성하는 견해는, 그들의 '天性', '常性'이 비록 遊牧的인 野蠻性을 지녔다 할지라도 儒敎的인 敎化를 통하거나 中國文化에 接木을 시키면 훌륭한 耕民이나 衛兵으로 부릴 수 있다는 착상이었다. 그러나, 그 후유증으로서 安祿山의 亂을 맞게 된다.

安祿山은 胡·漢文化가 並存하는 邊境에서 사상적으로 尙武的인 기질로 무장하는 데에서 비롯되었다. 그는 私的 傭兵인 假子集團을 형성하여 邊叛을 일으켰다. 이 傭兵의 根底에는 遊牧民으로 형성된 兵營이 중심을 이루고 있었다.

胡·漢文化를 融合하는 邊境에 尙武的인 특질을 지니는 遊牧民(Nomad)의 기질이 主動的으로 作用될 때에는 邊叛이 치열한 殺戮戰으로 전개되는 것이 일반적이다. 이때 周邊은 곧 戰爭·鬪爭의 장소

---

29) ① 『舊唐書』 卷194上 突厥傳 「匈奴人面獸心, 非我族類, 强必寇盜, 弱則卑服, 不顧思義, 其天性也.」 및 卷67, 78 참조.
② 『資治通鑑』 卷193 貞觀 4年條 참조.
③ 拙著, 前揭書 p.159 참조.

가 된다.

 이렇게 보자면 疆域이란 衝突·鬪爭의 장소인 동시에 民族的 融合이 기대되는 곳이기도 하다. 왜냐하면 邊境이 胡·漢 두 文化의 충돌장소로 여겨지고 있었으므로 邊境에서의 民族融合은 오히려 강조될 수가 있다. 이 점에서 周邊을 문화의 衝突·融合의 장소로 말하는 사람도 있다.30)

 위에서와 같이 胡人을 바라보는 視角의 밑바닥에서 우리는 여전히 人間 이하의 존재로 四夷가 輕視되고 있음도 알 수 있다. 당 태종이 받아들인 것은 溫彦博이 올린 건의였다. 이의 내용은 內徙를 시키되 "그 부락을 흐트러뜨리지 않고 온전하게 하며, 또한 土俗을 변화시키지 않게 하였다."31)

 그러나, 쌍방이 對峙된 상황 아래에서 中國은 한편으로는 언제나 和親, 懷柔, 離間, 分化의 羈縻策을 곤두세워 부렸다. 어떤 학자는 화친책 그 자체만으로도 평등적이고 굴욕적인 것으로 해석한다.32) 日本의 白鳥庫吉은 東洋史의 발전을 南北의 대립에서 찾으려 하였는데, 그는 대립의 양상에서 중국문화를 낮게 평가하려 하였다.33)

 위에서와 같이 夷族을 人面獸心이라 호칭한 것은 中國과 다른 문화정도, 문화관의 차이에서 붙여진 것이지만, 실제로 이들을 羈縻하는 데 있어서는 고도의 對備策이 뒤따랐다. 짐승같은 夷族을 대상으로 하면서 그들을 放置하지 않고 철저한 對備策을 수립했다는 점에서 中國의 羈縻策은 二律背反의 矛盾을 지니고 있다 할 것이다.

---

30) 陳梧桐,「論中國的歷史疆域與古代民族戰爭」(『求是學刊』1982-4) pp.40-41
31) 『資治通鑑』卷193, 太宗 貞觀 4年條:「全其部落, 順其土俗, 以實空虛之地, 使爲中國扞蔽, 策之善者也.」
32) 任崇岳,「漢代和親政策的幾個問題」(『歷史教學』 1980-5) p.14. 참조.
33) 白鳥庫吉,『東洋史における南北の對立』(雄山閣, 1940) pp.1-22 참조.

이러한 점에서 볼 때 東아시아史란 中國的 世界에 挑戰하고 交涉한 實體의 關係·作用을 내포하는 그러한 개념으로 통칭되어야 할 것이다. 唐代의 徙民策에서 보자면 이른바 '夷族'은 문화가 低級한 짐승으로 취급되고 있다. 그러나, 周邊國을 統治해 가는 高度의 羈縻策에서 보자면, 民族融合을 원칙으로 삼고 있어서, 相對方을 낮게만 評價한 것은 아니었다. 여기에 보이는 기본 입장은 적어도 夷族을 雙方對峙의 對象으로 보고 있다는 점이다. 때문에 徙民을 통하여 夷族 본래의 支配層에 대한 물갈이와 民族融合을 企圖할 수 있었던 것이다.

이와 같이 中國은 그들의 文化認識에서는 周邊國을 문화정도가 낮은 다른 세계의 野蠻人으로 구분하여 서술하는 태도를 보이지만, 실제에 있어서는 高度한 羈縻策을 펼치고 있는 것이다. 이 점에서 天下共主라는 관념의 수용과 실제의 역사가 서로 별개의 것으로 전개되고 있는 矛盾을 엿보게 된다. 이러한 事例를 韓半島에 대한 唐의 政策을 통해 살펴 보기로 하자. 이것은 結語 부분에서 다시 말하려 한다. 그리하여, 東亞史라는 폭넓은 地域史에서 풀어가지 않으면 안된다.

이 점에서 東亞史라는 진정한 共通의 歷史, 그리고, 外來文化의 拾取史論에서 보아온 공통의 역할을 다한 實體로서의 작용을 인정해야 할 것이다. 이에 따라 外族關係도 단순한 方角 관념으로 인식할 것이 아니라 相互交流의 역사가 전체적으로 담기는 그러한 개념이 되어야 할 것이다. 그러면, 唐人의 周邊에 대한 認識은 어떠했는지 살펴보자.

2) 唐文化와 夷族의 接觸

周邊이라는 용어의 同義語로서는 塞外·四海·邊鄙·藩屛·荒外·

外廓・緣邊 등이 있다. 周邊에 대한 종래 中國人의 認識을 살펴 보자면, 中國은 根幹, 혹은 心腹으로 여겨졌으며, 周邊民族은 發光體의 영향을 받는 枝葉的인 존재로서 간주되었다.34)

본래 中國人은 中國을 天下의 根本으로 보고, 四夷를 그 枝葉으로 보았다. 이 두 관계는 근본이 擾하면 枝葉이 厚해지는 接木關係인 것이다. 中國과 邊境의 관계는 宇宙界에서의 太陽과 列星으로 비유되기도 하였다.35)

地理的으로 말한 것으로서는 『禹貢』에 근거하여 설명한 胡渭의 『禹貢錐指』에 보이는 五服圖가 있다.

五服은 各服을 5百里를 범위로 나누었다. 日本의 堀敏一은 『禹貢』과 『國語』의 두 계통에 근거하여, 天子가 직접 다스리는 地區를 王畿라 하고 그 밖의 甸服, 侯服, 綏服(賓服), 要服, 荒服을 封外(畿外), 侯服, 蠻夷, 戎狄 등으로 설명하였다.36) 또 周緣의 변동이 중심의 지리로부터 좌우되는 것이 아니라, 周緣 그 자체의 에너지에 의하여 포착된다는 것이 최근의 해석이다.37)

위에서 中心部는 甸服・畿服에 해당되는 곳으로 文化의 核心이고 近接部는 中國의 外廓에서 雜胡의 勢力體나 또는 中國邊將의 私的인 集團을 생성시키는, 이른바 '雜居勢力'을 등장시키는 곳이다. 제 1차 주변에 해당하는 侯服과 綏服은 '邊叛', '起義', '胡將' 등이 출현하는

---

34) ①『資治通鑑』卷197 貞觀18年條「上欲自征高麗, 褚遂良上疏, 以爲天下譬猶一身, 兩京心腹也, 州縣四支也, 四夷身外之物也.」
 ② 拙稿,「中國史에 있어서의 周邊」(『嶺南史學』9, 1979) p.70 참조.
35) ①『舊唐書』卷61 溫彦博傳「且中國之於夷狄, 猶太陽之比列星.」
 ②『貞觀政要』卷9「中國百姓, 實天下之根本, 四夷之人, 乃同枝葉, 擾其根本, 以厚枝葉.」
36) 堀敏一, 前揭書. p.54 참조.
37) 溝口雄三等,『周緣からの歷史』(東京大學出版會, 1994) p.1 참조.

진원지일 뿐만 아니라 中國의 動員體制가 확대되는 곳이다. 제 2차 주변에 해당하는 要服과 荒服은 夷狄이 사는 '化外' 지역으로서 政治, 文化가 연속적으로 疏通되지 않는 곳이다.

위에서 周邊과 中國과의 관계는 큰 돌을 던졌을 때 파급되는 波紋의 현상과 같은 것이다. 즉, 주위로 확대되는 파문이 중심에서 점차 약화되는 현상은 中國文化의 傳播力에 있어서도 동일하다고 말할 수 있을 것이다.

또 溫彦博이 말한 太陽 中心의 해바라기 현상도 宇宙의 引力關係로를 말한 것이다. 褚遂良이 唐 太宗에게 국가를 사람의 신체에 비유한 上疏에서 말한 것처럼 兩京은 心腹이고 四境은 手足이며, 이 밖의 絶域은 身外이다. 이같은 점에서 본다면 日本은 멀리 떨어져 있지만 百濟에 대해서 영향을 주고 받는다고 感知하였다.[38] 즉 사람은 몸체와 팔다리로 구성되어 있고, 身體에서 벗어나는 일체의 外物에 대해서는 별다른 의미를 두지 않은 것이다. 中國은 古代 이래 전통적으로 身外의 物을 중요시하지 않았다. 그러나, 실제로는 바깥세계와 공존해야 하는 것이 세상살이임을 분명히 인식해야만 한다.

邊疆이라는 말은 지리적인 개념이다. 따라서 邊疆은 나라의 경계선과 밀접하게 맞물리는 관계에 있기도 하다. 우리가 자주 말하는 변두리는 邊區에 해당한다. 中國의 역대 왕조는 그들의 흥망성쇠에 따라 그 영토의 범위를 伸縮시켜 왔다. 때문에 中國의 邊疆은 당연히 고정불변적인 것일 수가 없다. 그 한 예가 중국의 역사상의 강역이다. 이것은 그들의 중원 왕조의 강역 뿐만 아니라 중원 왕조 밖의 소수민족 국가의 강역까지도 포함하는 것이었다.

---

38) 『新唐書』 卷105 褚遂良傳 참조.

한 가지 재미있는 것은 개방화 이후 中國의 出入國 空港에 내걸린 영어 'immigration Control'에 해당하는 중국어 표현이 '入國檢査'로 되어 있지 않고 '邊防檢査'로 되어 있다는 점이다. 이는 다분히 中國 中心的이고 古典的인 발상이라 말할 수 있다. 北京이나 天津의 國際空港에 발을 딛는 외국인들은 대개 이 用語가 갖는 지나친 명분성에 익숙치 않아 당황하게 된다. 이미 中國의 중심부에 들어섰음에도 불구하고 '邊防'으로 간주한다는 점이 외국인에게 원어의 해석이 잘못된 듯한 감을 느끼게 하기 때문이다. 우리에게 익숙한 용어는 周邊・邊境이다.39)

Owen Lattimore는 中國의 범위를 萬里長城의 내부, 즉 本部中國(China proper)과 역사상 종속하였던 邊境(Frontier)으로 구분하였다. 本部中國은 淸末의 18省을 포함하는 것으로 그 면적은 약 150萬 平方마일이고, 長城 밖과 西藏을 포함하는 邊疆이 300萬 平方마일로 本部中國보다 2倍나 크다고 하였다. 이 萬里長城 밖을 中國에서는 邊緣, 邊際(Marginal)라 하였고, 日本은 限界, 周邊(Periphery)이라 불렀다. 淸末 梁份이 저술한 『秦邊紀畧』(淸海人民出版社, 1987)에는 舊邊, 外邊, 近邊, 北邊, 近疆 등의 용어가 쓰여지고 있다.

우리 속담에 "주변머리('주변'의 속된 말) 없다"는 말이 있다. 융통성이 없음을 가리키는 말이다. 사물을 전체적으로 관찰하는 데 있어서의 주변의 중요성을 지적한 것이라 하겠다. 즉, 전체를 이루기 위해서는 '소갈머리(속마음, 즉 '소가지'의 속된 말)'만 중요한 것이 아니라 주변도 필요하고 중요한 것이라는 의미를 담고 있는 것이다.

日本은 印度와 같이 唐으로부터 멀리 떨어진 絶域이라 불렀다. 遠

---

39) ① 池田溫, 「唐代の邊境經營」(『國語展望』別冊 27, 1979) 참조.
② 張澤咸, 「唐朝與邊境諸族的互市貿易」(『中國史研究』1992-4) 참조.

夷(遠人)가 近夷의 對稱이라면 絶域은 身外의 遠夷가 사는 지역을 가리킨 것이라 말할 수 있다. 바꾸어 말하면 近接한 邊境과 먼 絶緣으로 나누어 볼 수 있다.

최근 東아시아史는 나라마다 그 내용에서 약간의 차이가 있다. 東아시아史라는 말을 즐겨 쓰는 日本은 그들의 歷史를 大陸과 연결하는 작업을 중시·강조하는 듯 하였다. 그러나 이론적으로 東아시아史를 정립하는 여러 주장들을 보면, 日本史를 日本列島 안으로만 국한할 것이 아니라 世界史의 움직임 안에서 이해해야 하며, 이를 위해서는 日本이 속한 東아시아史를 말하지 않으면 안된다고 보고 있다.40)

또한 中國은 周邊國을 그들의 隷屬·統割 하에 두었던 地方政權이나 少數民族으로 보고 있다.41) 그러나, 高句麗 廣開土王의 時期와 朝鮮時代 後期가 되면 朝鮮的인 中央意識을 표현하는 발상법이 구축되고 있다. 이것은 中國과 분리된 獨立的 存在로서 자신을 파악했던 意識으로서, 中華主義에 물들어 이를 志向하던 貴族層들이 中華主義的 秩序에 編入되고자 했던 종래의 世界觀과는 전혀 다른 것이었다.42)

臺灣의 胡秋原은 中國史를 ① 黃河 中心의 時代, ② 黃河에서 揚子江으로 擴大된 時代, ③ 中國이 世界史 안으로 들어간 시대 등으로 구분하였다.

위 ③의 시대는 바로 周邊 世界가 中國을 바라보던 종래의 관점에

---

40) 西嶋定生,『中國史を學ぶということ』(吉川弘文館, 1995) pp.192-193 참조.
41) ① 莊嚴,「渤海是唐朝統割下的地方民族政權」(『遼寧大學學報』 1982-4) 참조.
② 楊昭全,「渤海是我國唐王朝割屬的少數民族地方政權」(『求是學刊』 1982-2) 참조.
42) ① 盧泰敦,「五世紀 金石文에 보이는 高句麗人의 天下觀」(『韓國史論』19, 1988) pp.31-40 참조.
② 梁起錫,「4-5C 高句麗 王子의 天下觀에 대하여」(『湖西史學』11, 1983) p.34 참조.

서도 큰 변화가 일어나는 때이다.

4. 맺음말 —— 韓半島 政策의 推移

唐이 펼친 韓半島 政策은 隋代를 이었다고 볼 수 있다. 隋가 3次에 걸친 高句麗의 征伐에서 失敗하자, 唐은 高宗代에 와서 高壓的인 정책을 수행하였다. 이때 韓半島 내부의 三國 均衡을 깨뜨린 變數는 新羅의 親唐策이었다. 中國이 펼친 周邊政策은 邊疆의 史地에 있어 중요한 연구과제로 자리잡아 왔다. 이 점에 비추어 唐의 韓半島政策을 살펴 보자.

羅·唐聯合策의 주체는 新羅와 唐으로서, 서로가 필요에 의하여 友好의 손을 맞잡았던 것이다. 이의 歷史的 背景으로서는, 唐으로 보자면 强壓策을 구사하지 않을 수 없었고, 新羅로 보자면 羅·濟同盟이 破棄되었다는 韓半島 내부적인 情勢變化가 있었다.

韓半島 안에서의 三國의 均衡을 깨뜨린 羅·唐聯合의 結成에 대한 역사적 평가는 아직도 활발한 토론을 거치지 못하였다. 지금 까지는 北韓에서처럼 否定的인 立場이 强化되고 있는 상황이다. 그러나 新羅의 고충, 즉 三國 간에 전개되고 있었던 惡意에 찬 이른바 원수간의 싸움을 정지시켜야 한다는 역사적 필요에서 보자면, 唐으로 부터의 借兵이 부득이했을 것이다.

당시 唐에 대한 借兵을 두고, 韓國史에서는 三國이 스스로 해결하지 않고 外勢를 끌어들인 점을 민족반역의 행위로 해석하는 쪽도 있다. 실제로 이때 新羅는 국제무대에 활동한 外交家를 많이 배출하고 있었다. 金春秋는 그 대표되는 사람이다. 이들이 唐에 요구한 것은 新羅의 사절이 唐으로 가는 길, 이른바 '貢道'를 다시 열고자 하는 執念이었다.

이것을 계기로 하여 唐은 强壓策을 취하게 되는 명분을 얻었다. 强壓策을 취한 배경으로서는 첫째, 東突厥이 패망한 후 곧이어 西域에 대한 經營을 이미 착수하자, 唐으로서는 東北의 高句麗 討滅만 남겨두고 있었다는 점, 둘째, 高句麗 정벌에서 隋가 겪은 실패를 극복하기 위하여 唐은 實效있는 정책을 모색하게 되었다는 점들을 들 수 있다.

唐의 四方經略은, 비유하건대 '十'字의 筆順에 따라 진행되었으며, 筆者는 이를 '十字形征伐'이라 부른 바 있다. 이 점에서 羅·唐聯合의 필요성은 오히려 唐에 더욱 절실했을런지도 모른다.

羅·唐聯合을 언급할 때에 그 속에 담겨진 眞率한 의미를 음미해 보는 것도 우리들로서는 반드시 해야 할 일이다. 羅·唐聯合이라는 역사적 사실에는 新羅가 당시의 三國關係에서의 孤立을 극복하는 길로서 이끌어낸 외교적 결실이라는 의미가 있다. 이는 단순한 軍事 상의 聯合일 뿐만 아니라, 東아시아史의 情勢를 이끌어 갔던 중요한 政治, 外交, 軍事上의 聯合策이었던 것이다. 그러므로 唐·新羅는 이 聯合策을 새로운 基盤으로 삼아 自國에 유리하도록 활용하려고 애썼을 것이다. 이 점에서 唐은 夷狄을 수용하는 天下共主의 이념 이외의 또다른 夷狄의 歷史가 개별적으로 전개된 모습을 보게 된다.

新羅의 三國統一은 그 결과를 놓고 볼 때, 三國 간의 몸서리치도록 소모적인 치열한 對立抗爭을 新羅가 종식시켰다는 데에 의미가 있을 것이다. 그러나 멀리 내다본 民族和合의 통일을 달성하지 못 하였다는 점은 事大外交로서 新羅를 비난하게 만들었다. 오늘날 南韓에서는 新羅의 統一을 최초의 民族統一로 보지만, 北韓은 오히려 高麗의 後

三國統一을 강조하고 있다. 그러나, 이를 오늘날의 民族主義的 立場에 서 보아서는 안될 것이다.

新羅는 唐의 韓半島政策을 잘 看破했을 뿐만 아니라, 당시의 國際 情勢를 수준 높게 잘 읽어 내었던 것으로 보인다. 신라의 외교적 성 공은 唐의 초기 중국과 동돌궐간에 있었던 맹약처럼 불리한 조건이 없이 신라가 唐의 병력을 끌여들였다는데 있을 것이다. 중국이 동돌 궐에게 약속한 '부녀자와 옥폐'는 돌궐의 소유로 한다는 치욕적이고 불명예스러운 관계가 아니였다.

唐의 韓半島政策은 다음을 중요한 基礎로 삼았다고 말할 수 있다. 첫째는 소규모의 군사를 자주 동원하는, 이른바 '數遣偏師'를 통하여 高句麗를 괴롭히고 피를 말린다는 戰略이며, 둘째는 連環的인 攻擊이 그것이다.

唐의 羈縻策은 단순한 和親, 懷柔, 離間, 分化策에 그쳤던 것이 아 니라, 高句麗에 대한 힘빼기와 날개인 百濟를 먼저 攻略한다는 계획 까지를 포함한 것이었다.

660年 百濟가 멸망되자 羅・唐聯合은 곧 復興軍에 의한 저항을 받 게 되었다. 이를 소탕하기 위해 일어난 것이 663年의 白江口戰爭이다. 여기서 百濟軍은 日本에 있는 百濟系 渡來人을 끌어들여 羅・唐軍과 싸웠다. 日本의 지배층에 진출한 백제계의 도래인과 海人들이 고국을 구한다는 뜻에서 뭉쳤지만 지도자의 잘못된 국제정세의 판단에서 실 패하였다. 이후 高句麗와 新羅는 동아시아의 情勢를 헤쳐나가는 데 있어서 각기 상이한 路線을 채택하고 있음을 보게 된다.

隋 煬帝 이후 高句麗가 隋에 대한 對抗策으로 北方 突厥과의 외교 적 관계에 비중을 실은 것은 이 때의 形勢를 잘 파악한 것이지만, 貞 觀 4年(630)부터 唐과 突厥의 관계가 逆轉되면서 비롯된 三國의 정세

파악에서는 각기 다른 路線을 걷게 만든 誤判이 뒤따랐다. 일단 誤判을 하게 되면 歷史의 主流에는 낄 수가 없게 된다. 이와 반대로 新羅는 羅・唐聯合을 중심으로 하여 國際政治의 構圖를 自國에 유리하도록 이끌어 갔다.

당시의 情勢는 白江口戰爭에 派兵한 日本의 판단과는 다르게 움직여 갔다. 百濟는 그들의 親交國인 日本에서 군사를 빼내왔으나 白江口海戰에서 失敗하였다.43)

이상에서 보듯이 羅・唐聯合을 통하여 新羅는 統一을 성사시켰다. 그러나 이 統一은 멀리 내다본 統一은 아니었다. 단지 三國 간의 惡意에 찬 치열한 對立抗爭을 종지시켰다는 데 의미를 둘 것이다. 이것은 唐 初期, 中國이 突厥에 보인 敵國禮보다 더 구체적인 友好的 周邊關係를 담고 있다고 말할 수 있다.

唐의 羈縻策은 夷族을 대상으로 말(馬)에 재갈을 넣어 자유자재로 부려보자는 데에 목적을 두고 있지만, 그 본질에는 상대를 認定하는 柔軟한 敵國關係나 聯合策의 對等關係가 운용된 것이다. 이같은 군사적인 연합은 이후 두번에 걸쳐 지속되었다.

이 점에서 唐의 羈縻策은 분명히 짐승 아닌 周邊民族을 대상으로 하여 실시된 것으로서, 그 내용은 和親, 懷柔, 離間, 分化를 획책한 수준 높은 調節策임을 역사적 실재, 즉 敵國, 군사적인 연합, 동등한 전술 등을 통하여 看破할 수 있다. 실제로 唐史의 커다란 夷族關係의 틀을 보면 中國文化와 夷族文化를 邊境地域에서 交合・融合하여 얻은 것이다. 여기에서는 오로지 中國의 吸收・同化만이 강조될 것이 아니라 새로운 融合文化의 創出이 있었던 것에서도 評價되어야만 한다.

---

43) 졸저,『白江口戰爭과 百濟・倭 관계』(한울아카데미, 1994) p.92 참조.

분명히 이것은 양쪽이 존중되고 협조한 것이기 때문이다.

앞서 五服圖에서 말한 綏服, 要服에서처럼 국가 창설의 起義가 이 곳에서 창출되었다. 6世紀 初 宇文泰와 楊忠, 李虎는 武川(今 綏遠省 武川縣)에서 起兵하여 關內로 들어 오자 關中本位政策을 폈다. 그래서 唐文化의 胡化 경향을 北方 少數民族과의 융합에서 나타날 수 밖에 없었던 필연적인 추세로 설명하는 學者도 있다.[44]

그들이 내세우는 실증적인 근거로는 雜居地域에 해당하는 關隴에서 생성된 武川鎭의 군인 집단이 漢, 胡, 鮮卑, 氐, 羌族과 서로 融合되는 政策을 수립하여 이후 역사에 不可分의 역할을 담당한 集團을 들 수 있다. 이 集團은 이미 陳寅恪에 의해 지적된 바 있다. 즉, 이 集團은 宇文泰의 아들 覺, 楊忠의 아들 堅, 李虎의 손자 淵으로 이어진 것이다. 이들은 번갈아 나라를 세웠으며, 이들 모두가 關中本位政策을 채택하여 국가 발전의 큰 기틀로 삼았다.

그리하여 周는 北齊를 멸망시켰고, 隋도 이 정책을 계승하여 江南을 평정하였으며, 唐도 이 정책을 잘 다듬었기 때문에 中國을 통일하고 周邊민족을 잘 統率할 수 있었던 것이다.

이와 같이 關中本位政策은 唐에 이르러 크게 발전되어 그 영토도 空前未有의 外延的 擴大를 가져왔다. 臺灣의 藍文徵은 唐代의 邊境經營이, 遠大한 視角과 崇高한 理想을 갖추었기 때문에 開明되고 進取的인 것이었다고 말하였다.[45] 唐의 夷族政策이 자못 開放的이었던 것은 위에서 지적한 바와 같은 배경을 깔고 있기 때문이다.

그리하여 중국사에서는 그 특징을 융합, 우호적인 것만으로 강조하지만 그 실체에 들어가보면 상당한 기간이 分立, 獨立의 주변관계로

---

44) 趙文潤, 「唐文化的胡化傾向」(『中國唐史學會會刊』, 13, 1994) p. 16. 참조
45) 藍文徵, 「唐代邊疆政策」(『中國邊疆』1-1, 1954) p.6 참조.

형성되고 있었음을 알 수 있다. 中國史의 分立時期는 中國全史의 상당 비율인 3분의 1 정도를 차지하기 때문에 그 자체가 혼란을 극복하고, 문화를 창출하는 저력을 가지고 있다. 때문에 발해만을 낀 登州(산동)에 735년 발해가 海人, 海賊을 이끌고 侵入한 것이라든지 平虜淄靑藩鎭이 발호한 기반에는 北方에서부터 이주한 徒民(李正己一家) 세력이 독자의 문화를 유지하였던 것이다.

끝으로, 진실된 歷史를 찾기 위해서 歷史 안에 묻혀버린 中國의 周邊史的 실체, 성격을 재조명하는 작업이 요청된다고 할 것이다. 이같은 觀點은 東아시아 정세를 파악하는 요체이며, 결코 중국학자들이 걸고 넘어지는 이른바 '한국사에 유리한 觀點'을 극복하는 길이 될 것이다.[46]

---

46) 劉永智, 「朝鮮史學界動向」(『中朝關係史硏究』, 中州古籍出版社, 1994) p.319 참조.

10-13세기 東아시아의 文化交流
― 海路를 통한 麗·宋의 文物交易을 中心으로 ―

申 採 湜(誠信女大 敎授)

<목차>

1. 10·13세기 국제정세의 변화
2. 宋代 海運業의 發達과 麗·宋 交易
3. 麗·宋의 海路
4. 海難事故와 麗宋 兩國人의 漂流
5. 麗·宋의 文化 交流
6. 宋代 文人의 高麗認識

1. 10-13세기 국제정세의 변화

唐이 멸망하고(907) 宋이 건국하는(960) 10세기 初·中期는 東아시아의 국제질서에서 새로운 양상이 나타나고 있다. 그것은 지금까지 東아시아의 중심부에 있던 唐帝國의 붕괴로 東아시아의 국제관계가 종래와는 전혀 다른 새로운 국면을 맞이하게 되었기 때문이다. 隋唐時代의 中國은 그 주변의 諸民族, 특히 북방민족을 완전히 제패하고 그들을 복속시켰다. 그러나 唐末五代의 혼란을 겪으면서 중화중심의 국제질서는 해체되었고, 그 위에 宋의 문치주의 정책은 결과적으로 군사력의 약화를 가져와 북방민족에게 항상 수세적 입장에 서게 되었고, 이는 송 이후 계속되었다.

먼저 五代十國의 분립시대에는 지금까지 唐帝國에 복속하여 내려오던 契丹民族이 契丹(遼)을 건국하였다(916). 이어 契丹은 渤海를 멸하고(926)滿洲와 中國의 동북방을 지배하는 征服國家로 발전하여 분열을 계속하고 있던 5대의 각국을 압박하였다. 宋의 중국통일에는 북방 민족인 거란의 군사적 압력에 대한 한민족의 강한 民族意識(中華意識)을 기반으로한 反遼意識의 작용이 적지 않았다. 이리하여 宋의 건국과 중국의 통일로 宋·遼에 의한 새로운 남북대립의 국제관계가 東아시아 세계에 형성되었다.

한반도에서는 唐나라와 밀접한 관계를 맺고 있던 新羅가 後三國으로 분열된 후(901) 高麗가 일어나고(918) 이어 新羅가 멸망하였다(935). 또 중국의 서북 지방에는 지금까지 唐帝國에 복속하고 있던 당구트(黨項)족의 李元昊가 역사상 처음으로 西夏를 건국하였다(1038). 이리하여 宋·遼를 주축으로 남북이 대립하는 틈에서 서하와 고려는 때로는 요에, 그리고 때로는 송과의 친선관계를 유지하면서 동아시아의 국제관계의 균형에 영향력을 행사하였다.

北宋과 遼의 관계는 정복왕조인 遼가 군사력을 배경으로 宋을 압박하였기 때문에 군사력이 약한 宋은 항상 수세에 몰리는 형국이었다. 이러한 양국관계를 교묘히 이용하여 西夏는 和戰兩面作戰을 구사하면서 국가적 실리를 추구하여 나갔다. 高麗는 遼의 군사적 압력으로 여러차례 전쟁을 치르는 동안 한때 宋과의 국교를 단절하였으나, 文宗時代 이후에 다시 국교를 재개하였다.

이러한 국제질서의 변화와 麗·宋通史에서 특히 우리의 관심을 끄는 것은 양국간의 교류가 唐代까지 주로 이용되어 오던 陸路대신 험준한 海路를 이용하고 있다는 사실이고 이 海路도 지금까지의 北方航路(한반도의 北部와 中部지방에서 중국의 山東半島의 登州에 이르는 항로)가 북쪽으로 치우쳐 있어서 契丹의 위협을 쉽게 받기 때문에 고려인들의 宋 寄着地가 中國의 江南地方, 주로 明州(寧波)지역으로 옮겨지면서 南方航路가 중요한 海道로 부각되었다는 사실이다. 이에 따라 중국 江南지방의 浙江省 明州 앞바다를 출항하여 고려의 開京 앞 禮成港에 이르는 南方 航路의 중요한 통과지점인 夾界山, 小黑山島, 大黑山島 등의 黑山群島를 중심으로 하는 全羅南北道의 서쪽 沿岸지역과 古群山列島를 비롯한 忠淸南道의 해안연안지대가 南方항로의 중요통과 선상에 놓이게 되면서 宋代文化와 접촉하게 되는 文化의 前方地帶로 부상하게 되었다. 따라서 이 지방은 宋商의 漂流船이나 難破船이 무수히 많을 것으로 가상할 수 있다. 왜냐하면 현재 新安 앞바다에서 발굴되고 있는 해저유물이 주로 麗末(元代)의 것이 주로 나타나고 있고 그것이 元·高麗·日本으로 交易된 물품으로 판명되고 있다. 그런데 麗·宋의 국제관계를 고려하고 특히 양국간의 교섭이 陸路가 아닌 海路를 사용하였고 그것도 北方路가 아닌 남방의 해로가 많이 이용되어 왔다는 사실에서 麗·宋에 많이 이용된 南方海路上의 바닷속에는 다수의 유물이 발굴될 가능성이 많다.

한편 이러한 국제질서의 변화속에서도 문화적으로는 여전히 宋이 중심적 위치에 서 있었다. 10세기에서 13세기의 東아시아 세계에 있어서도 문화의 중심지대는 宋이 지배하는 중국이다. 이 선진문화 지역에 있었던 宋의 士大夫 文人이 高麗를 비롯한 변방 지역을 어떠한 시각으로 바라보고 있었는가 라는 문제도 흥미있는 논제라 생각된다. 그것은 선진문화권에 있었던 송의 문화 담당층(士大夫文人)이 後進社會를 조명한 내용은 당시로서는 지역간의 문화수준을 가늠하는데 중요한 척도가 될 수 있을 것이며 이를 통하여 주변 지역 문화와의 상호비교 관찰이 가능하기 때문이다.

뿐만 아니라 이 당시의 東아시아의 문화적 수준을 놓고 말할 때 高麗文化를 어느 위치에 놓아야 할 것인가 라는 객관적 척도를 마련하는데 중요한 기준이 되기도 하는 것이다. 宋代 士大夫 文人의 高麗文化에 대한 인식은 직접 사절로 고려에 와서 체험하여 형성되는 경우와 고려에서 간 사절이나 그 밖의 사람들로부터 간접적으로 얻어진 지식에 의하여 형성되고 이밖에 문헌이나 다른 방법으로 얻어진 정보에 의하는 경우로 상상된다.

2. 宋代 海運業의 發達과 麗·宋交易

麗·宋의 通交는 宋의 건국 직후인 太祖의 建隆3년(962)에 高麗에서 廣評侍郞 李興祐 등을 派遣한 데서 시작하여[1] 南宋의 孝宗 隆興2년(1164)까지 약 200여년간 계속되었다. 그 중간에 요의 고려침입으로 인하여 약 72년간(999-1071) 사절의 왕래가 두절되기도 하였다.[2] 이 동안에 高麗의 使臣이 송에 건너간 수는 57회이고 宋의 사신이 고려에 온 것은 30회에 이른다. 이와 같은 사절의 왕래 회수에서 고려의 송에 대한 使臣派遣이 宋의 그것에 비하여 적극적이었음을 살필 수 있다. 다만, 唐代나 明·淸時代에 빈번히 往來한 事實에 비하면 소원한 바가 없지 않다. 그러나 이와 같은 소원함은 당시의 國際的인 環境으로 볼 때에 북방에서 군사적인 압박을 가하고 있는 遼와 金의 눈을 피하여 육로가 아닌 死路에 가까운 해로를 이용하여 使行길에 나

---
1) 『宋史』 卷1 太祖本紀 建隆 3年 11月 丙子條, 『高麗史節要』 卷2.
2) 『宋史』 卷5 太宗本紀 淳化 5年 6月條, 『高麗史』 卷3 成宗 13年 6月條.

섰다는 사실은 使行의 回數에 비할 바가 아닌 적극적인 것으로 주목하지 않을 수 없다.

그런데 高麗와 宋(北宋·南宋)과의 바다를 통한 交易이 활발히 전개될 수 있었던 중요한 원인가운데 하나는 宋代의 海運業이 비약적으로 발달하였다는 사실을 들 수 있다. 여기에는 두가지 요인이 있다. 하나는 앞에서도 지적한 바와 같이 東아시아의 국제관계의 변화에 따라 陸路가 막혀버렸기 때문에 海路를 이용하게 되었다는 점이고 둘째의 요인으로서는 宋代의 산업생산의 지역적 발전과 화폐경제의 보급으로 物貨의 流通이 폭발적인 증가를 가져왔다는 사실이며 셋째 요인으로서는 造船 및 航海技術의 발달을 꼽을 수 있겠다.

遠洋航行船(海舶)은 唐代까지는 주로 外國航舶, 특히 아라비아 船의 활동영역이었으나 宋代에는 造船의 기술적인 장애를 극복하면서 大型船舶을 건조하여 중국선이 高麗·日本 등 동아시아 영역은 물론 동남아시아와 서아시아의 해역에 진출하여 활약하였다. 海舶의 기지는 明州, 泉州, 溫州, 廣州 등 浙江, 福建, 廣南 연안이었고 특히 양자강 하류 浙江省의 明州는 고려와의 交易港으로 일찍부터 중요시되었다.

먼저 造船技術면에서 볼 때 宋代는 배의 종류가 다양화되고 전문화되었음을 살필 수 있다. 배의 명칭도 지역에 따라 다르고 黃河나 淮水, 그리고 揚子江에서 운항되는 內陸河川船의 명칭이 각 지방의 이름을 따서 船名을 부쳤으며 船體의 모양도 水路에 유리하도록 각각 특색을 지니고 있었다.

특히 航海를 목적으로 한 海船의 명칭을 보면 神舟, 舶船, 鑽風(海鰍) 三板(划船) 鮂魚船, 湖船, 海湖船, 烏頭船, 大舫船, 竄船(戈船) 등 다양한 종류가 있다.[3]

兩浙·福建지방의 中型해양무역선의 구조를 자세히 설명하고 있는데4) 이에 의하면 중형선의 길이가 10餘丈, 船深3丈, 배의 폭이 2丈 5尺 積載量은 2千石, 탑승船員 60여인으로 배의 구조가 풍랑에 잘 견딜 수 있도록 설계되어 있다고 하였다. 특히 徐兢이 高麗의 使節로 同行했을 때 타고 온 神舟는 皇帝(徽宗)의 特命에 의하여 건조된 대형선박으로 中型 客舟의 약 3倍의 거대한 木船이었다. 당시 페르시아만에 내항하는 중국선의 선원은 400-500人에 달하고 큰 것은 1千名이상의 선원이 탑승하고 있었던 사실이 전해온다. 또 浙江 福建 廣東의 沿岸에는 一千石, 二千石의 米穀을 실은 배가 빈번하게 왕래한 사실을 살필 수 있다.5) 바다에서 海舶의 추진력은 帆布를 이용하였다. 中舶은 일반적으로 2개에서 4개의 돛을 달고 큰 배는 5개 내지 6개, 아주 큰 배는 9개 내지 10개의 돛을 세우기도 하였다. 船速은 明州·高麗間은 5-7일 내지 20日이 걸렸으며 福建에서 浙江사이는 3일, 明州에서 密州사이도 3일 정도가 소요되었다.

宋代 造船場은 全國的으로 산재해 있으며 造船능력의 統計를 보면 至道末(997년)에는 三千三百三十七艘, 天禧末(1021년)에 二千九百一十六艘6)으로 나와 있고 각지역마다 기술적으로 전문화 분업화된 조선소가 있고 특히 西南아시아 高麗, 日本으로 출항하는 明州, 廣州, 泉州, 溫州 지방의 조선소가 유명하다.

海洋船의 船員에 대해 보면 海船은 船体內에서의 경영규모 그리고 乘船作業도 조직적이며 거대하였다. 船內의 노동은 分業化되어 있으며 船夫는 上. 下 두계급으로 구분되어 있다. 특히 宋代는 나침반의

---

3) 『蒙梁錄』 卷12, 江海船艦.
4) 『高麗圖經』 卷34.
5) 『嶺外代答』 卷6.
6) 『宋會要輯稿』 卷46, 水運

발명으로 항해술의 비약적 발전을 가져왔다. 항해기술상에서 중요한 나침반을 운용하는 火長의 任務는 羅針盤 등에 의한 方位측정은 물론 櫓權등 배의 推進具의 지휘를 맡아 항해기술상 중요한 역할을 담당하였다. 이러한 造船業과 航海技術의 발달로 麗·宋간에는 활발하게 해상교역이 전개되었으니 宋의 眞宗 大中祥符5년(1012)으로부터 南宋末(1278)까지 266년간에 宋의 商人이 고려에 入港한 총회수는 129회에 이르며 상인의 수는 5천여명에 달하고 있다.

이와같은 船舶의 다양한 내용으로 미루어 볼 때 宋代의 海路交通의 발전상을 헤아릴 수 있으며 특히 宋代는 중국역사상 획기적으로 海洋기술이 비약적으로 발전한 시대라는 사실을 알 수 있다. 이리하여 송대는 北方民族의 출현으로 육로대신 해로를 이용할 수밖에 없는 국제정세의 변화에 따라 唐代의 內河水路교통을 발전시켜 航海大國으로 발전하였다.

宋의 明州(寧波)가 麗·宋의 해상무역에서 차지하는 위치는 매우 중요하고 그 경제문화적 중요성 또한 크다. 이와 아울러 宋의 무역선이 출입하는 高麗의 國都 開京의 關門港인 禮成港도 그 중요성이 동아시아 각국에 널리 알려졌으며 高麗의 文人이며 정치가인 李奎報는 禮成港의 번창함을 읊어 이르기를

"湖水가 들고나매 오고가는 배는 머리와 꼬리가 잇대었더라. 아침에 이 다락 밑을 떠나면 한낮이 채 못되어 돛대는 南蠻의 하늘에 들어가는구나. 사람들은 배를 가르켜 물위의 驛馬라 하나 나는 바람쫓는 駿馬의 굽도 이에 비하면 더디다 하리"[7]라 하였다. 南方의 宋과 아라비아 상선이 빈번하게 예성항을 드나들고 있었음을 살필 수 있고

---

7) 『東國李相國集』 卷16.

이를 미루어 麗·宋의 海上貿易의 번창함을 알 수 있다.

3. 麗·宋의 海路

　바다를 통한 麗·宋의 海路에 관해서는 徐兢이 『宣和奉使高麗圖經』에 航海日誌와 함께 자세히 기술하고 있다. 이를 근거로 하여 麗·宋간의 航海路를 자세히 살펴 보겠다.8)
　종래 한반도를 중심으로 중국과의 船路를 보면
　1) 중국 山東半島로부터 渤海를 건너 압록강 입구 혹은 大同江 入口에 이르는 항로
　2) 역시 중국 山東半島로부터 黃海를 건너 仁川근해의 德勿島에 이르러 연안의 각 江口에 이르는 항로,
　3) 중국 강남지방의 明州(浙江省 鄞縣), 혹은 泉州등지를 출발하여 黑山群島 古群山列島의 近海를 거쳐 한반도의 각 河口에 이르는 항로 등이 주로 이용되어 왔다.
　그런데 麗·宋 사이의 文物交易路는 북방에서 정복왕조 遼나라가 출현하면서 陸路가 막히어 자연히 해로를 주로 이용하게 되었다.
　麗·宋의 航路에 있어서 東(高麗), 西(宋)의 各 寄着地 사이에는 크게 南北方으로 兩分되는 航路幹線이 있었으며 이러한 항로간선은 시대에 따라 변하고 있었다. 北線 항로는 山東반도의 登州방면으로부터 동북으로 직선항로로 이어져 고려에 이르는 海道로 大同江 어구의 椒島, 옹진반도, 그리고 禮成港에 이르는 뱃길로 앞에서 지적한 1), 2),

---

8) 『宣和奉使高麗圖經』(이하 高麗圖經이라 略) 卷35,36,37,38,39, 海道.

항로이다. 이 北線은 고대로부터 널리 이용되어 왔고 唐代까지도 주로 이 항로를 통하여 중국의 山東반도의 登州로 왕래하였다. 그러나 宋代에 들어와서 契丹(遼)의 출현으로 이 항로는 점차 쇠퇴하고 특히 고려 文宗代에 들어와 麗·宋國交가 再開되면서 위의 3)항로에 해당하는 南方路線이 주로 이용되었다. 그런데 이러한 항로 변화의 배경에는 거란(요)의 출현이 중요한 원인이 되고 있으나 이에 못지 않게 중요한 것은 중국측(송)에 있었다. 즉, 宋代 江南地方의 산업발전을 기반으로 揚子江 이남에서 농산물을 비롯한 여러 가지 산업생산이 폭발적인 발전을 가져온 결과 국내 상업활동은 물론이고 국제적인 교역이 활발하게 전개될 수 있었다. 송대 산업발전의 구체적인 예를 한가지 들면 도자기 기술의 비약적인 발전을 꼽을 수가 있겠다. 중국인들은 고대로부터 飮食文化에 비상한 관심을 갖게 되면서 질과 양에 있어 뛰어난 요리기술을 발전시켰는데 이러한 음식을 다양한 그릇에 담기 위해 일찍부터 陶瓷器 기술이 발달하였다.

그런데 송대는 중국의 도자기 산업기술에 있어 획기적인 시기로 수준높은 송의 白磁생산을 이룩하였고 이것이 국제무역품으로 각광을 받게 되었다. 이 南方路線이 주로 이용되면서 이 항로상의 중요한 위치를 차지하고 있는 海域이 바로 小黑山島, 大黑山島 등 흑산군도와 新安 앞바다의 해역이다. 중국의 船舶은 이곳에 이르러 배머리를 다시 東北쪽으로 돌려 蝟島, 古群山諸島, 葛島, 馬島(海美의 서쪽). 紫燕島등 반도 西海岸 근해의 도서를 거쳐 禮成港에 이른다. 이 南方航路는 한반도의 西쪽, 南쪽지방과 南中國을 연결하는 가장 가까운 중요 항로로 新羅때의 張保皐의 淸海鎭도 이 항로의 중계지이고 고대이래 중국과 일본의 항로로도 널리 이용되었다.

그러면 먼저 『高麗圖經』에 기록되어 있는 海道를 따라 이 南方航

路의 중요한 기착지를 더듬어 보겠다. 『高麗圖經』에서 주목을 끄는 것은 徐兢이 海道(海路)에 대해서 깊은 주의를 기울이고 있다는 사실이다. 徐兢은 『高麗圖經』의 전체 40권 가운데서 항로에 대해 주로 설명한 海道부분이 5권(35권, 36권, 37권, 38권, 39권)에 이를 정도로 많은 분량을 할애하여 기술하면서 뱃길에 대해 관심을 쏟고 있다. 이는 이 당시의 麗·宋文物交流에 있어서 海道가 차지하는 비중이 그만큼 높고 중요하다고 하는 사실을 직접적으로 설명해 주는 것이다.

『高麗圖經』(海道)에 의하면 그의 일행은 北宋 徽宗의 宣和4년(1122년, 고려 예종17년) 5월 16일에 神舟를 비롯한 8척의 배를 타고 明州를 출항하여 5월 19일에 定海縣에 이르러 이곳에서 3주야간 供佛祀神의 의식을 마친후 고려로 향하였다. 5월 24일 동남풍을 타고 20리를 지나 虎頭山에 이르고 다시 수십리를 나가 蛟門(三蛟門)과 松柏湾 蘆浦에 당도하여 닻을 내려 정박하였다. 5월 25일에 浮稀頭와 白峰, 笮額門, 石師岸을 지나 沈家門에 당도하여 다시 닻을 내렸다. 5월 26일 定海縣東部의 梅岑에 이르러 서북풍이 심히 강해 이곳에 상륙하여 이틀을 묵은 후, 5월 28일 赤門을 나서 海驢焦를 지나 蓬萊山을 바라보며 항해를 하였다. 그런데 이곳을 지나면 중국의 山은 다시 나오지 않는다고 기술하고 있는데 이 봉래산은 아마도 중국수역의 끝으로 여겨진다. 그후 半洋焦를 지나 밤새 항해를 하였고 5월 29일에 白水洋을 지나 위험한 黃水洋을 거쳐 黑水洋의 大海로 들어섰는데 이곳에서부터가 중국의 沿海를 완전히 빠져 나온 것이다.

6월 1일에도 계속해서 항해하여 6월 2일 아침에 일어나니 正東으로 병풍같은 山하나가 보이는데 夾界山이라 한다. 夷族(高麗人)이 이곳을 중국과 고려의 경계로 삼는다고 하였다. 따라서 이 협계산은 고려의 水域으로서 고려인들은 이곳을 기점으로 麗·宋間의 경계수역으로 구분한 것 같다. 그러므로 徐兢이 宋의 明州, 定海縣을 빠져 나와 중국의 연안해역으로 航海를 시작한 5월 24일부터 약 1주일의 항해 끝에 고려의 水域으로 들어선 것이다.

6월 3일 五嶼를 거쳐 排島(排垜山), 白山을 지나자 배의 항행이 매우 빨라졌고 白山東南쪽에 黑山島가 바라보였다. 옛날에 중국의 사신이 이곳에 묵었으니 官舍가 남아있고 그 위에는 주민의 部落이 보인다. 고려의 大罪人이 죽음을 면하여 이곳으로 유배되어 생활하는데 중국 사신의 배가 이르면 黑山島의 산마루에 봉화불을 밝히고 여러 山들이 차례로 서로 호응하여 王城까지 봉화불이 이어지는데 이것은 黑山에서부터 시작된다. 이로 볼 때 중국사신이 黑山에 이르면 항해의 위험에서 일단 벗어나고 항해로부터의 공포에서 정신적인 안정을 얻는 것이다. 이로부터 大月嶼, 小月嶼를 지나 闌山島(天仙島) 白衣島(白甲苫)을 지나 그 동쪽의 跪苫으로 나아갔으며 이 섬의 밖으로 春草苫(外嶼)를 지났는데 노송나무가 울창하다.

6월 4일에 檳榔焦를 지나 보살섬을 거쳐 竹島에 이르러 정박하였다. 서긍은 이 竹島의 풍속과 인심에 대해 山은 여러 겹이고 수풀이 짙푸르게 무성하며 山앞에 흰돌로 된 암초가 수백덩어리가 있는데 크기가 같지 않고 흡사 쌓아 놓은 玉과 같았다고 하였다. 使臣이 돌아오는 길에 이곳에 다시 들렸는데 마침 추석달이 돋아 올라 섬과 골짜기와 선박과 기물이 온통 금빛이었다. 주민들 사이에는 우두머리가 있었고 사람마다 일어나 춤추고 그림자를 희롱하며 술을 들고 피리를 불고 노래하니 마음과 눈이 즐거웠다. 6월 5일에는 竹島에서 멀지않은 苦苫島에서 묵었다. 6월 6일에 群山島(古群山島)에 이르러 정박하였다. 이 山은 열두봉우리가 잇달아 둥그렇게 둘려 있는 것이 城과 같다. 고려에서 보낸 여섯척의 배가 와서 맞아주고 무장병을 싣고 짐을 울리고 호각을 불며 호위하였다. 群山島 남쪽에 橫嶼가 있고 案苫이라고도 한다. 6월 7일에 橫嶼에서 묵고 8일에 일찍 떠나 남쪽의 紫雲苫을 돌아 富用倉山을 지나갔다. 이는 芙蓉山으로 洪州(충남 홍성) 경내에 있다. 자운섬 동남쪽 수백리 지점에 洪州山이 있는데 다시 軋子苫을 지나 곧바로 馬島에 이르러 정박하였다. 마도에는 客館이 있는데 安興亭이라 하며 해안의 환영과 군졸의 기치는 群山島와 같았다.

 6월 9일에 남풍이 몹시 강하였으나 馬島를 출발하여 九頭山과 그 근처에 있는 唐人島를 지나 雙女焦를 거쳐 大靑嶼와 和尙島와 牛心嶼, 聶公嶼, 小靑嶼를 지나 紫雲島에 정박하였다. 6월 10일에 이곳을 떠나 急水門을 지나 蛤窟에 당도하여 정박하였다. 6월 11일에 龍骨에 정박하고 6월 12일 禮成港 碧瀾亭에 도달하여 다음날 陸路를 따라 王城(開京)으로 들어갔다.

 이상 徐兢一行의 航海日程은 使臣의 행차이기 때문에 중간에 여러가지 儀式과 풍랑으로 인한 지체를 생각하지 않을 수 없다. 그들이 宋의 明州를 떠나 定海縣에서 3일이 걸렸다. 도중 각처(群山島, 紫雲苫, 紫燕島 등)에서 迎送儀禮가 있었으므로 群山島에서 禮成港까지의 항로일정도 평상시의 일정으로 보기 어렵다. 중국의 定海縣에서 부터 群山島까지에 약 10여일이 소요된 것을 알 수 있으나 여기에는 使臣의 행차에 수반된 儀式日程이 포함된 것으로 중간의 梅岑으로부터 海洋을 횡단하여 群山島에 이르는데는 약 9일이 걸렸음을 살필 수 있다.

 그러나 이들이 돌아간 날짜를 보면 이와는 전혀 다르다.
 同年 7월 15일에 禮成港을 출항하여 8월 27일에 定海縣에 도달하였는데 그 소요일 수는 약 42日로 고려에 건너 올때의 일수에 비하면

거의 3배의 시일을 소비하였는데 그 원인은 계절풍 때문이었다. 즉 布帆船을 이용하던 당시에는 風勢를 이용하여 항해하는 것이 가장 중요한 것이었다. 대륙 특히 중국의 동남지방과 한반도의 항해에는 계절풍을 이용하는 것이 일반적이었으니 "使人의 항로는 갈때는 南風을 이용하고 돌아 올때는 北風을 이용하였다"(高麗圖經)는 기사는 이를 설명해 주는 것이다. 麗·宋交易에 있어서 宋商이 高麗에 온 시기가 늦가을에 많았던 것은 바로 서남계절풍을 이용한데 그 원인이 있다. 徐兢일행의 來航은 夏期의 南風을 이용하였으므로 梅岑으로부터 群山島까지에 약 9일 밖에는 소요되지 않았다. 그러나 그들의 귀국항로는 逆風이었으므로 群山島 부근에서 이 逆風을 만났기 때문에 상당한 기간(30여일) 풍랑을 피하여 머물지 않을 수 없었으며 이러한 여름 풍랑은 오늘날의 태풍에 해당되기 때문에 태풍을 만나면 난파되는 일은 흔히 있었을 것이다.

4. 海難事故와 麗宋 兩國人의 漂流

바다를 통한 麗·宋의 文物交流는 무수한 海難事故를 수반하게 되는 것은 흔히 있는 일이다. 특히 그들의 항해가 태풍이 부는 계절, 여름을 이용하여 고려로 올라오는 경우와 겨울의 서북풍을 타고 宋으로 돌아가는 항해이기 때문에 海難事故는 빈번한 것으로 생각된다. 徐兢이 高麗로 올 때 西北風이 강해 梅岑으로 상륙하였는데 이곳에 宝陀院이란 절이 있고 그 절에는 靈感觀音像이 있다.[9] 옛날 新羅商人이

---

9) 『高麗圖經』 卷34.

中國의 五臺山(山西省 五臺縣의 名山)에 가서 그곳 觀音像을 파내어 新羅로 돌아 가려다 암초를 만나 배가 달라 붙고 나가지 않음에 이 암초위에다 그 관음상을 놓았다. 그런데 보타원의 宗岳이란 중이 관음상을 보타원에 봉안하였다. 그 뒤부터 바다를 항해하는 선박이 왕래할때는 반드시 여기에 와서 福을 빌면 감응하여 해난사고가 일어나지 않았다는 전설이 내려오는데 이는 麗·宋의 海道에서 겪는 무수한 수난을 佛心(觀音)으로 극복하려는 麗·宋人의 마음을 전설화한 것으로 생각된다.

실제로 正使를 따라 8척의 巨船을 타고 高麗에 使行한 徐兢 자신도 항해의 무서움을 다음과 같이 적고 있다. 즉,

바닷길은 어려움이 대단하였거니와, 일엽편주로 바다에 떠있을 적에, 오직 종묘사직의 福이 波神으로 하여금 순종하게 하였음에 힘입어 건너온 것이요, 그렇지 않았다면 어찌 사람의 힘으로 도달해 낼 수 있었겠는가 큰 바다에 있을 때 돛단배로 풍랑을 만났다면 다른 나라로 흘러들어 갔으리니, 생사가 순식간에 달라졌을 것이다. 일반적으로 바다에서는 세가지 위험을 싫어하니, 癡風과 黑風과 海動이 그것이다. 치풍이 일어나면 바다는 연일 성내어 외치며 그칠 줄 모르니 사방을 분간하지 못한다. 흑풍은 때없이 성내어 불어 닥치고 하늘 빛이 어두워 낮과 밤을 분간하지 못한다. 해동이 일어나면 바다의 밑바닥에서부터 끓어오르는 것이 마치 거센 불로 물을 끓이는 것과 같다. 큰 바다 가운데서 이것을 만나면 죽음을 면하는 자가 적다. 또, 물결이 배를 밀어내는 것이 툭하면 몇리나 되니, 몇 길의 배로 파도 사이에 떠 있는 것은 터럭 끝이 말의 몸에 있는 것 정도도 못된다. 상륙할 때에 가까워져서는 온 배의 사람들이 초췌해져 거의 산사람의 기색이 없었으니, 그들의 근심과 두려움을 헤아려 알 수 있을 것이다.

麗·宋간의 이와같은 위험한 海路를 타고 宋商은 물론이고 고려인들도 적극적으로 中國에 진출하였고 때로는 풍랑을 만나 배를 잃고 표류하다가 다행히 中國의 明州지방에 도착하여 구제된 예가 한국과 중국측의 史料에 다음과 같이 전해 온다. 즉『高麗史』에는 12차례 中國에 漂流한 고려인에 대해 기록하고 있다.

宣宗5년(1008)에 宋이 明州地方에 표류한 楊福 등 男女 23人을 귀국시켰고, 宣宗5년에는 明州에서 耽羅 漂風人 用葉 등 10인이 돌아왔다. 이듬해 宣宗6년에 明州로부터 高麗의 漂風人 李勤甫등 24人이 돌아왔으며 肅宗2년(1097)에 高麗의 漂風人 子信등 3人을 宋에서 돌려보냈고 肅宗4년(1099) 托羅失船人 趙逼등 6人을 宋에서 귀국시켰다.

睿宗8년(1113)에는 珍島縣民 漢白 등 8人이 托羅島에 매매하러 갔다가 폭풍을 만나 明州에 표류도착하니 중국정부에서 各 絹 20匹, 米 20石을 주고 돌려보냈다.

仁宗6년(1128)에 고려인 金鐵衣등 6人이 바다에서 폭풍을 만나 표류하다 宋에 도착하였다. 毅宗9년(1155)에 高麗漂風人 知里先등 5人을 귀국시켰으며 毅宗9년에 高麗漂風人 30여명을 역시 고려로 돌려보냈다.

明宗4년(1174)에 高麗 漂風人 張和등 5人을, 明宗 16년(1186)에는 高麗 漂風人 李漢등 6人이 돌아왔고 高宗16년(1229)에 宋商 都綱이 金仁美등 2명과 濟州漂風民 梁用才 등 28人과 함께 歸還하였다.

한편 중국측의 기록(續資治通鑑長編 및 開慶四明續志)에 나타나고 있는 漂流高麗人에 대한 기사를 보면 다음과 같다.

乾德元年(963)에 登州에서 高麗國王(王昭)이 時贊 등을 조공을 위해 파견했는데 이들은 도중에 폭풍을 만나 바다에 빠져 익사한 자가 90여인이었고 時贊등은 간신히 죽음을 면했는데 송황제는 詔勅을 내려 이들을 위로하고 구휼하였다.

咸平3년(1000)에는 明州에서 高麗國의 民間人 池達등 8人이 폭풍을 만나 배가 깨여겨 明州鄞縣에 표류해오니 조칙을 내리고 그들을 登州에 올라 오도록하여 식량과 의복을 마련해서 귀국토록 하였다. 또 天禧3년(1019) 登州에서 高麗의 禮賓卿 崔元信이 秦王水口에서 폭풍으로 배가 뒤집혀 貢物을 모두 잃고 많은 사람이 익사함에 신하를 보내어 이들을 위로하였고 天禧4년(1020) 高麗 夾骨島의 백성인 闈達이 폭풍을 만나 明州 앞 定海縣 연안으로 표류해 오니 明州에 詔를 내려 그들을 위문하고 양식을 지급하여 되돌아갈 수 있도록 하였다.

熙寧9년(1076)에 高麗에서 幸忠등 20人이 풍랑을 만나 표류하다 秀州 萃亭縣에 이르렀는데 조정에서 비단을 하사하고 돌아가게 하였다. 元豊3년(1080)에는 高麗의 使臣 柳洪 등이 폭풍을 만나 朝貢品을 모두 분실하여 表를 올려 自劾하였다. 또한 이 당시 고려국 托羅人 崔擧등이 폭풍을 만나 배를 잃고 표류하다가 泉州연안에 이르렀는데 후에 明州를 거쳐 귀국하게 하였다. 寶祐6년(1258)에 고려인 6名이 駕船을 타고 白陵縣에 와서 木植을 收買하고 10월 13일에 폭풍을 만나 방향을 잃고 표류하다 明州 石衕山에 이르렀는데 조사하여 본즉 이 6인의 신분은 고려의 樞密使 李藏用의 家奴인 張小斤三과 고려의 萬戶土軍인 金光正, 金安成, 金萬甫, 盧善才 등 4인과 환속한 승려인 金惠和 등이다.

이상을 살펴 볼 때 10-13세기의 麗·宋關係는 바다를 통하여 활발하게 무역거래가 이루어졌고 1076년에서 1174년까지의 약 100년 동안에 宋에서 송환된 高麗의 漂流民은 12회에 걸쳐 140餘人에 이르고 있고 이 12회중에 明州지방에서 송환한 것이 7회 90餘人으로 麗·宋關係에서 明州가 차지하는 지역적 중요성을 살필수 있다. 뿐만 아니라 고려의 난파선 가운데 17회가 明州 부근의 해안에서 구제되었음을 알 수 있다. 바다를 통한 이러한 양국간의 교역은 두나라의 경제적 발전은 물론이고 문화교류에도 큰 몫을 차지하였을 뿐만 아니라 양국민의 우호증진에도 기여한 바가 크다.

그런데 宋代에는 바다를 이용한 外國과의 활발한 문물교류가 추진되었을 뿐만 아니라 高麗를 비롯한 많은 外國人이 中國을 찾아 오다가 풍랑을 만나 표류되었을 때 地方官이 이들을 구휼하는 條例까지 마련하였다. 즉,

外國의 蕃舶이 풍랑을 만나 沿海州界에 표착하였을 때 船主가 바다에서 죽고 배만 파손되어 들어온 경우 官에서 이를 구제하고 배에 실려있는 화물을 기록하여 그 친속을 찾아줄 수 있도록 조처하였다.10) 또한 市舶司의 관리나 中外商人가운데 대외무역에 공헌이 있는 자와 外國商船이 해난사고를 당했을 때 이를 구제한 자는 정부에서 특히 이들을 장려하며11) 이와 반대로 해외무역에 방해를 한 자는 이를 처벌하였다.12) 특히 宋의 조정에서는 高麗와의 교역이 빈번해지고 해난사고 또한 빈번해지자 眞宗의 大中祥符9년(1916) 2월에 明州지방에 詔文을 내려 이르기를

지금부터 新羅(高麗를 말함) 배가 표류하여 해안에 이르면 사람수에 따라 양곡을 주고 위무를 잘 한후에 바람이 자면 고향으로 돌아가게 하라(長編卷86 大中祥符9年2月條)하였고 이후 계속해서 고려해선이 明州지방에 표류해 오자 天禧初年에 다시 이에 대한 지방관리의 물음에 규정을 정하기를 양곡을 지급하고 조난을 당한 (고려의) 백성

---

10) 『嶺外代答』卷3, 航海 外夷.
11) 『宋史』卷185, 食貨志 香條.
12) 『宋會要輯稿』職官44.

을 특별히 우대하여 대우할 것을 정하니 이는 明州지방 官衙의 특례가 되었다.

親麗官僚의 대표자격인 曾鞏의 표류고려인에 대한 대접은 극진한 바가 있다. 즉, 宋의 神宗 元豊元年(1078) 10월 3일에 權知福州에서 明州의 知州로 개관한 曾鞏은 고려국의 托羅國人 崔擧등이 폭풍을 만나 배를 잃고 천주에 표류해오자 증공은 그들을 명주를 거쳐 귀국하도록 하였는데 이때 泉州의 官衙에서는 그들이 여행할 수 있는 여행증명서(沿路口卷)을 발급하고 사람을 시켜 압송해오자 증공은 조정에서 고려인에 대한 대우가 시원치 못함을 인정하여 앞으로는 주식을 잘차려 주고 위로하면서 절에서 편히 쉬도록 한 후 식물을 충분히 공급하였다. 이 밖에도 의장이나 관대를 지급하여 특별히 연회도 베풀어 표류민이 후한 대접을 받아 예의가 있는 나라인 大宋의 관리로 일컬어졌다. 이로부터 曾鞏은 조정에 건의하여

금후 고려를 비롯한 외국인의 배가 풍랑을 만났거나 혹은 표류되어 연안의 여러 고을에 도착했을 때 주식을 차려주고 위로하며 관에서는 그들이 편히 쉴수 있도록 하였다. 또 귀국을 희망하는 자는 조정의 뜻을 잘 알려 조정이 그들에게 仁恩과 厚待의 뜻을 지니고 있음을 충분히 인식시키도록 하였다.[13]

그런데 고려인의 해난과 표류에 대해서는 이상과 같이 기록이 남아 있으나 宋人의 해난이나 표류에 대한 고려측의 기록은 거의 볼 수 없는 것이 유감스럽다.

앞에서도 언급하였지만 고려 顯宗때로부터 南宋이 멸망하기 직전 (1278)까지 260여년간에 고려에 來航한 宋商의 총수는 약 5천명으로

---

13) 『曾鞏集』 卷32.

추산되며 來航한 회수도 120여회에 이르므로 宋商의 對高麗貿易이 얼마나 왕성하였는가를 살필 수가 있다. 그리고 宋商의 來航은 계절적으로 7월·8월에 집중되어 있는데 이는 다름 아닌 칠팔월의 西南季節風을 이용한데 중요한 원인이 있고 이밖에 北風이 부는 11월에 來航한 경우가 많다. 일반적으로 宋商의 고려항해는 여름(7·8월)의 서남풍으로 왔다가 11월의 북풍을 타고 돌아가는 것이 보통인데 11월의 逆風을 이용하여 來航한 것은 고려에서 거행되는 八關會(仲冬11월 개최)와 밀접한 관계가 있어 어려운 항로를 무릅쓰고 온 것이다. 이에 따라 宋商의 海難事故도 무수히 일어 났으며 특히 小黑山島, 大黑山島를 비롯한 전라도의 서남해역과 古群山島를 비롯한 충청남도의 근해 연안 지역에 破船한 예가 적지 않았다.

宋商이 고려에 싣고 오는 무역품으로는 宋의 특산품인 方物, 珍寶를 비롯하여 고려의 상류사회에서 즐겨 찾는 도자기, 비단, 茶, 금은 세공품, 약재 등이었다.

그리고 對高麗貿易에 활약한 大商들은 주로 江南의 明州, 泉州, 溫州, 福州人들이 주를 이루었으니 이들 가운데는 그대로 고려의 수도 開京에서 고려에 歸化한 예도 있었다. ≪宋史≫ <高麗傳>에 王城(開京)에 華人 수백명이 있으니 그들은 거의 거의 閩人(江南人)이다.14) 商船을 타고 고려에 들어오면 그 재주를 몰래 살펴보고 그대로 고려의 官吏로 머물러 살게 하였다고 기술하였다. 宋代의 文豪이며 反高麗派이던 蘇軾도 宋의 泉州(福建省)에는 高麗에 왕래하며 장사하는 海商이 많다고 하였다.

禮成港을 중심으로 한 宋商의 활동이 이렇게 활발하게 전개된 것

---

14) 『宋史』 高麗傳.

은 앞에서도 말한 바대로 宋代에 이르러 各地域別로 특산품이 개발되면서 생산이 크게 일어나 이에 따라 상업자본이 발전한 것이 그 중요한 원인이고 宋朝의 대외무역정책도 宋商의 활동을 적극화 시켰던 것이다. 이밖에 唐末에 靑海鎭(莞島)의 張保皐를 중심으로 한 新羅人의 海上活動과 아랍인을 비롯한 南蠻人의 중국진출도 宋商에게 많은 영향을 끼쳤다. 이에 대해서 ≪宋史≫ 互市舶法에서

大食(아라비아), 古羅(인도 서남해안의 구라), 闍婆(쟈바), 占城(참파), 勃泥(보르네오), 麻逸(필리핀의 파네이섬), 三佛齊(팔렘방)의 諸藩이 宋과 무역을 통하여 來宋하였는데 금은, 동전, 비단, 도자기, 향료, 약제, 물소뿔, 상아, 산호, 호박, 구슬, 소목 등과 교역하였다고 서술하고 있다.

이를 미루어 볼 때 10-13세기에 宋을 중심으로하여 東아시아의 국제무역은 매우 활발하게 전개되었고 특히 黃海를 끼고 南方航路를 이용한 麗・宋間의 海上交易은 번창하였음을 살필 수 있다. 아울러 高麗人의 중국(宋) 진출도 험난한 바다를 이용하여 활발하였다는 사실을 알 수 있다. 그러므로 흔히 일반론적으로 宋代를 唐代와 비교하여 閉鎖的인 國粹主義時代로 말하는 것은 서북방 실크로드의 陸路를 통한 대외교역면에서의 주장이다. 따라서 海路를 통한 海外文化交流면에서 볼 때 宋代는 대외진출이 활발한 시대이고 麗・宋 海上交易도 번창하였다고 결론을 내릴 수 있다.

5. 麗·宋의 文化交流

다음에는 이상에서 살펴 본 해로를 이용하여 려송의 문화가 어떻게 교류되었는가에 대해 살펴 보겠다.

麗·宋 通交를 兩國의 정치 군사, 그리고 경제와 文化交流 側面에서 볼 때 時期的으로 크게 3期로 나누어 생각할 수 있다.

제1기는 962년(高麗 光宗13년, 宋 太祖 建隆3년)부터 遼의 侵麗로 國交가 斷絶되는 999년(高麗 穆宗2年, 宋 眞宗 咸平2年)까지의 約 37년간이고

제2기는 1071년(高麗 文宗25년, 宋 神宗 熙寧4년)부터 북송이 멸망하는 1126년(高麗 인종4, 宋 徽宗 靖康2년)까지의 55년간이며

제3기는 1127년(高麗 仁宗5년, 南宋 高宗 建炎1년)부터 고려사신이 마지막으로 다녀간 1164(高麗 毅宗18년, 南宋 孝宗 隆興2년)까지의 37년간이다.

제1기는 宋의 건국과 함께 高麗와의 국교개설의 필요성이 두 나라의 國王을 중심으로 전개되었기 때문에 詔書에서 찾을 수 있다. 특히 宋이 高麗에 보낸 詔書 내용은 冊封, 加恩이 중심을 이루고, 따라서 외교적 수사로 일관하고 있다는 것이 특징으로 나타나고 있고, 시기적으로 보아서도 송의 건국 직후 30여년이라는 단기간이기 때문에 양국간의 교섭 또한 활발하게 전개되지 못하였다고 생각된다. 그 위에 거란의 압박에 의하여 고려의 和遼疎宋政策으로 국교의 단절을 초래하게 되었다.

제2기의 통교는 文宗25年(1071)에 高麗에서 民官侍郞 金悌를 파견한 시기로부터 국교가 재개되어 북송이 망하는 1126년까지의 55년간

이다. 이시기는 고려측에서 볼 때에 오랜 국교 단절을 극복하고 宋文化를 적극적으로 받아들이려는 문종의 강력한 慕華思想과 宋側에서도 神宗이 등극하여 이제까지의 對遼 消極策을 버리고 적극적 자세로 환원하면서 聯麗反遼策을 강구하려고 한 데서 두 나라가 다같이 통교의 필요성을 처음부터 긴말하게 갖게 되었다. 사실상 양국의 국교재개는 문종25년에 고려 측에서 사신을 파견한 데서 시작되었으나, 이보다 앞서 송측에서는 이미 신종이 즉위하면서 고려와의 국교재개를 위하여 노력을 기울이고 있다. 즉, 신종은 1068년(熙寧 元年, 文宗 22)에 江淮兩浙荊湖南北路의 都大制發運使 羅拯으로 하여금 고려와의 국교재개를 위한 조처를 취하도록 당부하고 있고, 이에 羅拯은 黃愼을 고려에 파견하여 고려의 의사를 타진하고 있음을 살필 수 있다.15) 黃愼은 高麗 文宗의 적극적 국교재개 사실을 羅拯에게 보고하였으며, 神宗 熙寧 9年(文宗 24)에 羅拯은 이를 神宗에게 上奏하였고, 조정논의에서 거란을 圖謀하기 위하여 고려와 결맹을 하는 것이 可하다는 神宗의 허락을 얻게 되었다.

따라서 제2기의 국교재개는 먼저 宋 神宗의 적극적인 反遼 외교정책의 일환으로서 親麗反遼政策16)이 주도하였으며 高麗 文宗의 慕華思想이 이와 긴밀한 관계를 맺어 나타난 결과라 하겠다.

이와 같은 국교재개 과정에서 보이고 있는 송측의 고려관은 앞서 황신에 의한 신종의 고려관에서 뚜렷이 보이고 있는 바와 같이 "高麗는 예로부터 君子의 國이며 그 임금 또한 賢王"이란 표현은 호의적으로 본 것이라 하겠다. 뿐만 아니라 神宗은 고려의 문화적 수준이 높

---

15) 『宋史』 神宗本紀에는 그 내용이 없으나 『高麗史』 卷6 文宗 22年 秋7月 辛巳 條에는 기록되어 있다.
16) 『宋史』 卷487 高麗傳.

다는 것을 인식하여 詔書를 보낼 때에는 반드시 문장이 뛰어난 사신을 선발하여 著撰하도록 하였고, 그 가운데서 우수한 것을 다시 가려서 고려에 보내고 있다는 사실을 알 수 있다.17) 이와 같은 신종의 고려에 대한 신중한 태도는 사절의 인선에도 특별한 주의를 기울이고 있음을 살필 수 있으니, 고려에 파견될 使臣과 書狀官의 인선이 끝나면 이들을 中書에 소집하여 문장의 우열을 시험하여 이에 합격하여야만 고려에 파견하였다18). 文宗의 訃音이 전해지자 楊景略, 王舜封을 祭奠使로 錢勰, 宋球등을 弔慰使로 파견하였는데, 楊景略이 書狀官으로 李之儀를 대동하려하자 神宗은 李之儀의 문장이 뛰어나지 못함을 살피고 그대신에 학문이 博洽하고 기량이 整秀한 자를 중서에서 새로 가려 뽑아 다시 시험을 거친후 파견하였다. 이로 미루어 볼 때 황제의 고려에 대한 자세는 매우 신중하며 주의깊고, 이러한 배경에는 고려에 대한 높은 인식을 갖고 있는 위에 고려인의 품위와 인격을 높이 평가하여 문장과 학문 그리고 인격에 있어서도 손색이 없는 인물을 고려에 파견하려는 의도가 뚜렷이 엿보이고 있다19).

　神宗代로부터 시작되는 제2기에는 高麗에서 宋에 파견되는 사신은 36회이고 송에서 건너온 사신의 회수는 17회이다. 이 때에도 국서는 고려의 사신을 통하는 방법과 직접 송사가 가져온 경우가 있다. 국서의 내용도 冊王.進奉.回賜.弔慰등 다양하다. 宋使가 가지고 온 국서의 내용은 단순한 冊封書나 宋에 간 高麗使를 통하여 전해지는 國書는 책봉의 내용과 같이 무미건조한 것이 아니라 다양성을 지니고 있고, 특히 문종 26년에 국교가 재개되면서 고려사 金悌 편에 전달된 勅書

---
17) 『宋史』卷487 高麗傳 神宗 熙寧 9年條 및 『高麗史』卷9 文宗26年 6月條.
18) 『高麗史』卷9 文宗 26年 6月條.
19) 『高麗史』卷9 文宗26年 및 『宋史』高麗傳.

五道의 내용은 주목을 끌며 이 勅書五道의 정신은 이후의 송의 국서에 반복하여 잘 나타나고 있음을 살필 수 있다.20) 勅書五道의 내용을 요약하면 高麗王은 事大忠節이 극진하고 훌륭한 候王으로 정성이 지극하며 고려의 사신 또한 중국에 있어서의 행동이 성근함을 알 수 있다는 것이다.

다음 제3기는 요가 망하고 송이 금의 남침을 받아 강남으로 달아나는 국제관계의 변화 속에서 진행되기 때문에 이와 같은 국제정치의 초기를 잘 반영하고 있다. 즉, 南宋 高宗의 建炎 2年(仁宗6)에 宋의 刑部尙書 楊應誠이 가져온 조문에는 금에 잡혀간 二帝(徽宗, 欽宗)를 모셔오기 위해서 고려에게 길을 빌려 달라고 요청하고 있다.

高麗는 정중하게 이를 거절하였으며21), 동 4년(인종8)에 宋使 윤언이 편에 보낸 조서는 앞서(建炎2년)의 二帝 영입을 위한 假道의 심정을 술회하고 이에 대한 고려의 조처가 불가피함을 양해하면서도 서운하게 개탄하고 있다.

宋의 國書가 宋使를 통하여 전달된 것은 仁宗8年에 宋의 進武校尉 王正忠에 의한 것이 마지막이었으나 송사의 파견도 인종13년을 끝으로 단절되었다. 그러나 고려사의 파송은 계속되고 있었다. 이는 고려의 친금책의 영향과 송의 강남 이주에 따른 대금책의 어려운 시대적 상황을 반영한 것이기도 하나 송의 二帝送還에 보인 고려의 냉담한 반응도 송의 고려관에 크게 작용한 것이다.

---

20) 『高麗史』 卷9 文宗 26年 및 『宋史』 高麗傳.
21) 『高麗史』 卷15 仁宗6年 6月 丁卯條.

6. 宋代 文人의 高麗認識

중국(宋)사람이 그 당시 高麗에 대해서 어떠한 인식을 가지고 있었는가라는 물음에 쉽게 답을 할 수 있는 자료는 흔하지 않다. 다만 현존하는 사료를 통해 송의 文臣官僚의 고려 인식에 대해 曾鞏·徐兢·蘇軾을 중심으로 살펴 보겠다.22)

먼저 唐宋八大家로 송대의 문화창달에 주도적 역할을 담당한 曾鞏의 고려에 대한 시각은 우선 역사적 인식을 그 기초로 하여 출발하고 있다. 즉, 증공에 의하면

중국은 수의 전성시대 3차에 걸쳐 大兵을 출병하였으나 그 성곽하나도 빼앗지 못하고 번번히 패하여 마침내 수나라가 멸망하는 계기가 되었읍니다. 신이 생각하건데 고려를 무력으로 쉽게 복속시킬 수 없다는 증거입니다.23)

라 하여 수·당이 총력을 기울여 동방을 정복하려 하였으나 一城도 차지하지 못한 사실을 들어 고려를 힘으로 굴복시키는 것은 어렵다고 보았다. 이는 북송말에 고려에 다녀온 徐兢이

"고구려가 마침내 당의 劉仁軌에게 굴복하기는 하였지만 그것은 어디까지나 힘에 의한 굴복이지 그 마음을 굴복시킴이 아니다."(高麗圖經)라고 주장한 것과 일치하며, 고려인이 쉽사리 굴하지 않는다고 하는 사실을 宋代文化人이 강하게 인식하고 있었던 것은 당시의 麗·遼關係에 있어서 비록 수차에 걸친 거란의 남침이 있었지만 고려는 쉽게 굴복하지 않을뿐더러 요와 강화한 후에도 마음은 송에다 항상 두

---
22) 拙稿「宋代士大夫의 價値觀」『邊太燮博士華甲紀念史學論叢』참조.
23) 『元豊類藁』卷35.

고 있는 고려인의 문화주의에 깊은 인상을 받고 있었음에 원인하는 것이다. 고려인의 민족성이 현실적으로 그러할 뿐 아니라 역사적으로도 隋唐의 예에서 그 사실을 宋代官人은 깊이 인식하고 있었음을 알 수가 있는 것이다.

그러면 이와 같은 고려인의 민족성이 어디에 뿌리를 두고 있는 것인가, 이에 대해 증공은 고려의 문화적 수준이 주변의 제국과는 다르다24) 사실을 들고 있다. 즉, 고려는 문화적 수준에 있어 중국 주변의 다른 국가와는 달리 문학에 능통하고 지적인 인식이 뛰어나서 이를 덕으로 회유함이 가능하며 무력에 의한 복종은 어렵다는 입장을 강조하고 있다.

曾鞏은 역사적인 입장에서 볼 때에도 고려를 힘에 의해 굴복시킨다는 것은 사실상 어렵다는 것이 이미 당대에 입증되었고, 현실적으로도 고려가 요에 힘으로 굴복하고 있는 듯 보이나 사실은 굴복한 것이 아닌 것으로 인식하고 있다. 그것은 중국 주변의 모든 국가에 비하여 고려인의 문화수준이 높고 이를 배경으로 쉽사리 힘에는 굴복하지 않는다고 인식하고 있었다. 曾鞏이 明州의 知州로 부임하였을 때 난파되어 온 고려상인에 대하여 이를 구제하여 보살펴 주었고 조정에 대해서는 諸外國人의 구제를 인도주의적 입장에서 제도적 방안을 건의하고 있다25).

그러나 曾鞏의 고려인식에서 깊은 인상을 느낄 수 있는 것은 전통적 중화주의를 배경으로 한 조공과 현실적으로 행하여 지고 있는 麗, 宋간의 使節來往에서 야기되는 물질주의적 폐단을 문제로 제기시키고 있는 점이라 하겠다. 그는 먼저 고려사절이 중국에 들어와서 행하는

---

24) 同上 卷32.
25) 同上 卷32.

여러 가지의 경비지출의 과다함에 대하여 깊은 관심과 우려를 표시하고 있다. 전통적으로 중국은 주변국가에 대하여 베푸는 입장에 있는데 지금에 와서는 오히려 외국 사신으로부터 많은 것을 취하려는 것은 옳지 않다고 다음과 같이 주장하고 있다.

  曾鞏은 지금 其使(麗使)가 자주 오는데 송의 관인이 그들로부터 여러 가지 명목으로 예물을 받는 것이 상례로 되어 있음을 들어 이를 우려하고 있다. 그는 옛부터 주변 국가의 臣使來朝에 대하여 중원은 이를 예로 迎送하였고, 그들이 進奉하는 幣帛物은 이를 돌려주어 중국이 물질을 가벼이 여기고 예의를 중하게 생각한 사실을 강조하고 있다.26)

  즉 주변국가의 사절이 진봉하는 물품은 이를 되돌려 주는 것이 옛부터 내려오는 聘禮의 참 뜻이라 하여 전통적인 중화사상에 입각한 交聘의 참 뜻을 財貨에 두지 않고 예의에 있음을 거듭 강조하고 있다.

  이와 같은 중화주의 입장에서 볼 때 고려 사신이 송에 건너와서 송나라의 지방관에 바치는 예물을 비롯하여 조정에 진납하는 진공품은 우려할 만한 것이라고 구체적으로 이를 예시하고 있다. 즉, 신종의 희녕6년(1073)에 고려사신과 부사가 明州와 通判에게 보낸 고려의 토산물을 당시의 시장값으로 환산하면 200貫 이상 299貫에 이른다고 하였고, 熙寧 5년과 9년에는 副使가 없어 명주의 知州 通判에게 보낸 토공물은 100관 이상 199관에 이른다고 하였다. 이와같은 고려사절의 宋朝沿邊 및 朝廷에 바치는 宋贈物品은 실로 막대한 것이어서 고려의 재정형편으로서는 견디기 어려운 것임을 증공은 우려하고 있다.

---

26) 同上 卷35.

그에 의하면 一州에서 知州와 通判이 고려 사절로부터 수령한 물품은 錢으로 환산하면 실로 30만(혹은 1, 20만)전에 달하는 것으로 明州로부터 서쪽으로 京師에 이르기까지 10여주를 거치는데 매주 폐백품을 가지고 갔으니 이는 고려의 재화로서는 감당키 어려운 것으로 보고 우려를 표시하고 있다. 따라서 고려 사신이 가져오는 물품 가운데 특히 송의 관인이 좋아하는 물품은 官用으로 이를 활용하고 그 밖의 폐물은 옛날과 같이 사신들에게 마땅히 이를 돌려 주어야 한다고 주장하였다.27)

曾鞏의 高麗觀은 고려에 대한 정확한 역사적 인식과 고려의 문화적 수준 그리고 고려의 국세에 대한 바른 이해를 바탕으로 하면서도 중국의 전통적인 중화주의에 입각하고 있음을 살필 수가 있는 것이다.

다음은 徐兢의 고려문화에 대한 인식을 살펴 보겠다.

주지하는 바와 같이 宋人의 高麗에 대한 기록 가운데서 비록 圖는 없어졌으나 가장 완벽하게 남아있는 것이 徐兢이 撰한『宣和奉使高麗圖經』이다. 이밖에 宋代의 官人이 고려의 사정을 기술한 것으로는 吳栻의『鷄林記』20권, 王雲의『鷄林志』30권, 孫穆의『鷄林類事』3권 등이 있었으나 대부분 없어졌고, 王雲·孫穆의 저서와 같이 단편적으로 전하여지는데 불과하다. 이는 그가 北宋 말의 徽宗 宣和5년(高麗 仁宗 元年, 1123)에 正使인 給事中 路允迪, 副使인 中書舍人 傅墨卿을 수행하여 國信所提轄人船禮物官으로서 고려에 건너와 약 1개월간 체류하면서 직접 보고 들은 바를 돌아가 圖經으로 만들어서 황제에게 보고한 것이다. 그는 使行에 앞서 고려에 대한 기록을 검토하였고, 특

---

27) 同上 卷 35.

히 崇寧중에 편찬된 王雲의 『鷄林志』의 영향을 많이 받았으나 단지 여기에는 圖가 없는 것을 아깝게 생각하여 이를 보완하려는 뜻을 이미 지니고 있었다.

徐兢의 高麗文化를 보는 기본입장은 두 가지 측면을 지니고 있음을 알 수가 있다.

첫째는 先進的인 中國文化가 後進的 高麗社會에 유입되어 후진사회가 어떻게 선진화(중국화)되어 갔느냐 하는 입장이다. 여기에는 선진문화가 직접 후진사회에 流入 通用되는 경우와 그것이 약간씩 변형되면서 通用되는 양면성을 지니고 있다는 입장이다. 이와 같은 과정을 통하여 후진사회의 文化(夷俗)가 선진화되고 있는 점을 긍정적으로 서술하고 있다. 이것은 徐兢 자신이 奉使라고 하는 막중한 임무를 띠었고, 또 그의 도경은 황제에게 보고한다는 구속력을 띠고 있었기 때문에 후진사회의 선진화는 바로 中國 天子의 德治와도 밀접한 관련을 지니고 있으므로 이 점을 강조하고 긍정적인 방향에서 이를 서술하고 있는 것이다.

둘째 입장은 선진중국문화가 후진고려사회에 유입되었음에도 불구하고 고려사회의 고유한 문화(夷俗)가 변질되지 않고 자체적으로 繼續性을 지니고 있는 특수상황에 대한 관찰이다. 이는 서긍의 관점에서 볼때에 긍정하기 어려운 오랑캐의 풍습에 속하는 문제이지만 자기가 소속되어 있는 중국 문화와의 비교라고 하는 입장에서 흥미와 호기심으로 이를 서술하고 있다.

먼저 첫째 관점에서 中國의 선진문화가 後進高麗社會에 어떻게 유입되었고, 또 그것이 어떻게 변형되었는가에 대한 高麗文化觀을 보자. 여기에서 그는 선진문화의 전달자라고도 할 수 있는 송의 사신을 고려가 어떻게 맞이하고 있느냐에 상당한 관심을 표명하고 있다. 이에

대해

"高麗는 王氏 이래로 대대로 本朝의 藩屛이 되어 왔고 主上께서 鎭撫하신 은덕이 심히 후하였기 때문에 언제나 使節이 그곳에 가면 시설하는 諸具가 극히 화려하고 찬란하였다. 恩澤이 四海에 미쳤다."
(『高麗圖經』 卷28, 供張1)

고 하였고, 송사가 체류하는 高麗의 館舍에 대해서

"館舍를 건립한 것에는 制度의 사치스러움이 왕의 居處를 능가하는 점이 있다."(『圖經』 卷27, 館舍)

고 극찬하고 있다. 그리고

"근년에 사신이 고려국에 갈 때마다 儀仗의 화려함과 호위하는 군사의 많음을 있는대로 갖추어 詔書를 맞이하고 旌節을 인도하는 禮儀가 심히 근실하고 정성스러웠다."(『圖經』 卷24, 節仗)

라고 하여 고려의 宋使接待에 대해서 지극히 만족스럽다는 표현을 하고, 이와같은 정중함은 송문화의 영향, 천자의 은혜에 감사하는 것으로 풀이하고 있다. 그리고 그가 접한 고려관인의 행동에 대하여

"고려는 朝聘을 통하여 오랫동안 중국의 영향을 받았으므로 君臣上下가 거동할 때에 禮文이 있다."(『圖經』 卷9, 儀物1)

고 하여 중국의 예의와 문물이 고려에서 행하여지고 있음을 지적하고 있다.

"고려도 여러 夷狄 가운데서 文物禮儀의 나라이다. 그 음식은 俎豆를 사용하고 문자는 楷書와 隸書에 맞춰쓰고 서로 주고 받는 데 절하고 무릎을 꿇으니 공경하고 삼가는 것이 족히 숭상할 만한 것이다."
(『圖經』 卷22, 雜俗)

"고려는 땅이 넓지 못하나 백성이 매우 많다. 四民의 業중에 儒를 귀히 여기므로 그 나라는 글을 아지 못하는 것을 부끄럽게 여긴다."

(『圖經』卷19, 民庶)

라 하였고 특히 고려의 인물에 대해서는

"夷狄 중에는 고려의 人才가 가장 왕성하다"(『圖經』卷8, 人物)로 보고 있다.

이와 같은 고려문화의 높은 수준은 중국의 문물을 받아 들이고 자제의 교육에 힘 쓴 바의 결과로 보고 있으며 고려는 비록 燕·韓의 변두리 편벽한 곳에 살기는 하지마는 齊·魯의 기풍과 운치를 지니고 있다고 다음과 같이 격찬하고 있다. 즉,

"근자에 사신이 가서 알았지만 臨川閣에는 장서가 수만권에 이르고 淸燕閣은 經史子集 4部의 책으로 메워져 있다. 國子監을 세우고 儒官을 선택하여 그 인원이 짜여져 있고 황사를 새로 열어 太學의 月書季考를 펴서 諸生의 등급을 매기고 있다."(『圖經』卷40, 同文 儒學)

"위로는 朝廷의 관리들이 偉儀가 우아하고 文體가 넉넉하며 아래로는 민간 마을에 經館과 書舍가 두셋씩 늘어서 있다. 그리하여 백성의 子弟로 결혼하지 않은 자들이 무리지어 살면서 스승으로부터 經書를 배우고 장성하여서는 벗을 택해 각각 부류에 따라 절간에서 강습하고 졸병과 어린아이에 이르기까지 鄕先生에게 글을 배운다. 아아 훌륭하기도 하구나."(同上)라고 고려인의 향학열을 칭찬하고 있다.

그러나 중국문화를 적극적으로 받아들여 이를 정치·교육의 기반으로 삼고 있으면서도 그들 본래의 傳統文化(夷俗)를 그대로 고수하고 있다는 사실에 대해서도

"겉으로는 중국의 제도를 모방하고 있으나 실제로는 풍습이 尨雜하여 夷俗을 끝내 고치지 못하였고 冠婚喪祭는 禮(禮記)에 의한 것이 드물다."(『圖經』卷22, 雜俗1)

고 예리한 시각으로 보고있다. 또 고려의 官制에 대해서는

"초기에 12등급의 관원을 두고 오랑캐의 언어로 명칭을 붙이고 淨化하지 않다가 皇化를 입게 되면서 官을 설치하고 府를 두어 中華를 모방하여 부르기는 하였으나 職에 임하여 일을 처리할 적에는 오히려 夷風을 그대로 따르므로 이따금 형식만 갖추고 실재는 맞지 않는다. 그러나 의리를 사모하는 뜻은 역시 가상하다."(『圖經』 卷16, 官府)

하였으니 선진문화(중국문화)의 영향을 받아 夷俗(후진문화)을 탈피하여 나가고 있다는 점을 강조하고 이를 긍정적인 방향에서 평가하고 있다. 이는 宋人의 華夷論에 바탕을 둔 전통적인 중화사상이라 하겠다.

다음으로 이와는 반대로 선진문화의 영향에도 불구하고 후진문화를 그대로 유지하고 있다는 사실에 대해서는 이를 다음과 같이 비판적인 각도에서 기술하고 있음을 살필 수가 있다.

"먼저 고려는 정치가 심히 어질어 부처님을 좋아하고 殺生을 경계하기 때문에 국왕이나 相臣이 아니면 羊과 돼지고기를 먹지 못한다." (『圖經』 卷23, 屠宰)

"다음으로 고려의 풍속은 관리나 병졸이 紀律이 엄하기는 하나 평소에는 사소한 禮를 일삼지 않는 것 같다."(『圖經』 卷22, 答禮)

또한 옛 사서에 고려를 실었는데 그 풍속이 깨끗하다 하였으며 지금도 그러하다. 그들은 매양 중국인의 때가 많음을 비웃는다. 그래서 아침에 일어나면 먼저 목욕을 하고 문을 나서며 여름에는 날마다 두 번씩 목욕을 하는데 냇가 한가운데서 많이 한다. 남녀 분별없이 의관을 언덕에 놓고 물구비를 따라서 벌거벗되 괴상하게 여기지 않는다.

고려인의 성품에 대해서는

"그들은 욕심이 많고 賄賂가 성행하며 길을 다닐 제 달리기를 좋아하고 섰을 적에는 허리 뒤에 손을 얹는 자가 많으며 부인이나 僧尼가다 남자의 절을 하니 이것은 가히 해괴한 것들이다."(『圖經』 卷22, 雜俗)라 하였다.

그는 특히 일반인의 성품에 대해

"사람들은 은혜 베푸는 것이 적고 女色을 좋아하며 분별없이 사랑하고 재물을 중히 여기며 남녀혼인도 경솔히 합치고 헤어지기를 쉽게 하여 典禮를 본받지 않으니 진실로 웃을 일이다."(『圖經』 卷19, 民庶)라 하였다.

서긍의 고려에 대한 인식은 선진문화(중국문화)와의 동질성에 대해서는 이를 긍정적으로 평가하면서 고려 문화의 우수성을 이와 결부시키고 있으며, 후진문화(고려의 이속)에 대해서는 이를 특수성으로 서술하고 기이한 것으로 파악하여 부정하고 있다. 또한 선진문화가 후진문화를 동화하여 선진화되어가고 있는 과정으로 서술한 부분이 상당히 많이 보이는데 여기서는 중국황제의 德治敎化主義에 연관시키려는 의도가 강하게 엿보이고 있다.

다음에는 당송팔대가의 한 사람이며 특히 사마광의 사후에는 舊法黨을 이끌어나간 정치가인 蘇軾의 고려문화에 대한 인식을 살펴보자.

蘇軾(東坡)의 고려관이 철저히 부정적인 입장을 취하고 있었다는 점은 매우 중요한 문제로서 우리의 주의를 끌고 있다. 왜냐하면 蘇軾의 위치에서 볼 때에 그가 갖는 고려에 대한 정보(지식)는 가장 광범위하고도 객관적인 것을 얻을 수 있음에도 불구하고 극히 枝葉的인 문제를 내세워, 그것도 상당한 誤謬를 범하면서, 反高麗觀을 전개하고 있다는 사실은 麗·宋의 國際關係로 보나 문호 蘇軾의 정치적 위치로 보거나 대단히 불행한 역사적 사실로 인식되기 때문이다.

소식이 反고려관을 황제에게 上奏한 것은 신종이 崩하고 哲宗이 즉위한 후의 元祐8년(1093)2월1일과 2월 15일의 일이다.[28] 그는 먼저

麗宋 양국의 사신 왕래에 있어서 송측이 입는 피해가 막대하다는 사실을 구체적인 수치로 예시하였다. 즉 高麗使節의 1回入貢에 드는 비용은 약 10여만관에 이르는데 여기서는 사신이 머무는데 필요한 亭館의 수리비와 入港의 調發費用, 그밖에 雜費를 포함시키지 않았다고 주장하고 있다. 이에 비하여 고려 사신이 가져오는 진공품은 별로 가치가 없는 것으로 양국의 사절교류는 송측은 추호의 이도 없고 오히려 五害가 있을 뿐이라고 通高麗五害論을 내세우면서 반고려관을 주장하고 있다.

그러나 소식의 이와 같은 反高麗의 입장은 당시의 麗·宋貿易關係에서 살펴보면 너무나 잘못된 주장이다. 왜냐하면 고려가 송에 진공한 공품은 실로 막대한 것이라는 실례는 사료에서 입증하고 있기 때문이다.[29] 뿐만 아니라 명주의 지주로 있던 증공은 고려의 사신이 가져오는 진공품이 막대하여 소국인 고려의 재정으로서는 감당하기 어려운 것임으로 송은 마땅히 이를 사양해야 한다.[30]고 말하고 있으니 소식과는 정반대의 주장을 하고 있음을 알 수 있다. 우리는 曾鞏의 주장이 합리적이며 당시의 양국관계를 정확히 파악한 것으로 생각한다. 그것은 고려의 進貢品과 송의 回賜品을 비교할 때에 쉽게 이를 알 수 있기 때문이다. 그 위에 소식이 주장하는 麗使接待費十餘萬貫說은 정확한 수적 근거가 없는 과장된 것으로 보인다. 소식이 주장하는 通麗五害論을 비판해 보겠다.

그는 고려의 진공품에 대해서 이를 모두 玩好無用之物이라고 혹평하고 있는데 이는 전혀 사실과 맞지 않는 억지 주장을 하고 있다.[31]

---

28) 『蘇東坡奏議集』 卷13.
29) 『宋會要輯稿』 外夷7 歷代朝貢, 『高麗史』 卷9 文宗 26年 6月 甲戌年.
30) 『元豊類藁』 卷35.

왜냐하면 고려의 進貢品은 金器, 銀器, 羅綾, 生布, 人蔘 등으로 이러한 물품은 당시의 송나라 궁정 내에서 환영받는 珍品으로서 商品으로서의 교환가치를 따진다 해도 절대적 고가임에 틀림이 없기 때문이다. 東坡의 官職이 禮部尙書로 翰林侍讀學士란 高位職에 있었기 때문에 고려의 진봉품을 모를리 없었는데도 이를 무용지물 운운한 것은 다분히 고의성을 띠는 것으로밖에 해석할 길이 없다.

다음 二害論에서 내세우고 있는 바는 使臣의 경비문제이다. 이는 전통적 중화주의에 비추어 볼 때에 매우 편협한 것으로서 외국 사절의 中國滯留에 소요되는 경비를 내세워 유해론을 주장함은 그 예를 다른 시대에서는 찾을 수 없는 옹색한 주장이라 하겠다.[32]

일반적으로 중국의 周邊諸國이 중원국가에 조공하는 것은 유교적 화이론과 덕치주의에 근거하고 있으며 전통적으로 중원국가가 이를 환영하여 온 외교적 관례이다. 그럼에도 불구하고 동파의 주장은 이와같은 전통적 외교관례를 무시한 극단적 배외사상이라 하겠다.

三害論에서도 이 당시의 국제정세를 잘못 파악한데서 誤謬를 범하고 있다. 즉 高麗가 契丹에 朝貢을 한 것은 사실이나 송에서 받아온 물품을 거란에 다시 바쳐야만 거란이 고려와의 來往을 인정할 형세는 아니다. 그것은 거란이 1004년에 송과의 전연의 맹약을 체결하여 송으로부터 막대한 歲幣를 받고 있었으므로 고려가 송으로부터 가져온 물품을 요구하였을 것인가는 의문이 간다. 거란으로 볼 때에는 송과 고려가 통교하는 것을 상당히 경계하고 이를 강력하게 억제하고 오직 거란에만 조공을 요구하고 있는 상태이다. 그러므로 이와같은 국제정세로 볼 때에 동파의 주장은 오히려 정반대라 하겠다.

---

31) 『東坡奏議集』卷13.
32) 同上.

四害論을 보면 高麗가 겉으로는 宋을 흠모하고 있으나 그 本心은 다른 데에 있다는 주장이다33).

高麗의 宋에 대한 臣事는 전통적인 중화주의에 입각한 사대적 외교의 일환이며 특히 선진 송의 문화를 동경하여 이루어진 것임은 고려 뿐 아니라 송의 사대부 관료가 인정하고 있는 사실이다. 고려가 사절의 왕래에 있어서 부수적으로 이해를 탐하지 않은 바는 아니나 실리를 위하여 조공한 것은 아니다. 더구나 北虜(契丹)를 돕기 위하여 송에 사신을 파견하였다는 것은 전혀 사실에 부합하지 않는 것이다. 오히려 고려의 송에 대한 조공은 거란과의 관계에서 볼 때에 고려로서는 지극히 위험한 외교행각이라는 점을 생각할 때에 동파의 四害論도 사실과 거리가 너무 먼 것이다.

끝으로 그의 五害論에서는 송이 거란과의 국제관계를 염려하여 고려와 통교하는 것은 위험천만이란 주장이다.34)

이는 慶曆中(1040-48)에 송이 사하와의 7년 전쟁을 하는 와중에 거란이 또한 국경분쟁을 야기시켜 결국 전에 체결한 전연의 맹약을 어기고 송에게 세폐증가를 요구하여 이에 송이 굴복한 것을 들고 있으며 麗宋의 빈번한 使臣來往이 거란에게 트집을 잡힐 위험성을 내세우고 있는 것이다. 이러한 주장은 앞의 四害論과 모순되는 것이며 또한 지금까지의 그의 논리의 예리한 점과 비교하여 볼 때에 대단히 막연하고도 구차한 것이라 하겠다.

蘇軾이 이상과 같은 주장을 하게 된 배경은 첫째, 신종시대에서 철종시대로 帝位가 바뀌는 틈을 이용하여 新法黨의 親高麗 政策을 뒤엎고 국제정세에 어두운 섭정의 宣仁太后와 幼帝(哲宗)를 설득시켜 종

---
33) 同上.
34) 同上.

래의 親高麗觀이 잘못되었음을 구체적으로 입증하고 있다. 둘째, 신종 시대에 신법당에 의하여 진행된 聯麗制遼政策을 전면적으로 부정함으로써 구법당의 정치적 위치를 강화하려는 불순한 동기가 작용하고 있다. 끝으로 문화적으로 중화주의를 강조하면서도 편협한 화이론에 얽매여 高麗文化를 過小評價한데서 이와같은 五害論을 내세우게 된 것으로 파악된다.

遼·金·元 시대에 있어서 高麗와 北方騎馬民族

金 九 鎭(弘益大學校)

<목차>

1. 머리말
2. 東아시아의 國際秩序의 變化
   (1) 中國과 韓半島의 정세변화
   (2) 北方 騎馬民族의 發展
3. 宋과 高麗의 北方民族 政策
   (1) 文治主義의 消極的 對外政策
   (2) 宋의 北方政策
   (3) 高麗의 北方政策
4. 高麗와 北方騎馬民族과의 關係
   (1) 高麗의 對遼關係
   (2) 高麗의 對金關係
   (3) 高麗의 對蒙古關係
5. 맺음말

1. 머리말

중국이 5代 10國 시대의 分裂期를 거치면서 國力이 약해진 틈을 타서 北方에서 契丹族과 女眞族 등의 騎馬民族이 발흥하였다. 이러한 分裂期를 통일한 宋도 文治政策을 표방하였기 때문에 國防에 소홀하였다. 이리하여 北方의 騎馬民族을 제대로 통제하지 못하여 契丹族의 遼, 女眞族의 金, 蒙古族의 元이 잇달아 일어나 中原으로 침입하는 한편, 한반도에도 침략하였다.

한반도에서 後三國을 통일한 高麗가 중국의 宋처럼 文治政策을 취하였던 결과 武臣亂을 겪었다. 宋과 高麗는 北方에서 일어난 契丹族

・女眞族・蒙古族을 제대로 방어하지 못하였던 결과 王朝가 멸망하거나 섬으로 피난하는 悲運을 겪었으며,1) 또 일반 民衆들은 異民族의 말발굽에 짓밟혀 고통을 당하였다.2) 역사상 중국이나 한반도에서 이 시대만큼 北方民族에게 침략을 당하여 큰 피해를 본 시기는 일찌기 없었다. 그러므로 이 두 왕조는 역사상 國力을 떨치지 못한 왕조로 평가될 수밖에 없다.

北方의 騎馬民族은 중국과 한반도에 農耕民族과는 그 社會構造가 완전히 달랐다. 北方 騎馬民族은 氏族을 중심으로 하는 血緣社會로서 狩獵生活, 또는 遊牧生活을 하였다.3) 그러므로 農耕社會의 生活規範을 가르치는 儒敎가 이러한 北方 騎馬民族의 사회에서 通用될 리가 없었다. 오히려 騎馬民族 사회에서는 原始的인 샤머니즘(Shamanism)이 지배하는 사회였다. 샤머니즘은 現世觀보다도 來世觀이 강하였으므로 北方 騎馬民族은 싸움터에서 목숨을 아끼지 않고 勇敢無雙하게 싸울 수가 있었다. 蒙古族, 滿洲族(女眞族)이 소수민족으로서 각기 大帝國을 건설할 수가 있었던 原動力은 현실에 집착하지 않는 샤마니즘의 武强한 정신에서 나온 것이라고 생각된다.

農耕社會에서는 군사편제가 주로 步兵을 위주로 하였으나, 北方 騎馬民族은 말을 타고 長槍과 弓矢를 사용했기 때문에 싸움터에서 農耕民族이 北方 騎馬民族을 당해 낼 수가 없었다.4) 이리하여 北方 騎馬民族이 잇달아 일어나 中原과 한반도를 침략하자, 이를 도저히 막을

---

1) 周采赫,「蒙古-高麗史 研究의 再檢討」,『國史館論叢』8집 (國史編纂委員會, 1989)
2) 姜晉哲,「蒙古의 侵入에 대한 抗爭」,『韓國史』7 (國編委, 1973)
3) 巖村忍,『モンゴル社會經濟史の研究』(京都大學人文科學研究所, 1968), pp.189-190.
4) Kwanten, Luc, 宋基中 譯,『遊牧民族帝國史(Imperial Nomads)』(民音社, 1984), pp.15-16.

방도가 없었다. 이 시기에 北方 騎馬民族을 중국에서 일찌기 제압하지 못한 결과, 중국과 한반도만이 그 침략을 당한 것이 아니라 아시아 지역은 물론 유럽 지역까지 점령당하는 엄청난 결과를 가져왔다.

本稿에서는 이러한 강력한 北方 騎馬民族에 대하여 高麗가 어떠한 北方政策을 취하였기에 중국의 宋처럼 멸망하지 않고 그대로 존속하였는가를 알아보고자 한다.

2. 동아시아의 國際秩序의 變化

(1) 中國과 韓半島의 정세변화

755년 安祿山의 반란 이후 국력이 피폐해진 唐은 節度使가 발호하여 겨우 명맥만 유지하다가, 907년 宣武節度使 朱全忠에 의해 멸망하였다. 이리하여 江北에는 後梁, 後唐, 後晉, 後漢, 後周의 五代가 차례로 건국하고, 江南에는 前蜀國, 後蜀國, 吳國, 南唐, 吳越國 등 10國이 난립하였다.

이러한 5대 10국 시대는 중국 역사에 있어서 분열시대로서 권력이 地方分權化하여 國防의 약화를 가져왔는데, 그 결과 北方 騎馬民族의 침입을 받게 되었다. 이미 魏晉 南北朝 시대에 이러한 내부의 혼란을 거치면서 凶奴, 鮮卑, 羌 등 5胡의 침입을 받은 적이 있었다. 중국 역사에서 통일 시대에는 北方의 騎馬 民族을 효과적으로 방비하였으나, 분열 시대에는 내부의 혼란으로 말미암아 미쳐 萬里長城 북쪽의 異民族을 제대로 통제하지 못하여 언제나 騎馬民族의 침입을 받아왔다.[5]

936년 河東節度使 石敬塘이 契丹의 힘을 빌려서 後唐을 멸망시키고 後晋을 세웠는데, 거란의 太宗은 원조의 대가로 거란에 대해 臣從, 歲貢, 北邊의 幽州(지금의 北京), 薊州 등 16州(燕雲 16州)의 割讓을 요구하였다. 이리하여 燕雲 16州가 이때부터 중국과 북방민족 사이에 領土問題로 등장하게 되었다.6) 거란은 그들의 故土로 돌아가지 아니하고 燕雲 16주를 강제로 차지한 다음, 이곳을 근거지로 삼아 中原으로 진출하려 하였다. 960년에 5代 10國의 분열시대를 통일한 宋은 燕雲 16州를 회복하는 것이 가장 당면한 국가적 과제였다. 이리하여 燕雲 16州를 수복하기 위해 거란을 공격하였으나, 그때마다 번번이 실패하였다.

北方의 騎馬民族은 遊牧生活이나 狩獵生活을 주로 하였는데, 生必品이 부족하여 언제나 남방의 農耕社會를 약탈하였다. 이리하여 역사상 중국과 한반도는 北方 騎馬民族의 침략을 받아왔기 때문에 萬里長城과 千里長城을 쌓아 그들의 약탈을 방지하려고 애썼다. 그러나 北方의 契丹族, 女眞族, 蒙古族은 일시적인 掠奪에 그치지 않고 征服王朝를 세워 農耕民族을 奴隷勞動으로 활용하여 生産物을 收奪하는 경제체제와 강한 민족이 약한 민족을 지배하는 사회체제를 구축하려 하였다. 이것은 北方 騎馬民族 사회 자체의 발달과 직접적 관계가 있었다. 말하자면, 北方民族이 미개한 狩獵社會에서 살기 좋은 遊牧社會,農耕社會로 발달하였던 결과라고 할 수가 있다.7) 그러므로 北方騎馬民族은 언제나 南下를 하려는 屬性이 있었다. 중국이나 한반도에서

---

5) Owen, Lattimore, 『Inner Asian Frontiers of China』 (New York : 1940), pp.33-38.
6) 趙翼, 「五代幕僚之禍」, 『二十二史箚記』
7) Vladimirtsov, B. Ya., 劉榮焌 譯, 『蒙古社會制度史』 (中國社會科學出版社, 1980), p.5.

강력한 통일 왕조가 있을 때에는 北方民族은 氏族이나 部族으로 나누어 服屬하고, 그 변방 지역으로 점차 침투하여 변방의 농경민과 混居하면서 編氓으로 되기를 자원하였으나, 중국이나 한반도에서 약한 왕조가 들어서거나 분열된 시대에는 북방민족은 강력하게 뭉쳐서 침략과 약탈을 자행하였다.8) 그러므로 중국과 한반도에서는 이들을 人面獸心의 오랑캐라고 경멸하였다.

  5대 10국을 통일한 宋 太祖는 文治政治를 실시하여 武人의 세력을 억제하여 중앙집권적 관료체제를 수립하였다. 이것은 唐末 이래 節度使의 등의 武官의 세력을 철저히 억제하기 위해서였다. 宋은 극단적인 文治政治를 실시한 결과 국방의 약화를 초래하여 북방의 騎馬民族을 제대로 방어하지 못하여, 契丹族, 女眞族, 蒙古族의 침입을 계속받다가 멸망하였다.9) 한반도의 高麗에서도 文治政治를 실시하다가 武臣들의 반발을 사게 되어 鄭仲夫 등의 武臣亂을 초래하여 武臣 政權이 들어섰다. 그리하여 高麗의 武臣政權은 北方 騎馬民族의 침입을 끝까지 막으려고 노력하였다. 蒙古가 수차례 高麗에 침입하였을 때에 武臣政權은 江華島로 근거지를 옮겨 끝까지 이에 저항하였으며, 그들이 모시던 高麗王(高宗)이 蒙古에 항복한 뒤에도 武臣의 잔류세력인 三別抄는 珍島, 耽羅島로 본거지를 옮겨가면서 최후까지 蒙古의 군사에 대항하여 싸우다가 모두 장렬히 죽었다.10)

---

8) Wittfogel, K., & Fêng, Chiashêng(馮家昇), 『History of Chinese Society Liao(907-1125)』 (Philladelphia, 1949), pp.24-25.
9) 『宋史』 券 1.
    張其凡,「宋太祖論」,『宋遼金元史』87-3 (中國人民大學書報 : 1987)
10) 池內宏,「高麗の三別抄について」,『史學雜誌』37-9 (1926) ;『滿鮮史研究』中世編 3 (吉川弘文館, 1963)

(2) 北方 騎馬民族의 發展

중국과 한반도의 북쪽에 살던 北方 騎馬民族들은 非農耕民族으로서 狩獵生活이나 遊牧生活을 하면서 移動生活을 하였다. 그들의 民族系統은 蒙古人種과 퉁구스 系統으로서 興安嶺 산맥을 중심으로 그 서쪽의 蒙古에 살던 종족을 蒙古族이라고 하고, 그 동쪽의 滿洲에 살던 종족을 滿洲族(女眞族)이라고 하는데, 그 중간에 東蒙古 지역에 살던 契丹族은 대개 몽고족와 만주족의 혼혈종족으로 類推된다.

그러나 이들은 氏族 단위의 생활을 하였는데, 이러한 氏族을 蒙古族은 오보크(Oboq)라고 하고, 滿洲族(女眞族)은 무쿤(Mokun)이라고 하였다.[11] 氏族은 철저한 族外婚을 하였는데, 通婚關係를 통하여 연합한 몇개의 氏族이 Political Power를 형성하여 外敵을 공동으로 방어하는 한편, 정치적으로 국가를 이룩하는 기초단위가 되었다. 그 뿐만 아니라 氏族은 移動生活을 하는 경제적 단위였고, 또 軍隊를 조직하는 기초단위가 되었기 때문에 적정한 규모 이상이 되면 불편하였으므로 氏族의 分化하는 현상을 나타냈다.[12] 契丹族, 女眞族, 蒙古族의 군사조직은 모두 이러한 氏族을 최하 기본단위로 조직되었는데, 그 대표적인 예가 女眞의 猛安謀克制였다.[13]

北方 騎馬民族은 征服戰爭을 끝없이 전개하는 과정에서 族制的 上下 支配關係를 형성하고 軍事力을 강화하였다. 말하자면, 戰爭을 시작

---

11) 松浦茂,「金代女眞氏族の構成について」,『東洋史硏究』(1978)
  三田村泰助,『淸朝前史の硏究』東洋史硏究叢刊 (京都大學, 1972), pp.210-216.
12) Shirokogoroff, S. M.,『Social Organization of the Northern Tungus』(Shanghai, 1929), p.128.
13) 金代猛安謀克名稱與分布考證的商榷, (胡順利)『北方文物』(哈爾濱) 1987.3
  三上次男,『金史硏究』I (中央公論美術出版, 1973), pp.109-207.

하기 전에 항복하도록 먼저 권고하는데, 이때 싸우지 않고 항복하는 종족은 그들의 軍事的 編制 안에 받아들여 自由人으로 만들었으나, 항복하지 않고 싸우다가 포로로 된 종족은 그들의 奴隷로 삼았다. 이리하여 종족간의 계급이 자연히 이루어졌는데, 일찍이 항복하여 征服戰爭에 功을 많이 세운 종족일수록 그 지위가 높아졌다. 이리하여 전쟁을 통하여 여러 잡다한 종족을 망라한 大帝國이 건설되었고, 또 그 支配階級과 被支配階級이 저절로 형성되었다. 이러한 族制的 支配 關係의 기초는 氏族, 또는 部族 단위로 편성된 군사제도였다.[14]

10세기 전후하여 北方 騎馬民族의 사회는 미개한 狩獵生活, 遊牧生活에서 벗어나 진보된 農牧生活이나 農耕生活로 발달하였다. 그 원인은 5胡族이 中原을 침입하면서부터 중국과 직접 접촉할 수 있는 기회를 가져서 남방의 農耕文化의 영향을 많이 받았기 때문이었다. 北方 騎馬民族은 중국이나 한반도의 邊境으로 남하하여 변경지역에 많이 살았는데, 이들은 農耕民族으로 화하여 定着生活을 하였으므로, 氏族이 해체되어 血緣社會에서 地緣社會로 넘어가는 현상을 보였다.[15] 契丹族, 女眞族, 蒙古族은 그 사회의 발전에 따라 독특한 軍事的 編制를 바탕으로 성장을 하였으나, 중국은 唐末 이래 5代 10國의 分裂 時代를 거치면서 국력이 약화되어 北方 騎馬民族을 제대로 통제하지 못하였고, 또 중국을 통일한 宋도 극단적인 文治政治를 실시한 결과 국방을 소홀히 하여 北方 騎馬民族의 침입을 초래하였다. 이리하여 중국에서 北方 騎馬民族이 세운 遼, 金, 元의 征服王朝가 차례로 들어서게 되었다.[16]

---

14) 三田村泰助, 前揭書, pp.181-209.
　　安部健夫,「八旗滿洲ニルの硏究」『淸代史の硏究』(東京創文社, 1971)
15) 莫東寅,『滿鮮史論叢』(北京, 1956), pp.6-8.

契丹族은 遼河 上流의 시라무렌(Siramuren ; 西刺木倫)江 유역의 東蒙古 지방에서 살았는데, 北魏 시대부터 중국에 朝貢을 빈번히 바쳤다. 그들은 주로 遊牧과 漁獵生活을 하면서 羊, 말 등의 家畜이나, 毛皮類를 중국과 交易하였다. 거란족은 8 部로 나누어져 各部의 추장을 大人이라 불렀으며, 大人들이 모여서 聯合體의 盟主를 선거하였다. 契丹의 8部 가운데에서 耶律氏族이 가장 강성하였다.17) 耶律氏는 대대로 大人과 盟主로서 군사를 통솔하는 책임을 맡았었다. 그 추장 耶律阿保機는 중국의 鐵器文化를 수입하여, 農業과 手工業을 장려하여 生産量을 증대시켜 契丹 社會를 크게 발전시키고 그 세력을 확대하였다.

916년 거란의 여러 部族을 마침내 統一한 耶律阿保機(太祖)는 契丹國(뒤에 遼라고 국호를 고쳤다)을 세우고 上京을 서울로 정하였다. 上京은 곧 臨潢府인데, 지금의 內蒙古 巴林左旗 부근이다. 遼 太祖는 이웃한 종족인 室韋族과 奚族을 정벌한 뒤 滿洲의 渤海를 멸망시키고 東丹國을 세워 東蒙古와 滿洲에 걸친 광대한 遊牧帝國을 건설하였다. 이리하여 거란은 北方 騎馬民族을 통일한 가장 강대한 세력으로 등장하였다.

938년 5代 시대 軍閥의 하나인 石敬塘은 거란의 세력을 끌어들여 後唐을 멸망시키고 後晋을 세웠는데, 遼의 太宗은 그 댓가로 北京 지방에서 山西 北部에 이르는 燕主, 薊州의 燕雲 16州를 획득하였다. 이리하여 中原으로 진출하려고 기회를 노리던 거란의 遼는 마침내 燕雲 16州를 차지하여 宋代에까지 이를 바탕으로 중국을 征服하는 전초 기지로 삼았다. 거란족은 이 지역으로 이주하여 살면서 중국문화의 영

---

16) Wittfogel, K., 馮家昇, 前揭書.
17) 『遼史』卷 1

향을 크게 받게 되었다. 6대 聖宗은 정치체제와 군사조직을 정비하여 中央 集權體制를 강화하고, 高麗를 정벌한 다음에18) 蒙古의 타타르부의 朝貢을 받았다. 聖宗은 중국을 차지하려고 남침하였으나, 宋과 講和條約(澶淵의 盟約)를 체결하였다. 이리하여 화북지역을 치지한 遼는 極盛期를 누리다가, 1125년 9대 天祚帝 때에 女眞族에게 멸망당하였다.

女眞族은 원래 퉁그스族에 속하는데, 滿洲의 東北地域의 森林地域 (Taiga지대)이나 松花江과 黑龍江 下流 일대에서 狩獵, 漁撈生活을 하였다. 중국 5代 시대에 북쪽의 黑水靺鞨이 바로 女眞이라고 추측되는데, 遼代에 女眞族의 일부가 남하하여 중국과 한반도의 변경지역에까지 진출하여 農耕生活을 하였다. 이처럼 중국문화의 영향을 받아 농경생활을 하던 女眞族을 熟女眞이라 하였고, 원래의 森林地域에서 狩獵, 漁撈生活을 하던 女眞族을 生女眞이라 불렀다.19) 森林에서 생활하던 女眞을 그들 스스로는 Wudike라고 불렀다.20)

渤海가 존속하고 있던 동안에는 女眞과 契丹 사이에는 아무런 충돌이 없었다. 그러나 渤海가 遼에게 멸망당하고 女眞族이 南下함에 따라, 遼의 지배하에 들어간 女眞族이 기회만 있으면 반항하였다. 11세기 말에 阿城 부근에 살던 完顔部가 高麗출신 函普의 지도 아래 農耕生活에 들어가고 鐵器文化를 받아들여 그 부근의 生女眞을 통일하여 그 중심 세력을 형성하였다.21) 完顔部의 阿骨打가 1115년에 女眞族을 통일하여 金을 세웠다.22) 2대 太宗은 宋과 연합하여 遼를 멸망

---

18) 李龍範,「高麗와 契丹과의 關係」,『東洋學』7 (檀國大學校出版部, 1977)
19) 張博泉,『金代經濟史略』(遼寧人民出版部, 1981), pp.12-40.
20) Wudike는 古代의 沃沮, 唐代의 勿吉, 遼金代의 兀者, 明代의 兀狄哈이 모두 이 말에서 나온 것이라고 추측된다.
21) 金庠基,「金의 始祖에 대하여」,『국사상의 제문제』5 (國史編纂委員會 : 1959)

시키고 거란 대신에 燕雲 16州를 차지하였다. 女眞의 金은 宋을 남쪽으로 몰아내고 淮水와 大散關을 경계로 화북지역을 차지하여 南宋과 대치하였다.23) 4대 海陵王은 서울을 燕京으로 옮겼는데, 猛安謀克이 화북 지방으로 移住함에 따라 많은 女眞族이 중국의 북방으로 들어가서 大土地를 所有하고 中國文化에 젖어들었다.24) 5대 世宗은 中央 集權體制를 완성하고 南宋과 講和를 맺는 한편, 女眞族의 固有한 文化를 보호하고 여진의 정신을 진작시키려고 노력하였다. 그 뒤에 蒙古族이 일어나서 화북지방으로 남하하자, 1214년 金은 燕京을 버리고 故土로 물러났으나, 9대 哀宗이 죽음으로써 1234년 金은 멸망되었다.25)

蒙古族은 원래 蒙古의 오논河 등지에 흩어져 살면서 狩獵生活이나 遊牧生活을 하였다. 그 종족 갈래가 다양하여 통일되지 않은 체 氏族(Oboq, 또는 Omoq) 단위로 移動生活을 하였다.26) 12세기에 蒙古의 사회경제도 발달하여 종래의 狩獵生活을 하던 森林經濟에서 遊牧生活을 위주로 하는 草原經濟로 변하였다.27) 그 결과 富를 축적한 支配階級이 등장하였다. 支配階級의 大小酋長들은 더욱 많은 家畜과 奴隸를 획득하기 위해 征服戰爭을 감행하여 종족 간에 싸움이 계속되었다. 女眞의 金은 이러한 蒙古族을 무자비하게 살륙하는 탄압정책을 취하

---

22) 試談女眞的興起和大金政權的建立, (王漢江, 李振江, 何俊哲) 遼寧廣播電視大學學報 (沈陽) 1983.2
23) 關于宋金戰爭性質的幾點看法, (田廣林) 松洲學刊 (內蒙古 赤峰) 1987.4
24) 張博泉, 『金代經濟史略』(遼寧人民出版部, 1981)
   三上次男, 『金史硏究』 I (中央公論美術出版, 1973)
25) 論金末政局及滅亡之原因, (任崇岳) 『宋遼金元史』(中國人民大學學報) 87-2
26) Vladimirtsov, B. Ya 劉榮焌 역 『蒙古社會制度史』(北京 社會科學出版社, 1980), p.74.
27) Vladimirtsov, B. Ya, 前揭書, pp.4-5.

였기 때문에 蒙古族이 강력히 반발하여 가까운 血族集團끼리 뭉쳐 部族國家(Ulus)를 형성하게 되었다.28)

12세기 말에 징기스 칸이 나타나서 蒙古의 여러 部族을 통일한 것은 이러한 역사적 배경 아래에서 이루어졌다. 1206년 蒙古의 全遊牧民族을 통일한 징기스 칸은 西夏, 吐蕃을 치고 서아시아 지역까지 遠征하였다. 蒙古의 군사는 南方의 중국으로 침입하여, 1215년 遼東을 점령하고, 1234년 金을 멸망시켰다. 한편 蒙古軍은 1231년부터 1270년까지 高麗를 침입하여 마침내 服屬시켰다. 1271년 5대 쿠비라이 칸(世祖)은 나라 이름을 元이라고 정하고 大都(지금 北京)로 서울을 옮겼으며, 1279년 南宋까지 멸망시켜 中國을 완전히 통일하였다.29) 元은 遼, 金의 제도를 답습하여 농경생활을 하던 중국인과 유목생활을 하던 北方民族을 각각 따로 다스렸으며, 蒙古人 제일주의를 채택하여 蒙古人, 色目人, 漢人, 南人의 4계급으로 신분을 나누었다.30) 蒙古는 그들에게 복속한 지역에 대하여 監督官으로서 다루가치(達魯花赤)를 파견하여 감시하였다.31) 元은 6대 成宗 이후 30여년 간의 비교적 무사 태평한 시기를 거쳐 漢族의 農民 反亂(紅巾賊의 反亂)이 일어나서 1368년에 멸망되었다.

---

28) Ulus는 滿洲族의 Falga와 같은데, 가까운 親族集團을 의미한다. 12세기까지는 7世代를 포함하였으나, 그 뒤 6世代, 5世代를 포함하는 단위로 그 규모가 줄어들었다. 高文德『蒙古奴隸制研究』(內蒙古人民出版社, 1980), p.178.
29) 忽必烈削弱宗藩實行中央執權, (李治安)『宋遼金元史』 (中國人民大學學報) 85-4
30) 從元朝四等級制看民族壓迫的階級實質, (蔣守祉) (中南民族學院學報) 1986.1
31) 池內宏,「高麗に駐在した元の達魯花赤について」,『東洋學報』 18-2, (東京, 1929.)

3. 宋과 高麗의 北方民族 政策

(1) 文治主義의 消極的 對外政策

 宋과 高麗는 강력한 北方 騎馬民族에 대하여 消極的 政策을 취하였기 때문에 宋은 남쪽으로 밀려났다가 드디어 나라가 망하는 비운을 맞았고, 高麗는 수차례 국토가 이민족의 말발굽에 짓밟혀 나라가 초토화되는 慘禍를 입었다. 두 나라는 모두 儒敎를 숭상하고, 科擧에 의한 文治政策을 표방하여 武人을 멸시하고 國防을 소홀히 하였던 결과였다.32) 중국에서 철저하게 北方 民族의 발호를 막았다면, 전세계가 蒙古族의 침략을 당하지 않았을지도 모른다.
 北方 騎馬民族이 쳐들어 왔을 때에도 兩國은 서로 긴밀히 협조하여 共同으로 防禦하지 못하였다. 北方 民族의 침략을 받은 宋이 高麗에 대하여 구원을 요청하였을 때에, 高麗에서는 적극적으로 이에 응하지 아니하였다. 또 高麗가 거란족, 여진족, 몽고족의 침략을 당할 때에도 宋은 오히려 침략의 銳鋒이 中原으로 향하지 않은 것만을 다행으로 여겼다. 16세기 말 壬辰倭亂이 일어났을 때에 明과 朝鮮이 힘을 합쳐 日本의 침략에 대응하였던 것과 대조가 된다. 高麗에서는 기회만 있으면 중국의 年號를 버리고 독자적 年號를 사용하려고 하였다. 이리하여 北方民族이 일어나서 중국의 正統王朝와 대립할 때에 高麗는 정세를 관망하면서 二重外交(雙重外交)를 행하여 중국의 漢族 王朝에도 사신을 보내고, 北方의 騎馬民族 王朝에도 사신을 파견하였

---
32) 評宋初的對遼政策, (顧全芳)『宋遼金元史』(中國人民大學學報) 85-6

다. 이러한 高麗의 外交는 實利外交로서 自主性을 추구하려던 정책이었다.

宋은 건국하면서 5代의 軍閥 石敬塘이 거란족의 遼에게 割讓한 燕雲 16州의 영토를 회복하지 아니하면 아니되는 처지에 있었다. 이것은 중국의 漢族으로서는 도저히 용납할 수가 없는 일이었다. 그러므로 宋은 거란족의 점령한 燕雲 16州를 회복하기 위하여 새로 일어난 여진족과 손을 잡았으나, 그 결과 淮水 이북의 화북지방을 모조리 여진족의 金에게 빼앗기는 낭패를 당하였다. 高麗에서도 西北面의 江東 6州를 되찾기 위하여 거란족과 끈질긴 談判을 하였으며, 東北面의 曷懶甸을 차지하기 위하여 尹瓘이 대규모 女眞族을 점령하고 9城을 구축하였다.[33] 이처럼 兩國은 북변에 騎馬民族과 해결하지 않으면 아니될 領土問題가 있었지만, 兩國은 소극적으로 대처하고, 또 서로 손을 잡고 이 문제를 해결하려고 노력하지 않았다.

(2) 宋의 北方政策

燕雲 16州를 회복하는 것이 宋의 당면한 국가적 과제였으므로, 宋의 太祖와 太宗은 燕雲 16州를 수복하기 위해 거란족을 공격하였으나, 모두 실패하였다.[34] 3대 眞宗은 거란족이 위구르족과 연합하여 침입하자, 재상 寇準에 의견에 따라 1004년 黃河의 북변에 있는 澶州에서 거란의 聖宗과 和解를 맺었다. 宋은 歲幣로서 비단 20만 필과 은 10만 냥을 매년 거란족의 遼에게 바치기로 하여, 겨우 兩國은 和

---

33) 池內宏,「完顔氏の曷懶甸經略と尹瓘の九城の役」,『滿鮮地理歷史報告研究』9, 1923.
34) 評宋初的對遼政策, (顧全芳)『宋遼金元史』(中國人民大學學報) 85-6

解하였다. 이것을 澶淵의 盟約이라고 한다.35) 이처럼 宋은 歲幣를 바치는 대신에 평화를 되찾았다. 이후 兩國은 120년 가량 平和的인 관계가 유지되었다. 澶淵의 盟約을 통해 宋은 형, 遼는 아우가 되어 명목상으로 兄弟의 國家가 되었다. 이리하여 宋은 그런대로 체면을 유지하게 되었고, 遼는 歲幣로 받은 비단과 은을 위구르 상인을 통하여 서방세계로 팔아서 커다란 이익을 보았다. 또 兩國은 불안정한 상태였지만, 꾸준히 무역이 행해져 宋에서 茶와 비단이 수출되고, 남방에서 香料, 犀角, 象牙 등이 들어 오고, 거란으로부터 羊, 毛皮 등이 수입되었다.

한편 서북 靑海地方의 탕구트(黨項)족이 8세기부터 중국의 동북지방으로 이주하여 1038년 西夏를 세우고 宋에 침입하여 중국인을 괴롭혔다.

1115년에 女眞族의 阿骨打가 大金國을 세우자,36) 宋은 金과 연합하여 거란족의 遼를 협공하여 燕雲 16州를 탈환하고자 하였다. 宋은 金과 동맹을 체결하여 종래에 거란족의 遼에게 주던 歲幣를 여진족의 金에게 주는 대신, 宋과 金이 연합하여 遼를 물리치고 燕雲 16州를 탈환하기로 하였으나, 金은 약속한 대로 遼의 영토를 점령하였지만, 宋은 燕京을 공격하다가 실패하여 약속을 이행하지 못하였다. 이리하여 金은 1125년에 거란족의 遼를 완전히 멸망시켰으며, 遼의 耶律大石은 중앙아시아로 도망하여 西遼를 건국하였다.37)

遼의 멸망 후 宋은 배상금을 주는 조건으로 燕京을 차지하였으나,

---

35) 淺談 "澶淵之盟"締結的原因, (薛立東) 昭鳥達蒙族師專學報 (內蒙古) 1987.1
   再論 "澶淵之盟"的性質及有關的幾個問題, (劉孔伏) 麗水師專學報 1987.
36) 試談女眞的興起和大金政權的建立, (王漢江, 李振江, 何俊哲) 遼寧廣播電視大學學報 (沈陽) 1983.2
37) 試論耶律大石西遷的原因, (紀宗安) 『宋遼金元史』 (中國人民大學學報) 85-1

약속을 제대로 이행하지 않자, 분노한 金은 燕京을 점령한 뒤에 남침하였다. 金은 1126년 宋의 서울 開封을 함락시키고 8대 徽宗과 9대 欽宗 등 3000명을 포로로 잡아갔는데, 이것이 靖康의 變이다. 이리하여 北宋은 멸망하였다.

江南으로 도망한 宋의 잔류세력들이 康王을 모시고 1127년 河南 應天府에서 南宋을 세웠는데, 康王이 南宋의 高宗이다. 이리하여 중국의 北方은 여진족의 金이 지배하고, 南宋은 江南 이남의 땅을 차지하여 중국의 남북이 대치하게 되었다.

南宋의 岳飛 장군이 對金 戰爭에서 武功을 세워 남하하는 여진족을 물리쳤으나[38] 끝내 여진족의 金을 막지 못하여 1141년 南宋과 金은 講和를 맺었다. 이리하여 兩國은 淮水와 大散關을 경계로 삼고, 宋은 金에게 歲幣로서 비단 25만 필과 은 25만 냥을 주고, 宋은 金에 대하여 臣下의 禮를 취하기로 하였다. 이러한 講和로 말미암아 그 후 100여 년간 金과 南宋 사이에 평화가 유지되었다.

(3) 高麗의 北方政策

한반도에서는 王建이 後三國을 통일하여 918년에 高麗가 건국하였는데, 이 시기가 중국의 5代 시대였다. 高麗 太祖 王建은 高句麗의 뒤를 잇는다고 나라 이름을 高麗라고 하고, 北進政策을 추진하여 高句麗의 옛땅을 회복하려고 하였다. 그러나 당시 高句麗의 옛땅은 渤海를 멸망시킨 契丹族의 지배 하에 있었다.

高麗 太祖는 중국 5대의 後唐, 後晉에 10여 차례 사절을 보냈는데,

---

38) 『岳飛廟志』序 (鄭廣銘) 『宋遼金元史』(中國人民大學學報) 85-1

後唐과 後晉은 각기 사신을 보내어 冊封을 하였다.39) 2대 惠宗은 後晉과 사신을 교환하여 冊封을 받기도 하였다. 4대 光宗은 948년부터 光德이라는 독자적인 연호를 사용하였으나, 951년에 後周의 연호인 廣順을 쓰기 시작하였다.40) 중국 제도를 받아들여 科擧制度를 실시하여41) 文治政治의 기반을 확립하였다. 또 962년에 廣評侍郞 李興祐를 宋에 보내어 서로 和親하여 거란족을 견제하려고 하였고, 그 다음해 12월에 宋 太祖의 年號인 乾德을 사용하였다.42) 6대 成宗 때에 宋은 燕雲 16州의 수복을 계획하여, 986년 韓國華를 高麗에 특사로 파견하였다. 韓國華는 高麗에 대하여 군사를 도와달라고 요청하였다. 高麗는 宋의 제안에 동의하지 않다가 마지 못하여 군대를 동원하기로 하였다. 그러나 宋이 西夏의 침입을 막는 데 군사를 동원하자, 高麗는 이를 핑계삼아 결국 出兵을 하지 않았다. 이러한 사실을 알게 된 거란족의 遼는 986년에 高麗에 特使를 보내어 사의를 표하고 兩國이 和好 관계를 유지할 것을 제안하였다.

그러나 12세기 초에 女眞族이 發興하여 金을 건국하자, 중국의 宋과 女眞族이 손을 잡고 거란족의 遼를 공격하였다. 高麗에서는 宋과 여진족의 金이 연합하여 遼를 치는 것이 정세로 보아 어렵다고 여겼다. 女眞族의 金은 契丹族의 遼를 격파하고 宋의 서울 開封을 함락하여 宋의 徽宗과 欽宗을 사로잡아가는 靖康의 變이 일어났다. 이러한 兩國의 紛爭이 일어나자, 高麗는 이에 휩쓸리지 않으려고 노력하였다.

---

39) 金在滿,「五代와 後三國·高麗初期의 關係史」『大同文化硏究』 17, (1983)
40) 李基白,「高麗初期 五代와의 關係」『韓國文化硏究院論叢』1, (1960) ;『高麗光宗硏究』, (一潮閣, 1981)
41) 姜喜雄,「高麗初 科擧制度의 導入에 관한 小考」『韓國의 傳統과 變遷』, 高麗大 大亞細亞問題硏究所, (1973.)
42) 全海宗,「高麗와 宋과의 關係」『東洋學』 7 (1977)

高麗의 17대 仁宗은 現實的 外交를 취하여 女眞族의 金에 대해 事大의 禮를 행하고 宋과는 거의 國交를 단절하였다. 그러나 中國의 宋은 高麗를 통하여 女眞族의 金에 사신을 보내어 靖康의 變에 생포되어 五國城에 安置된 宋의 徽宗과 欽宗을 구출하려고 시도하였다. 宋은 高麗에 대하여 金에 사신을 보낼 길을 빌려달라고 요구하여 왔는데, 이것이 "假道 問題"이다. 그러나 現實外交를 추구하던 高麗는 이에 응하지 않고 소극적이었다.

이처럼 高麗, 宋, 金 3국 간의 外交關係는 표면적으로 매우 미묘하였다.43) 北方의 거란족과 여진족의 세력의 盛衰에 따라 高麗는 宋과의 국교관계를 間歇的이고 斷續的으로 가졌다. 그러나, 실질적으로 文物을 交流하는 데에 매우 적극적이었던 高麗는 朝貢을 통하여 宋과 友好的인 관계를 유지하려고 노력하였다. 高麗는 어디까지나 先進文化를 輸入하는 對宋 관계에는 자발적이고 적극적이었으나, 武力에 의한 강압적인 朝貢 관계를 유지하였던 거란족, 여진족과의 관계는 被動的이고 消極的이었다.44)

13세기 초에 蒙古族이 일어나 女眞族의 金을 멸망시키고, 高麗에 침입하였다.45) 그리하여 高麗는 蒙古族의 침입을 수차례나 받게 되었다. 高麗의 정권을 잡은 武臣들은 江華島로 遷都하고 29년 동안 끈질기게 蒙古軍의 침략에 대항하였다.46) 결국 蒙古軍의 잔인한 침략에 견디다 못한 高麗는 蒙古에 항복하고 다시 서울 開城으로 돌아왔다. 이리하여 忠烈王 이후 高麗는 元과 긴밀한 관계를 유지하였고, 元의

---

43) 金庠基,「高麗와 금(金)·송(宋)과의 關係」『국사상의 제문제』 5, 국사편찬위원회, (1959)
44) 全海宗,「對宋外交의 性格」『韓國史』 4, 國史編纂委員會, (1974)
45) 箭內瓦,「蒙古の高麗經略」,『滿鮮地理歷史研究報告』 4 (1918)
46) 尹龍爀,「崔氏武人政權의 對蒙抗爭姿勢」,『史叢』 21·22合輯 (1977)

요청대로 麗元聯合軍을 조직하여 日本을 원정하였으나 실패하였다. 日本 遠征을 위해 征東行省을 설치하였는데, 遠征이 끝난 후에도 그대로 존속되어 高麗의 정치를 간섭하였다. 또 元은 高麗의 영토 일부를 점령하여 雙城總管府와 東寧府, 및 耽羅總管府를 두었다. 또 元은 다루가치(達魯花赤)를 파견하여 高麗의 정치를 監視하였다.47) 이러한 元의 內政干涉은 1351년 恭愍王이 즉위하여 反元政策을 추진하여 元의 세력을 구축할 때까지 약 100년 가량 계속되었다.

4. 高麗와 北方騎馬民族과의 關係

(1) 高麗의 對遼關係

高麗의 기록에 의하면, 高麗 太祖 5년(922)에 耶律阿保機가 高麗에 낙타와 말 등을 보냈다는 기사가 전하는데, 이것이 高麗와 契丹族 사이에 최초의 접촉이었다.48) 태조 25년에 거란족의 사신이 낙타 50필을 바치자, 高麗 太祖는 거란족이 渤海를 멸망시킨 사실에 분노하여, 「거란은 舊盟을 돌보지 아니하고 하루아침에 발해를 쳐서 멸망시킨 無道한 나라이므로 善隣을 맺을 수 없다」고 말하면서 使臣 30人을 海島로 유배시키고 낙타는 萬夫橋 아래에 매달아 죽게 하였다. 이로써 양국간의 국교는 단절되고 말았다.49) 高麗 太祖는 訓要 10條 가운데

---

47) 周采赫,「高麗 內地의 達魯花赤 置廢에 관한 小考」,『淸大史林』1, (1974)
48)『高麗史』卷 1, 世家 太祖 5年 春 2月條
49)『高麗史』卷2, 太祖 25年 冬 10月條 李龍範,「高麗와 契丹과의 關係」,『東洋學』7, (1977), pp.278-279.

제 4조에서 거란을 「禽獸의 나라」라고 하면서 경계하도록 후대왕들에게 경계하였다.

3대 定宗은 거란족의 침입에 대비하여 光軍 30만명을 조직하여 군사 훈련을 시켰다. 遼의 聖宗은 985년에 定安國을 공격하여 이를 멸망시키고[50] 991년에 압록강변에 威寇・振北・來遠에 城을 쌓아 여진 세력과 宋의 왕래를 차단하고, 高麗에 대한 침입을 준비하였다.

993년에 遼는 蕭遜寧으로 하여금 蓬山郡을 쳐서 빼앗고, 高麗에서 빨리 항복하도록 위협하였다. 蕭遜寧은 「高麗가 新羅 땅에서 일어났는데 자기들이 소유한 高句麗 땅을 침식하고 있으며, 자기 나라의 땅과 연접하여 있으면서도 바다를 건너 宋을 섬기고 있다」고 따지고. 「만약에 땅을 떼어서 바치고 朝聘을 행하면 무사할 것이다」라고 위협하였다. 이에 대해 高麗 장군 徐熙는 「우리나라는 곧 高句麗를 옛 터전으로 하였으므로 高麗라 이름하고 平壤을 도읍으로 한 것이다. 만일 地界로 논한다면 上國의 東京도 우리 境域 안에 있는 셈인데, 어찌 침식했다고 할 수 있겠는가, 또 압록강 안팎도 역시 우리 境內였는데 지금은 女眞이 그곳이 盜據하고 있으면서 완악하고 간사한 짓을 하므로 도로의 막히고 어려움이 바다를 건너는 것보다 심하다. 朝聘을 통하지 못한 것은 여진 때문이었다. 만약에 여진을 쫓아내고 우리의 옛땅을 되찾아 城堡를 쌓고 도로가 통하게 된다면 감히 朝聘을 닦지 않겠는가」라고 답변하였다.[51]

蕭遜寧은 그 말이 옳다고 생각하여 군사를 되돌렸으며, 高麗에서 압록강 동쪽 280리의 땅을 개척하는 것에 대하여 동의를 하였다.[52]

---

[50] 和田淸, 「定安國について」, 『東洋學報』 6-1, (1916)
　　三上次男, 「高麗と定安國」, 『東洋學報』 11-1 (1940)
[51] 『高麗史』 券 94, 列傳 徐熙傳

이리하여 徐熙는 994년부터 군사를 이끌고 興化鎭(지금의 義州)·龍州(지금의 龍川)·通州(지금의 宣川)·鐵州(지금의 鐵山)·龜州(지금의 龜城)·郭州(지금의 郭山) 등의 江東 6州에 성을 쌓아 高麗의 領土로 만들었다. 高麗는 이후 遼에 대해 事大의 禮를 행하였는데, 遼는 高麗를 服屬시킨 명분을 얻었고, 高麗는 그 대가로 江東 6州를 확보하는 實利를 얻었다.

高麗에서 康兆의 政變이 일어나서[53] 穆宗을 폐위시키자, 遼의 聖宗은 강조의 죄를 묻는다는 이유를 내세워 1010년에 군사 40만명을 이끌고 침입하였다. 2차로 침입한 遼는 興化鎭에서 巡檢使인 楊規의 강력한 저항을 받았으나, 通州로 진격하여 康兆를 사로잡아 죽인 후, 開京까지 함락하였다. 遼의 聖宗은 河拱辰 등을 통한 高麗의 休戰 제의를 받아들여 군사를 돌이켰다.

그러나 遼에서 江東 6州의 반환을 요구하여 왔으나, 高麗는 이를 받아들이지 아니하였다. 이리하여 遼는 1018년에 蕭排押에게 10만명을 주어 다시 침입하였으나, 高麗는 姜邯贊을 上元師, 姜民瞻을 副元師로 삼아 이에 대비하였는데, 遼軍은 開京 가까이까지 진격하였다가 퇴각하던 도중에 龜州에서 姜邯贊의 공격을 받아 겨우 수천 명만이 살아서 돌아가는 참패를 당하였다. 이것이 유명한 龜州大捷이다.

遼가 1019년 두 차례 高麗에 사신을 보내왔으므로, 高麗에서도 答聘하였는데, 이로써 양국간에 和約이 성립되었다. 그 결과 遼는 압록강 동쪽에 있는 保州와 宣州를 차지하였을 뿐이고, 전쟁의 성과는 아

---

52) 池內宏,「高麗成宗朝に於ける女眞及び契丹との關係」,『滿鮮地理歷史硏究報告』 5 (1918)
53) 穆宗의 母后인 千秋太后와 金致陽이 不倫의 관계를 맺으므로 西北面都巡檢使 康兆가 군사를 일으켜 김치양 일파를 제거한 사건이다.

무 것도 없었다. 高麗는 상하가 단결하여 거란족의 遼를 방어한 것이다. 이후 두 나라 사이에서는 保州·宣州 문제를 둘러싸고 약간의 분쟁이 있었으나, 대체적으로는 평화로운 관계가 유지되었다.[54]

강화가 성립된 후 互市場인 榷場이 설치되었고, 또 國交를 회복한 다음에는 使行貿易과 密貿易이 함께 행하여졌다. 金·銀·工藝品 등이 수출되고 丹絲·洋毛 등의 수입되었다.[55]

(2) 高麗의 對金關係

後三國 시대 尹瑄이 弓裔를 피해 鶻巖城(지금 安邊 부근)으로 도망하여 이곳에 웅거하면서 黑水女眞의 무리를 이끌고 北邊을 침략하였다. 그러나 王建이 高麗를 세우자, 尹瑄이 高麗에 歸附하여 왔는데, 高麗 太祖는 庚黔弼로 하여금 開定軍 3,000명을 거느리고 골암성을 지키게 하는 한편 주변의 여진족을 초무하게 하여 상당한 성과를 거두었다. 이처럼 936년에 後百濟와 一利川에서 싸울 때 庚黔弼이 女眞의 기병 9,500명을 이끌고 참가하여 전공을 세웠다. 이처럼 여진은 高麗의 건국 때부터 高麗와 밀접한 관계를 가졌다.[56]

당시 東北面에 살던 女眞을 東女眞(東蕃)이라고 하고, 西北面에 살던 女眞을 西女眞(西蕃)이라 하였는데, 北蕃은 만주의 內地에 살던 女眞을 가르켰다. 東女眞 가운데 일부는 1011년에 1백여 척의 배를 타고 한반도의 남쪽 慶州에까지 侵寇하였는데, 이러한 女眞의 海寇가

---

54) 日野開三郎, 「統和初期に於ける契丹聖宗の東方經略と九年の鴨綠江口築城」, 『朝鮮學報』 21·22合輯 (1961)
55) 丸龜金作, 「高麗と契丹·女眞との貿易關係」, 『歷史學硏究』 5-2, (1935)
56) 金光洙, 「高麗 建國期의 浿西豪族과 對女眞關係」, 『史叢』 21·22合輯 (1977)

여러 차례 東海岸을 노략질하였다. 이들은 于山國을 침략하여 無人島로 만들고 멀리 日本 연안에까지 출몰하여 큰 피해를 입혔다.57)

그러나 東女眞은 일반적으로 高麗에 공순한 태도를 취하였으며, 高麗에서도 女眞族에게 懷柔策을 썼으므로 女眞族은 高麗를 「부모의 나라」로 받들었다. 東蕃이 尹瓘의 9城의 還附를 요청할 때에 「우리 祖宗은 大邦(高麗)에서 나왔다」고 말하였으며,58) 또 金의 太祖 阿骨打가 보낸 國書 중에도 여진은 「高麗를 부모의 나라로 생각하며 정성껏 섬겼다」라고 하였다.59) 이러한 태도를 취하던 女眞族은 高麗에 向化하였는데, 이들은 모두 農耕生活에 들어간 女眞人들이었다. 여진족의 대소 추장들이 高麗에 來朝하여 馬匹·弓矢 등의 土産物을 바쳤는데,60) 그때마다 高麗에서는 食料·衣類 등의 生必品을 賜與하였다.

東北面의 東女眞은 高麗의 羈縻州였는데, 文宗 이후 高麗의 編氓이 되기를 자원하여 高麗의 郡縣에 편입시켜 주기를 요청하였다. 과거 日本人 學者들은 高麗의 영향권을 千里長城 밖에 있는 咸興平野 일대로 한정하였으나,61) 실제로는 이보다 훨씬 북쪽의 豆滿江 內外에까지 미치지 않았나 생각된다.62)

女眞의 烏雅束이 군대를 보내어 高麗에 복속하고 있던 曷懶甸 一帶의 諸種女眞을 경략하고, 高麗에 來附하던 女眞族을 추격하여 定州의 長城 부근에까지 이르게 되었다. 그리하여 1104년 高麗와 여진 사

---

57) 池內宏, 「高麗朝に於ける東女眞の海寇」, 『滿鮮地理歷史硏究報告』 8 (1921)
58) 『高麗史』 券 13, 世家 睿宗 4年 6月
59) 『高麗史』 券 14 世家 睿宗 12年 3月
60) 丸龜金作, 「高麗と契丹·女眞との貿易關係」, 『歷史學硏究』 5-2 (1935)
61) 池內宏, 「完顔氏の曷懶甸經略と尹瓘の九城の役」, 『滿鮮地理歷史報告硏究』 9 (1923)
  津田左右吉, 「尹瓘征略地域考」, 『朝鮮歷史地理』 2 (1913)
62) 金九鎭, 「公嶮鎭과 先春嶺碑」, 『白山學報』 21, (1976), pp.70-72.

이에 충돌이 일어났다. 肅宗은 처음에 門下侍郎 平章事 林幹을 보냈으나 실패하였으므로, 다시 樞密院使 尹瓘을 東北面行營兵馬都統으로 삼아 여진의 침입을 막게 하였으나, 그도 또한 패배하였다. 이리하여 尹瓘은 임금에게 건의하여 別武班이라는 새로운 군사조직을 편성하여 騎兵인 神騎軍을 중심으로 步兵인 神步軍과 僧兵으로 조직된 降魔軍 등의 특별부대를 만들고, 농민을 중심으로 하여 승려와 商賈・노예까지 동원하였다.[63]

1107년 尹瓘은 元師, 吳延寵을 副元師로 하는 高麗의 17만 대군은 定州關을 떠나 女眞族을 소탕하고 曷懶甸 一帶를 점령하였다. 尹瓘은 점령한 지역에 雄州・英州・福州・吉州의 4城을 쌓고, 다음 해에 咸州를 大都督府로 하여 위의 4州와 公嶮鎭을 防禦州鎭으로 편제하였으며, 이어서 宣州와 通泰鎭・平戎鎭에도 성을 쌓았다. 이것이 이른바 尹瓘의 9城이다.

9城의 수축과 함께 남쪽지방 兵民의 徙民이 실시되었다. 그 규모는 史料에 따라 많은 차이가 있는데, 林彦의 『英州廳壁記』[64]에서는 6,466 丁戶이며, 閔漬의 『東國編年綱目』[65]에는 69,000戶이라고 하였다. 아무튼 대규모의 徙民이 이루어졌던 것만은 틀림없다.

근거지를 잃은 女眞族은 完顔部를 중심으로 조직적인 무력 항쟁을 벌렸으므로, 高麗에서는 고전을 면지 못하였고, 女眞族은 9城의 還附를 애걸하였다. 高麗에서는 9城간의 거리가 너무 멀고 골짜기가 깊어 지키기가 어려웠으므로, 수차에 걸쳐 논의한 끝에 마침내 1109년에 9城의 還附를 결정하고, 곧 軍民을 차례로 철수시켰다.

---

63) 李基白,「高麗 別武班考」,『金載元回甲紀念論叢』, (乙酉文化社 : 1969)
64) 『高麗史』 地理志와 『東國輿地勝覽』은 모두 林彦의 기록을 따르고 있다.
65) 『世宗實錄』 地理志는 閔漬의 기록과 같다.

9城을 還附한 직후 阿骨打는 東北面 女眞을 복속시키고 遼軍을 격파하여 金나라를 세웠다. 阿骨打가 遼를 공격하자, 거란의 遼는 高麗에 원병을 요청하여 왔다. 高麗는 遼·金 사이의 분쟁에 말려들지 않으려 하여 그 요구에 응하지 않았으며, 오히려 이 기회를 이용하여 保州 등을 회수하려고 꾀하였다. 전세가 불리해진 保州·來遠의 遼軍은 두 성을 高麗에게 되돌려 주고 퇴각하였다. 그리하여 高麗는 별로 힘들이지 않고 이 땅을 접수하여, 保州를 義州防禦使로 고쳐서 압록강 연안까지 경계를 삼게 되었는데,66) 金도 高麗의 保州 회복을 동의하였다.

金은 1117년에 阿只를 보내, 「형인 大女眞 金國 皇帝가 아우인 高麗國王에게 서신을 보낸다」라는 글로 시작하여, 서로 兄弟 關係를 맺고 和親하자는 내용의 제의를 보내 왔다. 이것은 金國이 정식으로 국교를 청한 최초의 교섭이었으나, 高麗에서는 크게 분개하여 그 요청을 묵살하였다. 그러나 金은 1125년 거란의 遼를 멸망시키고나서 高麗에 대해 다시 君臣關係를 강요하여 왔다.

이때 실권자였던 李資謙과 拓俊京이 당시의 국제정세를 들어 불가피성을 주장하여 그대로 결정되고 말았다.67) 이리하여 高麗에서는 鄭應文 등을 金에 보내 上表·稱臣하였으며, 다시 金은 高伯淑 등을 보내어 交聘의 격식은 전날 遼의 舊例를 따를 것이며, 保州路와 邊地의 女眞人들을 송환하면, 高麗에서 保州를 차지하는 것을 인정하겠다는 뜻을 알려 왔다. 이리하여 兩國 간에는 별다른 충돌없이 友好 관계가 성립되었다.

---

66) 三上次男,「金初に於ける麗金關係-保州問題を中心として-」,『金史硏究』Ⅲ (中央公論美術出版, 1973)
67) 朴賢緒,「北方民族과의 抗爭」,『韓國史』4 (國編委 : 1974)

(3) 高麗의 對蒙古 관계

高麗와 蒙古는 지리적으로 떨어져 있었으나, 江東城의 거란군을 무찌를 때에는 高麗와 蒙古가 연합하였다. 처음에 蒙古를 통일한 징기스칸(成吉思汗)은 1218년 哈眞·札剌 두 장군을 보내어 間島지방에 있던 東眞國을 원정하여 浦鮮萬奴를 항복시키는 데에 성공하였다. 이어서 哈眞 등은 몽고군 1만명과 東眞國의 군사 2만명을 동원하여 '契丹賊을 토벌한다.' 라고 핑계하고 高麗의 東北面 지방으로 남하하여, 그곳의 거란족을 차례로 무찌르고 거란군의 주력부대가 있는 江東城으로 향하였다. 몽고는 高麗에 대하여 공동으로 江東城을 칠 것을 제의하였으므로, 1219년 高麗의 金就礪가 精兵을 거느리고 가서 몽고군과 합세하여 江東城을 함락하였다. 이리하여 兩國은 우호적인 관계가 형성되어, '두 나라는 영구히 형제가 되어 만세의 자손에 이르기까지 오늘을 잊지 말 것이다.' 라는 내용의 동맹을 하였다. 蒙古가 兄이 되고 高麗가 동생이 되는 이른바 兄弟의 盟約을 하였다.68)

그러나 1221년에 고려에 온 몽고 사신 著古與가 水獺皮 1만 領, 細紬 3천 필, 細苧 2천 필, 종이 10만 장, 紫草(염료) 5근 등 막대한 양의 각종 물품을 강요하여 많은 물의를 빚었다. 1225년에 다시 고려에 사신으로 왔던 著古與가 咸新鎭(義州)을 거쳐 본국으로 돌아가던 도중, 압록강 가에서 살해되는 사건이 발생하였다. 이리하여 양국의 국교가 단절되었으며, 7년 뒤 1231년에 몽고가 高麗에 침입하였다.69)

---
68) 高柄翊, 「蒙古·高麗의 兄弟盟約의 性格」, 『白山學報』 6, 1969 ; 『東아시아交涉史의 硏究』(서울大出版部 : 1970)
69) 箭內瓦, 「蒙古の高麗經略」, 『滿鮮地理歷史硏究報告』 4 (1918)

몽고의 太宗 오고타이가 친히 金을 정벌하는 군사를 일으켰는데, 그 부하 撒禮塔에게 별군을 주어 요동 방면의 金軍을 소탕케 하는 한편 마침내 高麗를 정벌하게 하였다. 撒禮塔이 거느린 몽고군이 압록강을 건너 高麗의 咸新鎭과 鐵州를 경략하고, 다시 安北府(安州)를 평정하여 蒙古軍의 本營으로 삼고 高麗의 각지를 공격하였다. 당시 북변의 城·鎭에는 배치된 州鎭軍이 蒙古軍의 침략에 강력히 저항하였다. 그 중에서도 특히 西北面都兵馬使 朴犀가 龜州城에서 蒙古軍의 맹렬한 공격에 잘 대응하여 끝내 몽고군을 격퇴시켰다.70) 또 副使 崔椿命이 慈州城에서 몽고군의 포위 공격을 잘 방어하여 공훈을 세웠다. 몽고군은 이러한 高麗의 저항을 피하여 남하하여 開京을 포위하였으며, 일부의 몽고군은 廣州·忠州·淸州까지 공격하였다.

高麗에서는 分臺御使 閔曦 등으로 하여금 몽고군사를 위로하게 하는 한편, 왕족 淮安公 王侹을 파견하여 화의를 교섭하였다. 이에 撒禮塔은 西北面 지방의 40여 城에 다루가치(達魯花赤) 72명을 分置하고, 이듬해인 1232년에 遼東으로 철수하였다.71) 撒禮塔은 高麗의 國事를 총괄하는 다루가치를 開京에 파견하였다. 이리하여 몽고의 다루가치가 高麗의 서울에도 설치되자, 高麗는 단호히 몽고에 대처하기로 결정하고, 1232년에 서울을 江華島로 옮겼다.72)

蒙古는 고려에 대하여 경제적으로 필요한 物貨만을 요구한 것이 아니라, 征服事業에 필요한 助征軍을 파견하고, 王族과 高官의 자녀들을 각각 500명씩 인질로 보내도록 강요하였다. 이러한 요구를 高麗에

---

70) 『高麗史節要』卷 16, 高宗 18年 12月條 및 『高麗史』卷 103 列傳 朴犀傳
71) 周采赫, 「高麗 內地의 達魯花赤 置廢에 관한 小考」, 『淸大史林』1 (1974)
72) 尹龍爀, 「高麗의 對蒙抗爭과 江都 – 江華遷都(1232)와 江都 經營을 중심으로」 『高麗史의 諸問題』(三英社, 1986)

서는 도저히 들어줄 수가 없었고, 高麗의 江華 遷都는 몽고를 크게 자극하였다. 또 內侍 尹復昌이 北界에 있던 다루가치를 죽이고 무기를 빼앗은 사건과, 大將軍 閔曦가 西京에서 다루가치의 살해를 모의한 사건이 잇달아 발생하였다. 이리하여 1232년에 撒禮塔이 이끄는 蒙古軍이 高麗 땅에 침입하였다. 撒禮塔은 江華島에 사신을 보내어 開京으로 還都하도록 촉구하였다. 그러나 高麗에서 이에 응하지 아니하자, 몽고는 高麗의 本土를 철저하게 유린함으로써 江華島의 정부로 하여금 스스로 항복해 오도록 하려 하였다. 이에 따라 몽고군의 별동대가 멀리 경상도까지 내려가서 符仁寺에 간직한 初雕大藏經을 불태웠다. 撒禮塔은 處仁城(지금의 龍仁)에서 僧將 金允侯가 쏜 화살에 맞아 전사하였고, 지휘관을 잃은 蒙古軍은 서둘러 철수하였다.[73]

唐古가 이끄는 몽고군이 침입하여 兩國간에 전쟁이 벌어졌다. 이 제3차 몽고의 침입은 1235년부터 1239년까지 5년 동안 長期化하였다. 唐古는 撒禮塔처럼 江華島의 고려정부와 교섭을 벌이지 않고 전국토를 횡행하면서 닥치는 대로 공격하였다. 그리하여 전국의 인물이 죽거나 포로되고 재물이 약탈되어 엄청난 피해를 입었다. 이때에 慶州의 皇龍寺 9층탑이 불타 없어졌다. 崔瑀를 비롯한 지배계층은 부처의 가호로 적군을 물리치기 위해 새로운 大藏經의 組版에 착수하였다. 현재 陜川 海仁寺에 보관 중인 八萬大藏經은 바로 이때에 시작하여 완성된 것이다.

전쟁이 장기화하여 本土의 피해가 심해지자, 高麗 政府는 마침내 1238년에 將軍 金寶鼎과 御使 宋彦琦를 몽고에 파견하여 철군을 호소하였다. 이에 몽고는 이듬해 사신을 高麗에 보내어 高麗 國王이 몽고

---

[73] 尹龍爀,「蒙古의 2次 侵寇와 處仁城 勝捷-특히 廣州民과 處仁部曲民의 抗戰을 주목하여-」

조정에 親朝한다는 조건아래 高麗의 요구대로 蒙古軍을 철군시켰다. 왕족인 新安公 王佺을 왕의 친동생이라고 속여서 蒙古에 보내었다. 蒙古는 高麗에 대해 海島에 들어가 있는 民戶를 內陸으로 옮기고, 그 민호의 수를 점검하여 보고할 것과, 禿魯花(인질)를 보낼 것 등을 요구하였다.74) 왕족인 永寧公 王綧을 왕의 親子라고 일컫고, 귀족의 자제 10여인과 같이 蒙古에 質子로 보냈다.

고려 朝廷이 약속대로 出陸하지 아니하자, 1253년에 蒙古는 다시 出兵을 단행하여 제 5차 침입을 하였다. 蒙古軍의 元帥 也窟은 공격과 약탈을 자행하면서 江華島에 사자를 보내 國王의 出陸을 촉구하였다. 이에 대해 高麗는 몽고의 군대가 먼저 철수하면 출륙할 것이라 하고, 몽고는 국왕이 출륙하면 회군하겠다고 맞섰다. 집권자인 崔沆은 이를 거절하였으므로, 高麗와 몽고 간에 심한 충돌이 벌어졌다. 金允侯가 忠州城에서 몽고군을 크게 무찔렀고, 몽고군도 수세에 몰리자 1254년에 모두 철수하였다.

뒤이어 車羅大가 이끄는 몽고군이 다시 침략하였다. 이리하여 蒙古의 제 6차 침입이 시작되었는데, 6년간(1254-1259)이나 계속되었다. 이때의 피해가 가장 심하였으니, 『高麗史』에서는, '이 해에 몽고군사에게 사로잡혀 간 남녀는 무려 206,800여명이며, 살륙된 자는 이루 다 헤아릴 수가 없었다. 몽고군이 지나간 州·郡은 모두 잿더미가 되었다. 몽고군사의 난이 있은 이래 이때처럼 심한 때는 없었다'라고 하였다.75)

1258년에 柳璥·金俊 등이 崔沆에 이어 집권하고 있던 崔竩를 제거하여 4대 60여 년간 계속된 崔氏의 武臣政權이 끝나게 되었다. 車

---

74) 『元高麗紀事』太宗 12年 5月條
75) 『高麗史』卷 24, 世家 高宗 41年 12月 및 42年 4月條

羅大가 江華島의 對岸에 군사를 집결시켜 강화도를 위협하는 한편, 군사를 보내어 각지를 노략질하였다. 東北面에서는 趙暉·卓靑이 兵馬使 愼執平 등을 죽이고 鐵嶺 이북의 땅을 가지고 몽고에 歸附한 것을 계기로, 和州(지금의 永興)에 雙城總管府를 설치하였다.[76] 高麗에서는 和議가 불가피하다고 판단하고, 1258년 朴希實 등을 보내어 出陸 還都할 뜻을 전달하였다. 이리하여 兩國간에 29년을 이끌어온 무력 충돌이 완전히 끝을 맺게 되었다.

1259년 高麗의 太子가 몽고에 入朝하였다. 태자의 일행은 중국의 開平府까지 갔다가, 高宗의 訃音을 듣고 1260년에 본국으로 돌아와서 즉위하니, 그가 바로 元宗이다. 몽고에서도 忽必烈이 몽고의 皇位를 계승하여, 元의 世祖가 되었다. 이리하여 高麗와 몽고(元) 사이에는 실질적인 講和가 元의 世祖에 의해 高麗 元宗 때에 이루어졌다. 그러나 어느 정도 高麗의 전통과 풍습을 존중하는 범위 안에서 和好가 이루어졌다.

몽고는 血緣政策을 추진하여 高麗의 太子를 元의 公主와 혼인을 시키고, 원의 大都에서 생활하게 하였다. 중국의 발달된 문물을 바탕으로 한 元의 문화는 東西의 文物을 아울은 세계적 문화를 이룩하였다. 이리하여 元代에는 遼, 金代와는 달리 高麗와 중국의 문화가 활발히 교류되었다.[77] 初期에 武力에 의한 소극적인 교류관계가 後期에 이르러 오히려 적극적으로 이루어졌다. 元代에 性理學이 들어오고, 高麗의 李齊賢 等 儒學者들은 元의 燕京에 머물면서 자유로이 中國 儒

---

76) 金九鎭, 「麗·元의 領土紛爭과 그 歸屬問題-元代에 있어서 高麗本土와 東寧府·雙城總管府·耽羅總管府의 分離政策을 中心으로-」, 『國史館論叢』 7 (國編委: 1989)
77) 全海宗, 「麗·元 貿易의 性格」, 『東洋史學硏究』 12·13合輯 (1978)

學者들과 교류하였다.78) 이리하여 蒙古의 여러 가지 풍속이 高麗의 上流 社會에서 유행하였는데, 당시 이것을 蒙古風이라고 하였다.

5. 맺음말

高麗는 건국할 때부터 北方의 거란족·여진족과 밀접한 관계를 가졌다. 高麗는 북방에 이러한 강력한 騎馬民族과 접하였으나, 高句麗의 옛땅을 회복하려는 北進政策을 취하였다. 그러므로 高麗는 西北面으로 거란족과 江東 6州의 領土權 문제에 부닥쳤으며, 東北面으로 여진족과 새로 개척한 9城의 還付 문제에 부닥쳤다. 그러나 江東 6州는 담판에 의하여 거란족을 설득해 마침내 高麗 領土로 만들었고, 尹瓘 9城은 대규모의 정벌에 의하여 획득하였다가 다시 여진족에게 되돌려 주었다. 西北面의 保州는 거란족과 여진족의 세력이 교체될 때에 이를 틈타서 高麗가 차지하였으며, 元末에 몽고족의 세력이 퇴조할 때에 東北面 지방을 개척하여 두만강까지 진출할 수가 있었다. 이리하여 高麗의 領土는 西北面으로 압록강까지, 東北面으로 두만강까지 이르렀다.79) 그러므로 高麗는 거란족·여진족·몽고족의 침입과 지배를 받으면서도 꾸준히 北進政策을 추진하여 그 성과를 어느 정도 달성하였다고 볼 수 있다.

---

78) 金庠基,「李益齋의 在元 生涯에 대하여-忠宣王의 侍從의 臣으로서-」,『大東文化硏究』1 (1964)
79) 압록강 상류의 4郡지역과 두만강 하류의 6鎭지역은 미수복하였으나, 조선조 4대 世宗 때 이를 수복하여 압록강과 두만강을 경계로 하는 國境線을 확정하였다.

高麗는 거란족·여진족·몽고족의 北方 騎馬民族에 대하여 實利的 外交를 취하고, 정세의 변화에 대응하여 現實的 外交를 취하였다. 高麗는 宋과의 文化交流에 힘을 기울여 중국보다 적극성을 보였다. 그러나 北方 騎馬民族과의 교류는 武力에 의한 강압적인 교류였기 때문에 소극적이며 제한적이었다. 高麗는 實利外交를 취하여 정세에 따라 二重外交(雙重外交)를 시행하였는데, 이러한 정책으로 말미암아 중국의 宋과 손을 잡고 과감히 北方 民族을 제압하지 못하였다.[80] 몽고족이 高麗에 쳐들어 왔을 때 서울을 江華島로 옮기고 소극적으로 대처하였다. 그 결과 일반 민중들이 엄청난 전쟁의 피해를 입었던 것은 말할 것도 없다. 高麗는 한반도의 왕조 가운데 가장 이민족의 침입을 많이 받은 왕조인데, 그 왕조가 宋처럼 北方 騎馬民族에 의하여 멸망하지 않은 것은 高麗의 實利的이고 現實的인 외교 덕택이었다고 생각된다.

高麗는 중국의 正統王朝와는 事大關係를 가졌고, 北方 騎馬民族과는 交隣關係를 가졌는데, 그 관계가 兄弟關係, 叔姪關係, 君臣關係로 변하는 것은 종래의 수직적인 交隣關係가 수평적인 관계로 변하였다가, 다시 수직적인 事大關係로 바뀌는 것을 의미한다. 이러한 과정에서 高麗의 華夷觀은 큰 타격을 입은 것을 부인 할 수 없다.[81] 아마 중국의 宋도 이러한 思想的 갈등 때문에 더욱 많은 곤란을 겪었을 것이라 생각된다. 그러나 高麗는 이러한 문제를 實利的이고 現實的인 외교로서 잘 극복하였다고 볼 수 있다.

北方 騎馬民族이 興起할 때 반드시 한반도를 먼저 침략하여 服屬

---

80) 丸龜金作,「高麗と宋との通交問題」,『朝鮮學報』 17·18 (1960·1961)
81) 高柄翊,「蒙古·高麗의 兄弟盟約의 性格」,『白山學報』 6 (1969),『東아시아交涉史의 硏究』(서울大出版部 : 1970)

을 시킨 다음에 중국으로 침입하였다. 그러나 거란족·여진족·몽고족이 한반도를 차지하여 그들의 領土로 삼지 않고 侵掠의 銳鋒을 돌려서 中原으로 들어가서 征服王朝를 세운 까닭은 아마도 중국의 문화를 동경하고, 발달된 문물과 풍요한 財貨를 약탈하고자 하는 데에서 起因한 것이라고 생각된다. 원래 北方 騎馬民族은 掠奪 經濟에 의존하므로, 전쟁의 목적은 農耕民族의 掠奪에 있었다고 해도 과언이 아니다. 그러므로 高麗는 물론 중국의 宋도 이들 北方 騎馬民族에게 입은 인명과 재산의 손실이 매우 엄청났던 것이다.

淸과 朝鮮
― 明·淸交替期 동아시아의 國際 秩序에서

崔 韶 子(梨花女子大學校)

<목차>

1. 머리말
2. 兩次戰爭(1627, 1636)이전의 淸과 朝鮮
3. 兩次戰爭과 淸과 朝鮮
4. 맺음말

1. 머리말

　筆者가 다루려고 하는 16世紀 末期로부터 17世紀 前半期는 中國的 國際秩序의 明·朝鮮·日本·女眞이라는 事大交隣의 기존 질서에 滿洲를 무대로 국가로서 발전하여 명대신 中國本土를 지배하게 되는 淸이 새로운 세력으로 등장하였다. 그들은 對明·對朝鮮 관계에서 압력과 영향을 미치면서 명과 조선을 상호 대립 견제시키고 긴밀한 유대를 소원하게 만들면서, 동아시아의 국제질서에 중심세력으로 등장하였다. 淸으로서는 奴兒哈赤(Nurhaci)의 건국으로부터 太宗年間 즉, 入關以前의 시기이다. 조선은 宣祖, 光海君, 仁祖의 통치년간이고, 명은 万曆年間 후기로부터 쇠망의 崇禎시기까지이다. 入關前 그들의 세력

형성, 발전의 시기에 淸朝의 對外關係에서 비중이 가장 큰 상대국은 물론 明이었고, 그밖에 同類는 아니었지만 여러면으로 가장 가까운 蒙古, 그리고 朝鮮이다. 明으로 부터는 과거로 부터 많은 文物을 수용하였다. 누르하치년간에도 북경에 조공하는 등 일정관계를 유지하였지만 가장 중요하고 어려운 상대국이였고, 蒙古는 以後 淸朝의 정책에서도 나타나지만 가장 가깝게 文化나 軍事 및 기타면에서 활용하였다. 그러나 明과 친밀한 朝鮮은 이미 조선초기 이후 실질적인 변경에서의 관계나 영향은 많이 받았지만 하나의 걸림돌로 작용하는 존재였다.

따라서 동아시아 국제관계에서 淸의 등장은 단순한 淸·朝鮮·明의 관계뿐아니라 나아가 일본이라는 4국관계에서도 복잡한 양상을 띠우게 된다. 그러므로 明朝를 중심으로 하던 동아시아의 국제질서에서 淸을 중심으로 하는 질서로 변화해가는 과도기적 시기의 청과 조선의 관계1)를 청측의 입장에서 淸과 朝鮮, 朝鮮의 對淸관계, 朝鮮의 對明관계, 明의 對朝鮮 정책이라는 복잡한 관계속에서 살피고저 한다.

淸과 朝鮮의 관계는, 淸의 兩次朝鮮 정벌(1627년, 1636년)2) 에서 그 기초가 마련되었다. 전쟁결과 조선은 중국의 대외관계의 특수한 유형인 朝貢이라는 형식의 관계를 맺는데, 주지하는 바와 같이 朝貢制度는 정치적인 측면에서는 예속적인 관계라는 인상이 강하지만 사회,

---

1) 정확하게 표현하면 1616년 이전까지는 女眞, 奴兒哈赤의 건국인 1616년이후는 後金, 1636년 이후는 淸이라고 稱해야 하지만 혼란을 피하기 위하여 표현상 큰 무리가 없는한 淸으로 칭하였음.
2) 中國側에서는 經略, 征伐, 征服 및 虜禍, 虜師(淸朝史의 관점은 아님)라고 칭하며, 朝鮮측에서는 一般的으로 胡亂, 虜亂, 入寇, 侵入이라는 상대적 용어를 사용하고 있다.(拙稿,「中國側에서 본 丁卯, 丙子兩役」,『梨大韓國文化硏究院論叢』57輯, 1990, p.119참조)

경제, 문화면에서는 반드시 그렇지는 않다. 또 論者에 따라서는 중국 중심의 동아시아 외교질서에 편입되어 있음을 증명하는 동아시아 세계에 있어서의 국제적 승인을 의미한다3)고 하였고, 또 중국과의 무역형태도 보는 점에 유의해야 한다.

全海宗 敎授는 淸代 조공의 특징에 관하여 明淸代는 중국의 폐쇄적인 경향이 심해져 조공관계가 한중관계의 거의 모든 양상을 규제하였는데4) 唐宋의 개방성에 비하여 淸은 國力이 약한 것은 아니었지만 明의 폐쇄적인 대외정책을 이어 받았다. 특히 이 제도가 가장 특징적으로 나타나는 것은 조선과의 관계지만 정치적으로 직접 지배를 의도하는 것이 아니고 복속의 형식으로 족하였고 조선은 淸朝에 心服하지는 않았았지만 淸이 그 이상 강요하지 않은 것은 명백한 사실이었다고 하였다.

淸代의 중국과 외국과의 조공관계의 유형은 크게 지역별로 東南亞, 中國의 西北方, 그리고 원격한 지역으로 나누어 볼 수 있는데, 淸代의 朝鮮은 東南亞 유형에 속하며 조공의 성립과 지속의 목적은 흔히 경제적 목적, 문화적 목적을 이야기 하는데 중국이 경제적으로 유리한 것은 아니었고, 文化 전파가 外夷의 中國化가 中國의 요구하는 바도 아니었다. 그러나 조선으로서는 경제적 손실이었다. 조선은 이러한 조공관계를 통하여 중국의 문화를 수입하여 조선 문화의 기반이 되기도 하였는데, 사상적으로는 中華主義가 결부 되어있다. 조선은 이러한 관계에 의하여 때로는 이민족의 침입을 제지시킬 수 있었는데, 1590년대 日本의 조선침입(壬辰, 丁酉倭亂)때에 明軍의 도움을 받은 것이다.

---

3) 孫承喆,「朝鮮朝 事大交隣政策의 成立과 그 性格― 朝鮮朝 對外政策史硏究 試論」,『溪村閔丙河敎授停年紀念史學論叢』, 1988, p.337.
4) 全海宗,「東洋의 傳統的 外交觀」,『歷史와 文化』, 一潮閣, 1976, p.18.

이러한 사실은 中國으로서는 자신에게 다가올 위험을 미리 조선에서 방지한 것이기도 하다5)라고 하였다.

여하튼 정치적 의미를 너무 배제하기는 어렵지만 淸·朝鮮·明이라는 三國의 力學관계 속에서 17世紀前半의 동아시아사를 다시 조명해 보고저 한다.

2. 兩次(丁卯, 丙子)戰爭以前의 淸과 朝鮮

後金이 朝鮮征伐을 시작한 1627년이전의 兩國관계는 滿洲의 女眞, 後金國(1616年)으로서의 淸과 朝鮮의 관계로서, 건국 이전의 경우는 女眞이 朝鮮에 대하여 어떤 정책을 폈는가 하는 것보다는 朝鮮이 女眞에게 어떻게 대처했는가 하는 것이 중요하고 건국 이후는 後金이 대조선정책을 어떻게 펴나갔는가 하는 점에서 검토해야 된다. 女眞은 국가성립 이전에 어떻게 하면 조선으로 부터 어떤 형태로 관계를 맺고, 도움을 받을 것인지에 관심을 기울였고, 朝鮮은 女眞을 交隣이라는 측면에서 대하였으므로 建國以前까지는 淸과 朝鮮이라는 면보다는 朝鮮과 女眞, 後金의 관계라고 보아야 할 것이다.

女眞은 明代 滿洲에서 수렵을 생활의 기본으로 삼고, 서쪽의 蒙古와의 인접지역에서는 蒙古式의 유목생활, 南滿洲평야에서는 일찍부터

---

5) 全海宗,「韓中朝貢關系史槪觀」,『韓中關係史硏究』, 一潮閣, 1970, pp.55-57.
그러나 이 이전의 시기는 오히려 中國의 西北方과의 관계를 연상시키는 점이 많은데 三國, 高句麗, 北朝의 諸國 隋唐과의 관계, 麗元 관계에서 특징적으로 나타난다. 拙稿,「明末 中國的 世界秩序의 變化 -壬辰, 丁酉倭亂을 中心」,『明末淸初社會의 조명』, 한울, 1990, pp.215-265 참조.

中國人과 접하여 농경도 하던 퉁구스계로 원래 수렵민족이었다. 明은 建州衛의 추장들에게 필요한 면직물을 주어서 회유하였고 勅書를 주어 北京에 조공케 하였으며 이민족 회유시 자주 통혼정책을 썼고 여진의 땅에 佛敎사원을 세워 佛敎에 귀의케 하였다. 成祖는 女眞으로 하여금 蒙古를 견제시키고 蒙古원정에 여진족의 부대를 선봉으로 투입시켰으며 동시에 여진에 대한 정책은 한반도에 조선왕조의 세력을 견제시키는데도 그 목적이 있었다. 建州衛 설치의 배경중에는 두만강 연안의 일부 여진이 조선의 세력하에 들어가 농사를 짓고 있었다는 점도 작용하였다.

建州左衛 출신의 奴兒哈赤(1559-1626)는 1583年 擧兵하여 88년 建州衛를 통합하였으며 89년에는 明朝로부터 都督僉事에 임해지고 龍虎將軍의 칭호를 받았으며 93년에는 海西衛 중심의 연합군을 공격하였고 99년에는 哈達, 1607년에 輝發(烏拉은 1613년에, 葉赫은 1619년)을 공격하였으며 1608년에는 對明斷交를 선언하였다. 30여년의 征服, 협상, 結婚政策을 통하여 누르하치는 1616년 建國하였지만 조선과의 관계는 1597년 倭亂으로 宣祖가 義州에 몽진하였을때 사신을 보내 來援의 뜻을 통고하였다. 그는 日後 倭奴가 建州를 범할것을 두려워 精兵을 택하여 往殺하기를 원했는데, 조선측에서는 여진측의 저의를 알 수 없다고 거절하였다.[6] 이어서 1595년 被虜人의 刷還 요청이 있었다. 이것이 조선과 만주간의 第1次 정식교섭이라고 陳捷先은[7] 하였다. 당

---

6) 『宣祖實錄』 卷30, 宣祖 25年 9月 辛未, 申戌條. (拙稿, 「胡亂과 朝鮮의 對明·對淸關係의 變遷」, 『梨大史苑』, 第12輯, 1975, p.36-37 참조)

7) 陳捷先, 「淸太祖時期滿洲與朝鮮關係考」, 『金俊燁敎授華甲紀念中國學論叢』, 1983. p.594
1593년 조선사신 申忠一, 羅世弘, 河世國이 滿洲에 가서 쌍방간에 논의한 내용은 『建州紀程圖錄』에 의하면 5가지인데 雙方和好問題, 越界採捕問題, 刷還

시 조선은 對女眞문제를 일일이 明에 보고하고 상의하였는데 明은 朝鮮과 女眞의 세력을 상호 견제시키고 있다. 이어서 1596년 조선관원이 明使를 따라 누르하치에게 갔다는 기록(『淸三朝實錄』, 太祖 卷1, 丙申 春2月條)도 있다. 當時 滿洲의 상황은 이미 長白山 西, 松花江의 상류로부터 두만강에 이르기까지 누르하치의 세력이 미쳤고 그후로는 吉林일대, 1607년 봄에는 鏡城의 對岸인 門岩에서 烏拉部에 대하여 대규모의 공격을 가할만큼 朝鮮北境에 영향을 미치게 되었다.

1598년에는 누르하치의 長子 褚英 等이 瓦爾喀(Warka)를 정벌하였는데 이때 瓦爾喀의 일부가 조선으로 유입되고 나머지는 烏喇의 추장 布占泰에게 귀속되어, 누르하치·布占泰·朝鮮사이의 외교분쟁이 되기도 하였다. 1601년 누르하치는 北方 蕃胡의 例에 따라 서울에 와서 직첩을 받기를 원하였으나 조선은 거절하였고, 1605년 建州等處地方國王佟이라고 자처하고 조선과 우호를 희망하면서 竊蔘犯越者의 斬殺 및 綁挐 解送에 관한 내용의 국서를 보내왔다.8) 다음해에는 滿洲兵이 朝鮮을 범하고 潼瞰關을 攻陷하고 僉使等 200여인을 살해하였는데 조선은 이 사실을 明에 보고하였다. 대체로 조선의 宣祖年間에는 조선은 여진의 和好的인 태도를 받아들여 현실문제를 위주로 교린관계를 이루면서 對明을 의식하여 女眞의 접근을 일단 견제하면서 女眞과의 일을 明에 보고 하였고 그들의 세력확대를 주시하였다.

그러나 1608년 女眞은 對明斷交를 선언하면서 경제적으로 식량과 소금을 무역하여 儲蓄하므로서 국력을 충실히 하였다. 朝鮮도 光海君의 통치시기로 접어들게 되는데, 光海君 즉위년에 奴酋가 貂皮 80領

人口問題, 贈禮貿易問題, 惠山設鎭問題인데 이는 被虜人口刷還 요청에서 비롯되었다.
8) 『事大文軌』 万曆 33年 11月11日字 國書.

을 捧納한 다음 本道에 남아있는 木綿으로 藩胡 즉 忽胡의 貂皮 題給 式例에 따라 給送하라고 한 備邊司의 上啓는 그 교섭대상이 누르하치 인 것으로 보인다. 그후 조선의 邊臣에게 서한을 보내 忽胡綿布를 청 한 바 있다. 1611년 누르하치는 중국과 조선이 협력하여 자기를 공격 하려 한다고 불평한 바 있으며, 그들은 11月 11日字 胡書와 12月 答 胡書에서 조선인의 滿洲犯越과 盜蔘엄금, 越境人의 刷還을 요구하였 고 조선측은 대체로 이에 동의하였다. 특히 犯越刷還문제는 만주측에 서 조선을 협박하는 방편과 구실로 이용하여 왔다.

조선에서는 1612년에는 滿浦에 귀순하는 胡人을 年間 800여명씩 供饋했었는데, 그 수가 늘어 1000여명씩 來食하였고 근년에는 胡地가 凶荒하여 하루에 30·40명씩 매일와서 來食하여 滿浦鎭이 女眞 救恤 의 근거지가 될 것을 우려하였다. 그후 여진은 조선에 계속 통상을 요구해왔다. 女眞이 烏喇를 멸망시킨후 그 세력이 날로 확대되어 위 협적인 세력이 될것을 우려하여 조선이 명을 위한 출병을 하면 누르 하치가 先攻을 가할까 두렵다고 명에 보고하기도 하였다.9) 1614년에 이르면 明에 대한 누르하치의 군사적 위협이 가중되어 明은 이들에 대한 토벌을 계획하고 조선에 대하여도 援兵 파견을 요구하였는데 光 海君은 엄중히 경계하면서 관망적인 자세를 취하였다.10) 이렇듯 여진

---

9) 陳捷先, 1983, pp.575-576.
   金聲均, 「初期의 朝淸經濟關係交涉略考」, 『史學硏究』 5, 1959, p.4
   金鐘圓, 「朝淸交涉史硏究:貿易關係를 중심으로」, 西江大博士청구논문, 1983, pp.8-11 참조.
10) 『光海君日記』 卷 89, 光海君 6年 7日 戊午 光海君의 對後金政策에 관하여는
   ① 田川孝三, 「光海君의 姜弘立에 對密旨問題に就いて」, 『史學會報』 1, 京城大, 1931.
   ② 稻葉岩吉, 『光海君時代の滿鮮關係』, 京城大, 大阪屋號書店, 1933.
   ③ 李丙燾, 「光海君의 對後金政策」, 『國史上의 諸問題 1』, 1959.
   ④ 崔豪均, 「光海君의 對北方政策에 관한 考察-對明派兵과 密旨問題를 중심

의 세력확대 및 對明관계의 악화 등은 조선의 對女眞, 明관계를 점점 더 난처하게 만들었으며 더 이상의 애매모호한 중립적 자세를 취할 수 없게한 사건은 建國後 對明戰爭(1618년)에서 였다. 이때 누르하치는 七大恨의 誓詞11)를 통해 明과의 戰爭의 필요성을 발표하였다. 이때 明은 欽差遼東巡撫 李惟蕃을 통하여 조선에 援兵을 요청하였다.12) 光海君은 再造之恩을 생각하면서 명에 대한 出兵을 회피할 수 있었고 막강한 後金세력을 생각하면 군대를 보낼 수도 없는 형편이었다. 李爾瞻을 위시한 備邊司 諸臣 등은 출병을 해야 한다고 하였으나 약간의 군졸로 출병하는 것은 명에 도움이 될 수 없다고 光海君은 강하게 출병 거부의사를 밝혔으나 諸臣들의 반대로 마지못해 군대징발은 국경선에서 聲援하겠다고 제의하였다. (賚咨官 李금의 奏文에서) 좌의정 韓孝純이나 備邊司 諸臣들도 出兵하여 後金軍과 싸워봤자 지는것은 뻔하지만 명문상 출병해야 된다고 하였다. 당시 집권세력의 大北대표인 李爾瞻은 광해군이 사신을 보내 요행을 바라면서 출병을 회피하는 것을 반박하고 출병하지 않을 경우 이에 대한 明의 견책이 있을 것을 강조하였다.13) 光海君과 備局諸臣의 의견대립하에 明의 질책등은 결국 砲手 3,500, 射手 3,500, 殺手 3,000 등 모두 1万兵力을 1619년 2월에 파견하게 되었고, 이들은 明의 劉綎 휘하 (佟家江에서 興京, 南으로 진격하는 右翼南路軍에 참가)에서 활동하게 되었다. 이때 누르하치는 여러차례 動兵치 말것을 강요하였다. 결국 薩爾滸

    으로」, 成均館大學校學位 청구논문, 1983.
  ⑤ 韓明基,『光海君代의 大北세력과 정국의 동향』, 서울대 석사학위 청구논문, 1988, 참조.
11)『滿文老檔』, 太祖 卷6, 天命 3年
12)『光海君日記』卷127, 光海君 10年 潤4月 庚午條.
13) 韓明基, 1988, p.59.

(Sarhu)戰의 패배, 姜弘立 등의 후금에의 투항으로 끝났지만 明은 明대로 후금은 후금대로 모두 조선이 각각의 상대국과 제휴할까봐 우려하였다.

明·淸戰時 조선의 파병과 관련하여 中國側 資料인 『明史』 朝鮮傳에서는 "万曆47年(1619年)楊鎬가 馬林, 杜松, 劉綎 등을 인솔하고 출전하였으나 우리 大淸의 군대에 패배하였다 조선은 援兵을 보내어 싸움을 도왔지만 더러는 항복하고 더러는 전사하였다. 琿(光海君)이 급박하였음을 보고하므로 더욱 두터운 은혜로 救恤하는 詔勅을 내렸다."14) 라고 하였다. 그러나 『神宗實錄』에서는 姜弘立 등의 투항에 대해서는 거의 언급하지 않고 "1619년 4월 陣亡한 諸臣들에게 恩恤을 주고 忠魂을 慰하고 士氣를 일으키자는 題本에서 朝鮮將士의 문제도 언급"15) 되는 정도이다. 그러나 『淸史』 朝鮮傳에서는 "淸初 조선왕은 李琿인데 明朝 섬기기를 매우 신중히 하였다. 太祖天命 4年(1619年) 琿은 그의 장수인 姜弘立을 파견하여 군사를 이끌고 명을 도와 침입하였다."16) 고 姜弘立등의 투항을 전혀 기록하지 않았다. 明末에 관한 史料도 淸初의 정리임을 감안하면 그 의도를 알수 있다. 明이나 後金 모두 입장은 다르지만 당시 朝鮮軍의 행동을 크게 주목하지 않았다는 사실은 양국이 의도하는 바를 짐작할 수 있다.

여하튼 조선군의 후금에의 투항은 仁祖反正까지는 후금이 對朝鮮 和好 정책을 표방하여 평화적인 관계를 유지할 수 있었다. 그러나 明은 조선의 태도 變化에 대하여 여진과 통한 것이 아닌가 하는 의구심

---

14) 『明史』, 卷320, 列傳 208, 外國 1 朝鮮, 万曆 47年條.(國史編纂委員會譯註, 黃元九-明史, 辛勝夏-淸史, 1986 참조)
15) 『明神宗實錄』卷 581, 万曆 47年 4月 壬戌條.
16) 『淸史』, 卷 525, 列傳 311, 屬國 1 朝鮮(國防硏究院, 臺北, 1961) 國譯版참조.

과 경계심을 갖게 되었는데 그 대표적인 것이 徐光啓의 朝鮮監護論이었다. 당시 이와 유사한 견해는 상당수 있었던 것으로 이야기되고 있다. 徐의 朝鮮 監護論은 1619년 上奏한 「遼左阽危已甚疏」의 5가지 救明方略 중의 하나인데 조선군의 청병과 監護를 주장한 것이다. 徐의 上奏文에 의하면 후금의 발흥과 그로 인한 東北亞의 정세 변화를 분석하고 장차 취해야할 대책을 설명하고 있는데, 후금이 명을 향해 전진하고자 하나 배후에 北關(葉赫)과 朝鮮이 있고 그들로부터의 협공을 두려워하여 진격치 못하였는데 北關과 明 사이가 막히게 되니 오로지 조선만이 후금을 견제해줄 유일한 세력이 되었다. 따라서 명은 조선과 연합하여 후금의 세력을 견제해야 한다. 이어서 항구적으로 조선을 명의 편에 묶어두기 위해서 조선감호론을 주장하였는데 조선을 감호해야 될 이유를 후금의 친조정책과 조선인들의 文弱한 민족성에서 찾았다. 漢의 河西四郡의 例를 들어 監(그 정세를 살핀다) 護(넘어져 위태한 것으로 부축한다)로 조선의 종속화를 요청하고, 조선을 감호하기 위한 방안으로 사신의 파견을 제안하고 그 임무를 徐 자신에게 맡기는 것을 요청하였다. 그러면 徐光啓 本人이 皇上께서 나라를 구해준 은혜를 항상 잊지 않고 보답하게 하는데 奴賊이 조선과 합작하려는 음모를 깨뜨려 주며 그들의 盟約이 위장된 것을 의지하지 않도록 해야 한다… 그래서 그들(조선)의 마음이 다른게 있는지 없는지를 간파한 후에 출병여부를 상의하며 조선으로 하여금 점차 강해져서 스스로 싸울 수도 있고 지켜낼 수도 있게 하여야 한다. 만약 奴賊의 유혹이나 위협에 넘어가 상황이 변하게 되면 대의로 그것을 책망하는 한편 비밀리에 奏聞을 보내어 거기에 따라 조치를 취하도록 하자17)는 것이었다. 당시 徐는 左春坊左贊善(詹事部의 屬官正六品職)이므로 사신의 자격으로서는 가능했다. 이는 명조정내에서의 파란을 일으켰는데, 雲南道御史 張至發도 유사한 상소를 올렸다. 이러한 사실은 千秋使, 李弘胄, 聖節使 南撥에 의하여 조선에 보고 되었고 광해군은 비변사의 제안에 따라 陳奏使로 李廷龜를 파견하여 親明노선의 강화와 강홍립의 처단을 주장하였고 神宗의 詰責의 詔勅이 내렸으나 神宗의 서거로 일단락 되었다.18)

반면 明淸戰後 누르하치는 平安道 觀察使 朴燁을 통해 光海君에게 致書하였는데, "너희 조선은 군사를 내어 명을 도왔는데, 나는 그것이 너희의 뜻이 아닌것을 안다. 그 勢에 쫓기어 부득이 하였고, 또 明은 일찌기 너희를 倭難에서 구했다. 때문에 그 은혜에 보답하기 위해서 왔다.……내가 듣기에 明主(明의 皇帝)의 뜻은 그 諸子들로 하여금 우리 滿洲 및 너희 조선을 주도하게 하여 우리 두 나라를 실로 심히 욕되게 하는데 있다. 지금 왕(光海君)의 뜻은 장차 우리 두 나라는 본래 怨讐이 없다고 하니 우리와 합하여 적으로서 明을 도모해야 되는데 이미 명을 도왔고 서로 背負하지 않았으니 그 상세함을 나에게 알려라"19)고 하였다. 이에 대한 答書에서 光海君은 "朝鮮은 明과는 200여년이 지나도록 조금도 怨惡가 없었는데 지금 貴國이 明과 원수가 되어 전쟁을 일으키니 이는 生民을 塗炭에 빠뜨리고 隣邦은 물론 四方이 干戈를 일으키게 하는 것이라 하고 명과 조선의 관계는 父子와 같은데 父의 말을 어찌 子가 어기겠는가 대체로 大義라 어길 수 없느

---

17) 王重民輯校, 『徐光啓集』 上, 上海古籍出版社, 1984, pp.113-115.
   『明神宗實錄』 卷 594, 万曆 48年 5月 戊戌條, 『光海君日記』 卷 145, 光海君 11年 10月 壬子條.
   金亨錫, 『17世紀 經世家로서의 徐光啓』, 1994년 후기 경희대박사학위 청구논문, pp.78-91 참조.
18) 金亨錫, 1994, PP.86-87.
19) 『淸太祖實錄』 卷6, 天命 4年 3月 甲辰條.
   拙稿, 1975, p.35 참조.

니라"20)고 답하여 明에 대한 事大, 後金과의 交隣은 명분상 크게 어긋나지 않는다는 정도로 조선의 입장을 이해시키면서 적당히 조정하는 양면정책을 펴내었다.

이러한 광해군의 현실정치는 1623년 仁祖反正으로 大北政權이 무너지고 西人정권이 들어서면서 대외적 명분을 다음과 같이 표방하였다. "우리는 동방에서 이백여년동안 至誠事大를 하였는데 조금도 欠缺한 바가 없었으며 宣祖 40여년에 再造의 은혜를 입었는데 1619년 征虜의 役에 陰으로 敎帥하여 이백여년의 事大의 誠을 虛地로 돌렸다.21) 이러한 광해군의 정책에의 비판은 곧 明의 승인을 쉽게 받았고 후금의 침략이 있을 경우 적극 대처하는 방안을 세우기도 하였다. 사실 薩爾滸戰後 明의 遼東 고수를 위한 정책은 熊廷弼(遼東經略使)의 案과 王化貞(廣寧巡撫) 案중 遼河를 건너 누르하치를 치자는 왕의 안이 채택되었으나 廣寧이 함락되므로서 무산되었고 山海關을 향해 錦州 大小凌河 杏山 連山 塔山을 거치면서 寧遠에서 袁崇煥에 의하여 저지되고 결국은 누르하치는 그때 입은 부상으로 死亡하게 되었다. 이들 후금은 薩爾滸 전후 遼西로 세력을 확대해 갔고 수도를 興京(1616-)에서 遼陽(1621-) 瀋陽(1625-1644)으로 옮기면서 중국을 향한 對明戰을 확대해 갔다.

이상에서 奴兒哈赤的의 興起에서 건국까지의 시기에는 여진은 조선의 對女眞 交隣政策과 의미를 충분히 이해하였는지는 모르겠지만 和好적인 그리고 조선측 입장과 태도에 어긋나지 않는 관계를 유지하였다. 反面 朝鮮의 宣祖는 明에 對女眞관계를 매사 보고하였고, 명은 조선을 통하여 女眞에 대한 정보와 세력견제책을 구상하였다. 그러나

---

20) 『淸太祖實錄』卷 6, 天命 4年 5月 癸未朔.
21) 『仁祖實錄』卷1, 仁祖元年 3月 壬子條.

對明斷交 以後 女眞의 對明태도는 强度가 차츰 높아져 갔다. 建國 2 年後 對明宣戰布告, 그리고 전쟁의 승리는 1620年代 전반기에 요서로의 진출을 가능하게 하였고 조선의 仁祖反正 이전까지는 光海君의 현실외교 때문에 그런대로 和好政策이 계승되었다. 그러나 상대적으로 薩爾滸戰以後 명은 조선에 대한 의구심이 증폭하여 급기야는 徐光啓의 朝鮮監護論까지 등장하게 되었다. 그러나 神宗의 서거, 崇明의 論者인 仁祖의 등장으로 조선의 對明관계는 완화되었으나 後金의 對明, 對朝鮮 강경책이 대두되었고 대명 공략의 실패는 조선을 향하여 毛文龍을 빙자한 전쟁으로 발전하게 된 것이다.

3. 兩次戰爭과 淸과 朝鮮

淸의 第1次 조선정벌(1627년 1/13-3/3)과 2次 조신정벌(1636년 12/9-1/30)은 두번 다 겨울에 約 50여일만에 速戰速決의 전쟁이었다. 1차 조선정벌의 결과로 조선의 對明事大에 일단의 제동을 걸고, 歲幣 등 經濟的 이득을 구하였고 2次의 정벌로 군신관계라는 형식을 통해 조선의 대명관계를 단절시키고 경제적으로 좀더 유리한 조건을 취할 수 있게 되어 對朝鮮의 관계에서 朝貢이라는 기본틀을 완성시켰다. 따라서 1차정벌은 交隣에서 事大로 발전시키는 단서를 마련하였다면 2차 정벌로 事大交隣[22]을 완성시키게 되었다. 그렇다면 1627년으로

---

22) 事大란 동아시아에 있어서 중국과 주변국간의 대외인식의 규범이며 조공과 책봉이란 그에 근거한 외교행위로서 중국과 주변국간의 정치적 군사적 요인에 의해 조성된 긴장관계를 완화 내지 억제하는 중요한 외교수단 이었다. 즉, 事大가 外交政策으로 인식되는 경우 그것은 주변국이 자국의 안전을 위

부터 1636년에 이르는 시기, 또 이후의 청 조선 및 명과의 관계를 통하여 이 시기 關係史의 성격을 규명하려고 한다. 누르하치 死後 太宗(皇太極)의 지배시기로 그는 卽位[23]후 중국적인 政治體制및 生産力의 발전, 인재의 등용을 통해 先進的인 長点을를 채택하려고 하였고, 그 이전부터이지만 蒙古로부터 宗敎(喇麻敎), 文字 모방(滿洲文字), 皇室과의 혼인 정벌 등을 통해 그들을 회유 포섭의 대상으로 삼았고 조선에 대하여는 강경적인 자세로 對明關係의 단절을 요구한 것이다.

제1차 조선정벌을 한 1627년은 天聰元年으로 太宗은 즉위 후 곧 寧遠城 공격을 시도했고, 이어서 조선정벌을 단행한 것이다. 그들이 말하는 출병의 이유는

1) 女眞이 瓦爾喀(Warka)을 취할때 조선이 경계를 넘어와 여진이 공격하였다.
2) 吳喇(Ula)의 布占泰 貝勒이 누차 조선을 침략하였는데 조선은 언급하지 않았다.
3) 女眞은 조선과 仇敵이 아닌데 己未年 援兵을 내어 명을 도왔고, 女眞은 항복한 조선관원을 석방시켰는데 來謝하지 않았다.
4) 女眞이 遼東을 占領한 후 逃去한 毛文龍이 조선 領內에 머물면서 문제를 일으켜 執送을 요청하였는데 거절하였다.
5) 辛酉年(1621년) 毛文龍을 체포하려 하였는데 협조하지 않았다.
6) 毛文龍에게는 明皇帝가 糧餉을 주는데, 조선이 토지를 제공하고 耕種케 하고 錢糧 등을 준다.
7) 女眞의 황제가 崩하였을때, 또 新君이 즉위하였을때 사신을 보내지

해 중국의 침략을 둔화시키고자 한 일종의 기미정책이며 보호책이라고 볼수 있다.(孫承喆, 1988, p.133. 참조)

23) 皇太極은 즉위전에 四代貝勒 중의 한 사람이었고 代善을 제외한 莽古爾泰, 阿敏의 세력을 제거하고 자기 중심 體制로의 권력집중을 꾀하였다.(拙稿, 「淸初의 王位繼承과 多爾袞」, 『梨大史苑』 9輯, 1970, pp.1-17 참조)

않았다.24)

는 것 등으로 명과의 관계, 毛文龍의 문제 등을 문제시 삼았다. 그러나 이러한 對外的인 동기에 앞서 國內 문제에서 그 동기를 政治權力 구조나 軍事 또는 社會, 經濟의 부분에서도 찾아야 한다. 金鍾圓은 국내적인 제요인을 거론하면서 경제적 이유로서 後金은 明과의 적대관계에 놓임에 따라 생활 물자의 곤란이 생겼다. 이에 1621년 遼東 占領이후 수렵과 약탈로 생활물자를 조달하던 상태에서 농업을 중심으로하는 생산체제로의 전환이 이루어 지면서 농민의 중요성이 재고되었다. 그러면서 만주족보다 수준높은 농업기술을 가진 漢人이 다수 俘獲되어 노예-隷民의 신분으로 후금사회의 최하층을 구성하여 農耕과 각종 公課를 부담하는 생산의 기초를 이루었다. 그런데 이들이 도망하거나 반란을 일으키고, 毛文龍과 조선이 이들을 수용하고 조선이 직, 간접으로 그들이 후금으로부터 離反하는 것을 부채질하였다. 또 직전에 후금내에 대기근이 발생하여 각지에 도적이 일어나고 사람을 살상하거나 잡아먹는 참상이 일어났다. 그래서 후금으로서는 식량조달과 물자 공급원을 확보하고 한인의 이반을 막기위해 침공의 길을 택하였다25)라고 하였다. 또 대외적인 원인에 관하여 집약되는 것은 모문룡의 문제, 조선의 대명관계가 중심이다.

사실 太宗의 好戰性 및 국내외의 문제 등에 관하여 言及이 되고 있지만, 후금은 1차 조선정벌에서 압록강을 넘어오면서 부터 화평을 제의하였다는 것은 조선의 對後金태도 여하에 따라 전쟁이 확대되지

---

24) 『滿文老檔』 4, 太宗 1, 天聰元年 正月 28日條.
25) 金鍾圓, 「丁卯胡亂時 後金의 出兵動機」, 『東洋史學研究』 第12.13 合輯, 1978, p.91.

않을 가능성도 충분히 내포하고 있었던 것이다. 그들은 화평교섭 과정에서 對明斷交를 요구하였고 조선은 강력히 거절하였다.

당시 명은 조선을 통해 후금을 견제하려고 하였고, 조선은 對明崇慕를 더욱 심화시켰다. 그러나 그 이변은 명분론적 자위에서 비롯된 것이다. 仁祖는 즉위초 對明事大에 최선을 다할 것을 다졌는데 『明史』朝鮮傳 1624년 (天啓4)10月條에 의하면 '兵部는 적국을 견제할 수 있는 것은 조선이라고 하면서 속국조선과 이어지는 것이 毛鎭(毛文龍의 진영)이고, 毛鎭을 駕馭할 수 있는 것은 登萊巡撫이다. 지금 撫臣과 鎭臣이 不和하고 鎭臣과 屬國이 不和하여 크게 불리하여 鎭撫를 중심으로 飭勉해야겠다"26)라고 女眞, 毛文龍 조선과의 관계를 우려하였고 "더욱 奴兵이 東犯하면 조선은 유지되기 어려운 것이며 조선이 꺾여 奴에 들어가면 그들의 勢는 더욱 확장될 것이니 그들의 巢處가 비었을때 精銳軍을 보내 勢力을 견제시킨후 속국의 급함을 풀어주자27) 라고 후금이 조선을 침략할때 그들의 세력을 확보할 것부터 생각하였다. 이러한 사실은 조선을 이용하여 遼東方面으로 명의 세력 확대를 꾀하는 것이고, 후금으로서도 명의 이런 의도를 전혀 생각지 못했다고는 볼 수 없다. 이렇듯 명과 후금이 모두 조선을 매개로 그들의 이해와 결부시켜 상호 견제를 하려했던 것에 비해 仁祖의 지나친 명분론은 조선을 戰場으로 제공하게 된 것이다.

그러나 1627년 明에 올린 後金侵略始末에서 仁祖는 "조선은 皇朝를 섬긴지 이백여년으로 명분은 이미 정해졌고 대의는 지엄하다. 우리 나라는 원래의 예의를 다했으며……事大交隣은 각각 그 도가 있는 것이다. 지금 女眞과 和를 행하는 것은 交隣으로서 이고 皇朝를 섬기는

---

26) 『明史』 卷320, 列傳 176, 朝鮮傳 天啓4年 10月條.
27) 『明熹宗實錄』 卷 82, 天啓 7年 3月 戊寅條.

것은 事大로서이다. 이 事大 交隣 두가지는 병행하는 것이고 서로 어긋나는 것이 아니다.……우리나라는 天朝를 부모의 나라로 섬기고 있는데 어찌 위급존망하다고 신하의 節을 쉽게 고치겠는가……天朝라는 것은 曲直을 자주 돌이키는데 어찌 한때의 승패를 가지고 논할 것인가……播越海島(仁祖의 江華島몽진)도 危困이 이와같은데도 의리를 지켰다는 것은 女眞도 감격하고 있다."28)라고 하면서 조선의 행동을 자부하고 있다. 이후에도 조선은 명에 대하여 사신내왕, 中原과 皇室사정, 유적의 동태, 여진상황을 알게 되었고, 국내문제나 여진의 상황을 아울러 보고하였다. 이 시기의 명분론은 조선이 小華로서 夷狄(女眞)과 同列에 설 수 없다는 것……나라는 망하여도 의리는 지켜야 한다는 이면에는 표면상 또는 진심으로 明에 事大한다는 것은 中華로서 明이 있고 小華로서 조선이 존재한다는 상황에서 夷狄 女眞과의 관계를 이룬다는 것이고 현실적으로는 열세이지만 정신적, 문화적으로 조선이 우월한 위치에 있다는 것이다. 즉 조선이 여진보다 우월하다는 것을 나타내기 위해서는 中華의 그늘 아래 小華로서 夷狄(女眞)과의 교린이라도 할 수 밖에 없었으며, 明朝에 대한 事大 즉 국가는 망하더라도 의리는 지켜야 한다는 것은 明이라는 中華的 질서안에서라야 小華로서의 존재가 가능하고 名目上이라도 小華가 유지되야 여진에 대한 우월성을 주장할 수 있기 때문이었다.

 1차 조선정벌에서 後金은 江華島會盟 그후 平壤盟約을 통해 이후 압록강을 경계로 하고, 俘虜의 刷還, 兄弟의 盟約, 세폐는 인조 스스로 정할것, 상호 적대 행위 금지, 越境者의 소환, 金使의 대우문제(明使와 같은 수준) 등이 결정되었다. 陳捷先은 江都之盟은 서로 침범하

---

28) 『仁祖實錄』 卷16, 仁祖 5年 4月 丁酉條.

지 않겠다는 平等之約인 반면 平壤之約은 후금의 권리를 專享하고 조선은 의무를 다한다는 不平等 조약이다.29)라고 評하였다. 그러나 대외적인 毛文龍 및 조선의 태도도 문제이지만, 국내의 太宗의 主戰論, 農耕人口의 도주 문제, 기근, 對明관계의 단절로 인한 식량부족 등도 문제였고 처음부터 和議를 요청하였고 세폐의 액수를 결정하지 않았고, 對明관계를 크게 의식한 것 등은 이 전쟁이 과연 필연적인 것이었는가, 또 太宗이 이 전쟁을 위한 계획을 얼마나 하였는가 등 많은 석연치 않은 문제점을 제시하고 있다. 또 오랜 시간을 끌지 않고, 조선의 南道까지 진격하지 않았던 이유중에는 이 기회에 만주 본토가 明으로부터 虛를 찔리지 않을까 우려도 고려하였을 것으로 보인다.

이러한 後金에 대하여 조선은 형제관계를 맺었지만 交隣의 연장으로 대하였고 後金은 현실적으로 우세한 입장에서 조선이 명을 대하는 정도로 해주기를 기대하였다. 그러나 제1차 조선정벌 직후 後金에 대한 조선의 태도를 보면

• 明淸戰時 조선출병을 비난한 것은 조선이 明을 섬긴것이 200여 년인데 明이 女眞을 伐하려고 兵馬를 요청하였는데 어찌 어길 수 있느냐

• 毛에 협조한 것을 비난하는 것은 天朝의 將官으로 我疆에 머물렀는데 어찌 조선이 거절할 수 있느냐

• 汗의 慶弔時 入朝치 않은 것을 비난하고 있는데 조선과 여진은 원수도 아니고 은인도 아니며, 疆域이 떨어지고 信使가 不通인데 어찌 너희 나라의 慶弔를 들어서 알겠느냐

---

29) 陳捷先,「略論天聰年間後金與朝鮮的關係」,『東方學志』23·24, 1980, p.331.

• 조선이 여진과 과거에 교린관계를 맺은 것은 너희가 皇朝와 通好하였기 때문에 여진과 通好했던 것이고 己未之役(1619) 이후 여진과 明朝가 적대관계가 되었으니 조선 역시 명을 따를 수 밖에 없다.30)고 여진에 대해 비판하면서 여진과 교린하였던 것도 여진이 明과 通好했기때문에 이루어졌음을 분명히 하여 交隣 이상의 뜻이 없음을 밝혔다. 그후 後金과는 春信使, 秋信使의 내왕이 있었고 조선 측의 요구인 越境者 문제는 많은 경제부담을 담당하게 되었다. 開市에 대한 요구는 春, 夏, 秋 3개월을 정하여 中江, 會寧에서 하기로 하였다. 1630년대에 들어가 內蒙古로의 세력확대를 꾀한 後金은 조선의 세폐가 해마다 줄어간다고 是非를 하였고, 增幣·借兵·助船 및 待以華使를 요구하였다. 조선은 後金의 최소의 요구를 들어주었는데 특히 명과의 戰鬪에 利用될 船舶 助兵 등은 거절하였다. 제1차 정벌에서 2차 정벌로 이어지는 10여년은 對淸交隣에서 事大로 넘어가는 과도기적인 시기로 明을 위한 행동까지는 하지 않았고 後金의 군사적요구도 거절하였다. 기타의 부분은 명분에 어긋나지 않을 정도로 交隣關係를 맺고, 현실적 욕구(經濟的인 세폐문제)는 그런대로 최소한 충족시켰다. 後金은 조선의 對明 견제, 斷交를 위협하면서 명을 위한 행동을 저지시켜 나갔다. 따라서 이 시기 對女眞交隣은 명목상은 유지되었지만 실질적으로는 후금의 요구에 응할 수밖에 없었지만 문화나 정신은 후금보다 우수하다고 자부하였다.31)

太宗의 親征으로 진행된 2次 조선정벌은 1次에 비하여 규모도 컸고 원인 및 결과가 보다 구체적이고 현실적이었다. 또 종전의 兄弟關

---

30) 『仁祖實錄』 卷 16, 仁祖 5年 4月 丁酉條.
31) 拙稿, 1975, pp.47-49 참조.
　　拙稿, 1990, pp.132-138 참조.

係에서 君臣關係로 발전시킨 2次조선정벌로 淸은 對朝鮮關係의 기본 틀을 마련하게 되었다.

따라서 2차 조선정벌의 원인들은 1차정벌 이후의 불만과 미해결의 문제와 더불어 尊號問題32)에서 비롯된 것이다. 이는 앞으로의 중국 진출을 위하여 明과의 긴밀한 배후세력인 유일한 조선의 의사를 타진하기 위한 것이었다. 1635년 12월28일 "안으로 八旗 和碩 諸貝勒, 밖으로 各藩 諸貝勒이 다 尊號의 뜻을 勸進하는데 조선도 동의해야 하지 않겠느냐"33)고 하였다. 後金의 汗이 尊號하여 황제가 될 경우 양국관계는 交隣이 아닌 事大로 발전해야 하며 明·淸의 황제를 동시에 모셔야 하므로 조선의 조정에서는 심각하게 논의 되었으나 전쟁불사론이 우세하게 되었다. 한편, 조선은 이 尊號문제를 明에 轉奏할 것을 고려하였고 明은 虜中의 狀況을 조선에게 정탐하여 보고할 것을 요구하였다. 조선내에서는 主戰論과 主和論을 둘러싼 尹集 等과 崔鳴吉의 논쟁 등이 主知의 사실이며 조선이 전쟁 준비를 하므로서 결국은 禍를 초래한 것이다. 10万의 淸太宗지휘하에 이루어진 2차 정벌 결과 三田渡에서의 條約은 君臣關係, 明과 斷交, 人質(世子 및 1子, 大臣의 子弟), 淸의 正朔을 받아 使臣 파견 等은 明의 舊例에 따를것, 對明정벌시 군사 지원, 被虜人 송환, 兩國通婚, 國內城寨구축금지, 日本과의 교역은 종전과 같이 진행하고 일본의 사신을 淸에 인도, 매년 1次 조공 및 액수 결정34) 등인데 이 조약은 제1차 전쟁의 결과에 비

---

32) 尊號문제는 朝鮮側에서는 僭號라고 칭하였다. 종전의 後金 그 지배자 汗에서 1636年 4月 大淸 皇帝로서의 變化, 發展을 의미하는데, 이는 1630年代 以後 확보된 蒙古지역과 元代以後 전해온 傳國璽에 근거한다. 이 玉璽의 확보는 몽고에 대한 지배권의 확립이며 對明征伐을 위한 준비 완료를 의미한다.
33) 『淸太祖實錄』卷 26, 天聰 9年 12月 甲辰條.
34) 『淸太宗實錄』卷 33, 崇德 2年 1月 戊辰條.

해 매우 구체적이고 상세한 것이다. 全海宗은 君臣關係, 對明斷交, 淸의 正朔받아 사신파견, 매년 1차 조공 등은 조공제도 성립에 필요한 충분조건35)이라고 하였고, 張存武는 군신관계, 대명단교, 淸의 正朔받아 사신 파견, 대명정벌시 군사지원, 조선내 城寨구축금지, 일본과의 교역문제 및 매년조공 등은 영구준행의 조건이라고 하였다.36)

결국 淸은 제2차 조선정벌을 통하여 조선의 대명관계를 현실적으로 단절시키고, 조공관계는 처음에는 엄격하게 지켜져 年4回(聖節, 正朝, 冬至, 千秋)의 使行이 보내졌으나 1644년 이후는 완화되어 三節兼年貢使로 正朝에 다가서 보내는 것이 常例化되엇다. 또 助兵은 1640년 錦州衛 攻略때 林慶業을 將으로 約 6千이 助戰하였다. 2번에 걸친 조선 정벌이후 入關까지가 淸으로는 조선에 가장 강압적인 영향력을 행사한 시기였다.

朝鮮은 淸과의 조약(1637,1)중 明의 年號폐지, 斷交, 朝貢폐지, 淸의 對明戰時 出兵 요구 및 對明關係에 관한 전반적인 淸側의 요구에 대하여 그 실현이 매우 어려웠다. 和議以後 明에 사실보고조차 시도에 비하여 매우 어려웠고, 보다 큰 문제는 出兵에 관한 것이었다. 1640년 錦州攻略時를 제외하고는 기피하였지만 人質로 瀋陽에 가있던 昭顯世子를 對明戰時수행시킨 것도 같은 맥락에서 이해할 수 있는 일이다.37) 大淸의 이러한 요청은 實戰에 도움보다는 조선의 對明事大

『仁祖實錄』, 『承政院日記』, 同日字.
35) 全海宗, 「淸代韓中關係의 一考察」, 『東洋學』1, 檀大東洋學硏究所, 1971, p.234.
36) 張存武, 『淸韓宗藩貿易(1637-1894)』 中央硏究院近代史硏究所, 臺北, 1978, p.14.
37) 拙稿, 「淸廷에서의 昭顯世子(1637-1645)」, 『全海宗博士華甲紀念論叢』, 1979, pp.375-389 참조.

명분을 스스로 어기는 二律背反의 성과를 노린 점도 고려할 수 있다. 朝鮮은 明朝의 滅亡까지는 명분상의로 끊을 수 없었고, 그후에도 자위책으로 小華로서의 위치를 유지하는데 최선을 다하였다.

4. 맺음말

현재까지 淸과 朝鮮에 관한 이시기의 연구는 주로 朝鮮史의 입장에서 두번의 전쟁(丁卯, 丙子胡亂)에 대한 조선측의 피해나 명과의 관계에서 名分論, 또는 부분적으로 事大 交隣에 관한 연구가 주였다. 그에 비하여 淸朝史의 입장에서 이 시기의 국내문제, 대외발전에 관한 것은 극히 제한된 부분적 연구가 주종이었다. 그러한 배경에는 기본적으로 이 시기 연구의 기초가 되는 史料의 부족을 들 수 있다. 바로 그 부족점이 때로는 朝鮮側 史料(實錄, 承政院日記, 備邊司謄錄 等과 瀋陽 체류자료들)에 의존하는 결과도 초래하였다. 이러한 제한점들이 이시기 대외관계사 연구의 문제점으로도 지적될 수 있지만, 當時 淸의 국내문제 특히 권력구조, 軍事, 社會, 經濟의 기반 및 이와 관련된 분야들에 관한 연구가 이루어질때 모든 면이 좀 더 확연해질 것으로 기대한다. 사실 國力을 양성하고 大國으로 발전할 수 있는 기초를 마련하는 入關以前 시기의 청은 蒙古로부터의 영향을 많이 받았겠지만 朝鮮과의 접촉에서 얻었던 軍事를 제외한 영향력은 컸을 것으로 기대되며 어느 면으로서는 蒙古를 앞섰을 것이라고도 보여진다.

그러나 明淸交替期의 淸·朝鮮關係라고 할 때 兩次戰爭을 배제할 수 없고 이 문제는 결국 정치적으로 事大·交隣, 이와관련 朝貢이라는 틀을 벗어나지 못하고 그 안에서 모든 문제를 풀어보려는 데에 문제점이 있다.

여하튼 조선의 태도 여하에 따라서는 戰爭으로까지 발전하지 않았을 가능성이나, 최소화의 전쟁이라는 현명한 방법을 택하지 못한 이 시기의 兩國關係는 明과 淸이라는 양대세력사이에서 한때는 현실주의적인 외교노선으로 위기를 잘 극복하였지만, 너무 名分論을 고수했던 崇明세력을 비판하기도 어렵다. 왜냐하면 그들의 명분론도 결국은 小華로서의 위치를 지키면서 조선의 유지를 꾀한 것이기 때문이다.

그러므로 새로운 세력으로 등장한 淸은, 조선이 明과의 모든 관계를 정산하고 淸과의 관계만 유지하기를 바랬고 明은 조선을 통하여 淸을 견제하려 하였고, 그 중간의 조선은 좀더 나은 실리외교를 구하기도 어렵고 "再造의 恩"을 입었다고 하는 明에 대한 현실외교도 어려운 난처한 입장이었다. 이러한 것들이 결국 전쟁으로 결론지워졌지만 그 結果는 일반적으로 생각하기 쉬운 政治的屬國의 의미만은 아니었고, 中國的 대외관계의 특수한 형태의 명칭으로 현재의 국제관계도 어느면으로는 이와 유사한 양상을 띠고 있다.

부 록

在東亞史上 中國國際秩序的
推移和韓·日的策應

曹 永 祿(東國大學敎授)

1. 開放時代的中國與東亞國際秩序的推移

(1) 開放時代的中國與東亞細亞世界

秦漢帝國的出現。不僅成爲中國歷史開展的劃時代轉機。並以此爲契機。形成了東亞各民族相互構成的國際關係原型.

漢·魏在朝鮮半島和遼東建立的樂浪·帶方兩郡, 曾擔任韓族的朝貢任務, 而對朝貢的君長曾授予中國的爵位和印綬, 倭奴國王獲賜金印, 邪馬臺國王卑彌呼獲頒「親魏倭王」位, 就是一例.

高句麗·百濟·新羅或倭的五王, 曾向南北朝進貢, 而在三國中, 最早形成國家的高句麗, 也曾與中國進行爭霸, 但自第四世紀中葉以來. 大體上都是進行朝貢和接受爵位的, 新羅在進入第七世紀中葉以後, 開始使用唐的服制和年號和曆法. 入唐使臣成爲宿衛等, 正式確立了朝貢制度. 當時的日本, 也派遣隋使和遣唐使前往中國, 接受和引進中國的先進律令制度, 致力於確立統治秩序, 這一點, 和新羅的情況完全一樣. 由于隋·唐帝國的出現, 華北和江南兩個地域不僅重新狄復統一, 并形成了包括周圍各民族的一大世界帝國, 確立對周圍各民族的冊封體制. 使東亞的國際關係, 也啓開了新的時代. 隋·唐對於如何統治世界各國的方法問題, 曾從傳統的天下觀念加以尋求的. 卽所謂華夷觀. 以皇帝的郡縣制直接統治的地域是中華, 對夷狄的君長則使其朝貢, 並授予他們中國的官爵. 這種冊封制度, 也就是基于華夷的天下觀念. 隋·唐帝國這種天下觀念採取的統治方式, 在基本上是繼承發展秦·漢帝國的方式, 勿須贅言.

特別是唐統治世界各國的特色是羈縻州的設置, 羈縻政策是在他民族國家設羈縻州而認定其自治, 可是仍要在比較放鬆的狀態下, 羈絆於官僚制統治體系內的一種方式, 然而隨着周圍國家的力量消長, 羈縻政策的運用也不得不具彈性, 尤其在國內叛亂等內在的統治力弱化時, 對外的控制力也會自然的弱化.

又稱藩鎭的這些節度使勢力, 以唐代中期安·史之亂(755-763)爲契機. 逐漸走向地方分權化, 導致了使諸國的中央敎權體制崩壞的結果. 唐末的藩鎭則多由土豪和士卒, 匪盜等出身低微者所左右, 在907年掌握大運河要衝開封的朱全忠, 滅唐建立後梁啓開了五代十國時期, 唐的沒落導致了東亞世界秩序的重大變化. 由于周圍各民族的獨自活動活躍起來, 使過去以中國爲中心而開展的國際關係, 開始發生變化

(2) 開放體制下的中國(唐)與韓·日的交涉

中國的對外交涉, 雖然從很早以前就開始開放的進行, 但是漢武帝設置韓四郡, 則由于韓民族的發展程度較低, 不能視爲正式的交涉. 自三國時

代開始, 經由晉代溯至南北朝的第三世紀到第六世紀前後, 同韓國半島的有關朝貢紀錄, 印度的佛教經由中國傳入韓國. 由于唐代的對外交涉最爲開放, 北有突厥和靺鞨族, 西有回紇等西域各族, 南有大食和波斯人進出, 在東方則不僅有韓族和倭的使臣進出, 並有留學生‧宿衛‧僧侶和商人自由往來, 甚至於在唐朝做官的也屢見不鮮, 唐的首都長安, 又從西域流入各種新的宗教, 並流入音樂和技藝而繁榮爲國際城市. 尤其是從海路, 因南海貿易發達, 外國商船經常進出廣州, 外國居民的人數也爲之增加, 在唐中期, 曾設市舶司, 掌管外國商品的關稅業務, 在廣州之外, 又于交州‧明州‧揚州等許多海港, 以阿拉伯商人爲主極爲擁擠.

新羅和唐通過海路進行的交涉也極爲活躍, 特別是在新羅統一時期, 除了公式的交涉之外, 又盛行私人貿易, 至三國統一以後, 因開闢自黃海道椒島向西南至山東半島登州的航線, 使韓族從半島集體遷居到自山東半島至淮河流域的海岸地帶, 這一事實說明了羅唐交涉活躍的程度, 自第八世紀中葉以來, 在山東地區, 曾有高句麗流民系統的平盧淄青節度觀察使, 李正己一家, 占有山東半島地區達六十餘年, 事實上維持小王國體制, 第九世紀前半期, 則出現張保皐, 主導了新羅人的進出海外及中‧韓‧日三國的三角貿易活動, 在第九世紀, 中國等三國, 中央政府的地方控制力大體上開始鬆弛, 相反地民間貿易商人的海上活動却活躍的進行, 詳細而生動的記載張保皐的海上活動和在唐新羅居民動態的<入唐求法巡禮行記>作者日本僧侶圓仁的旅遊, 也就是得力於新羅人的海上活動.

在唐代, 除了新羅的公式使者之外, 上自王公貴族下至一般商人, 甚至還有奴隸, 有無數的人從新羅流入唐國, 其中值得一提的是僧侶的求法行列, 他們到中國求法以後, 有的回來, 有的繼續留在那裡結束一生, 而且不知其數, 但是最近有些高僧開始證實其姓名, 足見今後也可能有許多高僧被發掘出來, 其實求法活動, 並不僅限於在中國, 有的遠至印度‧在記錄上, 除了以<往五天竺國傳>聞名的慧超外, 還有六, 七人之多.

2. "征服王朝"的出現與東亞諸國的對外消極傾向

(1) "征服王朝"的出現與國際關係的閉關傾向

在唐代, 東亞各國的國際交涉, 雖然極爲活躍, 但在第十世紀以後, 由于"征服王朝"的壓迫, 其活躍不能不逐漸萎縮. 五代的後晋將淵雲十六州獻給遼, 立向遼稱臣的事, 預卜着後來, 以金和元爲連線的"征服王朝"對中國的優勢, 宋帝國對遼和西夏, 以漢族立場忍辱會盟, 不得不奉送龐大的歲幣, 對金和元亦復如此. 女眞族酋長阿骨打于1115年建立金國後, 不久卽滅遼和北宋. 在1206年則由成吉斯汗統一蒙古, 立于1279年由世祖滅南宋, 使東亞的國際情勢面臨重大的轉旱點, 於是隋唐帝國爲了和周圍許多國家維持國際秩序而採取的冊封體制, 至宋代大受損傷, 後來宋國對外也只好採取消極的態度了.

宋和高麗, 本來希望建立彼此間的公式外交關係的, 這是爲了共同應付北方的契丹或女眞的威脅必須採取的措施, 但是强盛的北方民族的壓迫不允許有這種空間, 因此麗宋關係, 也只有隨着他們的勢力如何而斷續.

北宋被金滅亡, 南宋建立以後, 在初期的40餘年中, 曾與高麗打開國交, 但是後來由于蒙古族的登場國交再度斷絕, 北方民族對高麗的高壓態度, 至元代更甚, 元在政治和經濟上, 雖採取高壓態度, 但其社會並不關閉, 反而是開放的, 事實上蒙古帝國, 幾乎不存在說謂中國的國界以驛站制度, 將中亞和南俄羅斯, 以及伊朗都加以合併, 向東和高麗往來, 在海上則更加活躍的進行南方的海上貿易, 雙方的海上交通在十一世紀下半期, 由遼的勢力強盛,使黃海的橫貫航線受到威脅,主要利用長江以南的東中國海斜穿航線,而且至十二世紀,在廣州‧泉州等地設掌管外國商人貿易事務的市舶司,因此南海貿易極為活躍,宋的商人,也曾與高麗和日本來往,但在東亞海域,沒有達到新羅時代張保皐所表現的海上勢力.

不過元世祖一方面致力于農耕社會的發展, 另一方面又曾獎勵海外貿易,從此時起,產生了許多管制措施,尤其是在延祐元年(1314)產生市舶司條例. 政府對海外貿易的管制愈到王朝末期,愈呈現閉關的傾向,而這種傾向一直連接到明代的海禁措施,這一事實需要注目.

韓國的高麗時代.相當于日本的平安‧鎌倉時代,在這個時期兩國之間並不存在公式的關係,常時高麗或日本,對于對外關係都很消極,以後者自第10世紀開始到第14世紀為止,同高麗沒有建立任何國交. 沒有公式往來,可是民間的交易却繼續進行,有些日本人前來歸化,偶爾也有商船抵高麗,有時九州的太宰府官員,利用職權派商船來韓,後來由於元朝遠征日本,雖使兩國關係疏遠,但是民間的交易活動仍繼續進行,1320年中國商船在駛往日本博多港途中, 在韓國半島南方的新安前海沈沒的事實,就是有力佐證. 本來日本的對外活動是消極的,可是從十四世紀起,以倭寇開始出沒于高麗沿海地區.

(2) 士人官僚的名分主義和對外的閉關性

在唐末五代,新興士人階層在節度使勢力的庇護下廣泛形成,及至宋太祖統一天下後,毅然決然地從武臣掌權體制轉為文治主義政策,逐漸奠定了以皇帝為頂峯的中央執權官僚制國家基礎,皇帝獨裁權的加強對內清除了由武人勢力的地方分權式割據性,並確立了地主官僚階層的佃戶支配體制, 對外則爲對抗北方民族的威脅, 曾有一項空前急務, 在士人官僚階層中, 因尊王攘夷意識澎湃, 曾提出正統論, 竝重視春秋學, 士人官僚的這種極端的尊王攘夷意識, 在對異民族的外交問題上, 採取消極乃至避諱的態度, 反而是極自然的現象.

在麗宋之間, 公式的外交關係雖不是定期性的繼續下來, 但是民間層次的交涉, 却是繼續的. 例如高麗光宗時期, 自後周前來歸化的雙冀或從吳越地方來歸的王融等, 在科擧制的運用和文風的振作所做的貢獻, 以及因受永明延壽的有關天台宗著作感動而派使臣採取弟子之禮等事實都很有名, 還有在中國浙江省以天台山國淸寺爲中心而活躍的天台宗第十三祖義通是高麗人. 而同他一起活動, 撰述<天台四敎儀>的諦觀, 也是高麗僧侶. 此外光宗的第四子大覺國師義天, 渡宋在杭州慧因禪院, 向淨源晋水法師求法, 竝爲佛事, 支援尨大的財政, 以此處爲中心, 活躍地進行韓中佛敎交流的事實更爲聞名.

對于神宗祖前後風行的宋商海外貿易和麗宋間的佛敎交流. 曾採取猛烈批評的蘇東坡的見解, 直接了當的顯示了宋代士人官僚閉關的對外意識. 盡管北宋前期的對外關係, 極爲消極, 到了六代神宗却爲圖謀富國强兵, 任用王安石實行新法, 使商人的海外貿易也隨着活躍起來, 而宋商同高麗的通商曾與佛敎交流一起風行. 然而蘇東坡對此採取了牽制, 衆所週知, 東坡是北宋代表性的士人官僚, 其政治派系屬於以司馬光爲首的舊法黨, 司馬光的名著<資治通鑑>盡力闡明了<春秋>的大義名分精神, 而東坡對高麗的閉關態度或排佛立場, 在基本上與其同出一軌. 東坡始終站在舊法黨的立場反對王安石的新法, 在這裡又値得注目的是, 司馬光及其舊法黨人士, 都出身西北地方, 相反地以王安石爲中心的新法黨則出身江南, 而當時宋商的主流大部分以江南沿海地區爲根據地展開活動, 淨源法師也是該地出身的事實.

北宋的理學和史學，至南宋的朱子學集大成後，名分主義政治理念更加徹底化，自進一步漢化的元世祖以後，由于任用朱子學者，此種名分主義對元和高麗朝後期政治，發生了一定的影響，且與兩朝對外政策的閉關傾向也相脗合.

3. 14世紀以來中國的閉關與韓·日的策應

(1) 明朝的閉關政策與東亞的國際關係

在中國大陸動亂時期，韓國半島也要招致或大或小的變化，在唐末五代的劇變期，後三國會經亂立，在元明交替期則發生高麗與朝鮮王朝交替的政治大變動，只要王朝有了交替，中韓兩國的外交關係也會隨同各王朝的內部變化而發生變動.

將元置于華北，在江南壓倒所有政敵創建大明帝國的朱元璋，建立了空前強有力的皇帝獨裁體制，他將加強皇帝權力的妥當理由，求諸朱子學的名分主義政治理念，廢除丞相制，將一切權力直接掌握皇帝手中，而其徹底的尊王攘夷思想，同對異族的閉關政策也相脗合，成爲後來歷代帝王遵循的祖法.

中國基于中華思想，雖然從很早以前就開始實行接受四夷朝貢，並對此施恩給予償賜的朝貢制度，但是到了明代，除了朝貢關係之外，不容許一切私的關係. 中韓兩國因爲毗連，經常發生有關越境及送還漂民的問題. 因此明朝曾制定對犯禁的規程，凡是違犯者嚴加處分，其所採取的閉關政策，從"關禁"和"海禁"措施很明顯地顯示出來，據<大明會典>167卷"關津"記載；「凡將馬牛軍需鐵貨銅錢段疋紬絹絲綿私出外境貨賣及下海者杖一百⋯若將人口軍器出境及下海者絞因而走泄事情者斬⋯」，將人口或軍器運往國外者處死刑，連將絲綿等一般貨品携帶出境或携往海上進行走私者亦處以重刑. 如此不僅以重刑處分私自同外國交流. 幷禁止來自朝鮮的子弟留學或其他文物交流. 僅通過朝貢進行交流.

　　明對外國的閉關態度，從朝貢制度的運用也可看出，例如對朝鮮要求三年一貢，對日本則要求十年一貢, 此外，朝貢使節的人員和交易物品的數量乃至入境的路線也都設限，毫無置疑的這種限制措施，是中國在出現正服王朝以後，對異族的軍士威脅發生危機意識而產生的, 但是站在朝鮮和日本立場，因爲希望和物資較多，文化發達的中國進行更多的交流, 中國的這種要求事項都沒有順利遵守.

　　通過歷代中國正史朝鮮傳，俄們可以看出中國在傳統上, 同其他北方民族不同，由于在文化上或農業國家的同質性，以及文臣官僚制國家的共同點，對韓民族一直抱着親密感而以好意相對，可是在另一方面，正如蘇東坡那樣沒能完全消除對外國的不信感，就以明王朝來說，對于女眞族，自明和朝鮮接受官爵等建立雙重的君臣關係. 經常表示了軍事上的不信感，朝鮮曾把朱子學接受爲體制理念，加深發展了以鄉村爲根據的靜的兩班社會，對明採取事大外交，試圖避免同大陸的政治・軍事衝突，三國時代的積極對外活動，經過高麗朝的消極對外政策，而達到僅靠陸路朝貢外交的這種境地的，站在中國的入場來看，是從開放轉向閉關，同再度走上徹底的閉關過程同出一軌.

　　明代日本的態度，又和朝鮮不同，日本的統治階層是武臣的風氣較強的社會，自元末開始在中國的東南沿海地區和韓國半島開始出沒倭寇，在十四世紀初期足利幕府向明稱臣以後，約有一個半世紀，雖進行勘合貿易，但在嘉靖年間佛郎機等西歐商船東來時期，倭寇再度猖蹶，而使公式國交關係斷絕. 壬辰倭禍可說是倭寇的大規模暴亂.

(2)明末清初閉關的松弛與韓・日的新華夷觀

明嘉靖年間, 中國在海上受倭寇侵擾, 在漠北則有蒙古族侵寇。及至萬曆年間, 由於倭亂使東亞世界秩序大爲混亂. 東北的女眞族逐漸擴張其勢力, 1644年滿洲女眞族終於趁明的內部混亂定都北京, 達成所謂明淸交替.

淸康熙帝打倒南明政權和抗淸海上勢力, 接着又爲鎭壓三藩之亂。對上加强中央執權的皇權制度, 並對外實行徹底的閉關政策, 康熙帝的閉關政策其特徵是, 一方面繼承明的朝貢制度和關禁・海禁政策, 一方面進一步加强其規程細則及現實運用方式.

明淸的交替, 爲東亞國際社會帶來重大的變化和衝擊, 首先看朝鮮的情況. 原臣屬于朝鮮, 而熟知朝鮮虛實的女眞族, 在明淸交替以前, 曾兩度侵犯朝鮮, 製造所謂丙子, 丁酉胡亂. 尤其站在朝鮮立場, 因對日本和女眞在傳統上實行交隣政策, 而對女眞抱着蔑視態度, 所以無法承認滿淸成爲"中華"的事實. 於是在朝鮮曾提出北伐論, 並以小中華論做爲其理念依據.

一般認爲朝鮮的小中華論是過度信奉朱子學和他的華夷思想的朝鮮士大夫沈溺于慕華思想而將本身自貶爲小中華而加以批判, 但是這種主張固然基于慕華思想, 單憑這一理由是不足以說明的, 因爲滿淸是曾兩度蹂躪朝鮮國土的不共戴天的仇敵. 而滅亡的明在壬辰倭禍時期曾支援朝鮮. 不僅是有思惠的國家, 並且在歷史上漢族是發展先進文化的友邦, 受到尊重是理所當然. 朝鮮認爲, 對中華來說, 朝鮮是小中華或東華, 這裏只有大小或東西的着別, 而沒有文化的質的差別, 相反地朝鮮時代的小華論者, 曾猛烈抨擊有宦官介入的政治制度或佛教色彩强烈的陽明學擡頭等明的政治或學術文化, 主張中華的正統在很早以前曾通過箕子傳入朝鮮, 因此小華論是文化民族自尊心的表露. 自十六世紀前後開始, 對明的"中華"抱着批判的態度, 及至明淸交替以後, 則形成了朝鮮型的華夷觀.

　這種現象在日本也曾發生, 日本的閉關是從豊臣秀吉侵略朝鮮開始到明淸交替期的國際關係中, 因德川政權形成幕府體制, 而實施閉關政策的, 日本是在閉關的狀況下遇到明淸交替的, 當時日本知識階層的反應是"華夷變態"而被認爲是"愉快的事". 日本在豊臣秀吉侵略朝鮮的過程中, 竝到中國的明淸交替, 而與中國確立對等關係, 對其他許多國家則具有了將自己置於優勢的所謂日本型華夷意識.

韓國東洋史學會年次會議參加論文

唐代中國與東亞關係

卞 麟 錫(亞洲大)

(一)

二十一世紀, 韓國可望完成統一. 相應於此, 韓國史學界亦需有其準備, 因此南北韓雙方對於古代韓中或韓日關係,應以斬新的角度重新檢討, 同心協力合撰一部民族史, 這種努力亦將有助於縮短統一的時間.吾人爲了統一或完成此過程中所須的準備；首先, 必須紐正日本方面過去對韓國史的誤導：其次, 便是要克服中華主義史觀的陰影,重新檢視中國與周邊國家的關係,因此, 批判過去以中國爲中心影響的中國文獻史料, 勢須列爲先決的條件. 直至目前爲止,韓國學者對日本方面的歪曲歷史, 雖不能言獲致重大的成果, 但已有若干的研究與學術會議的討論, 尤其是教科書的編纂上, 已顯著改進；相較於次, 對中國方面中華主義史觀的研究與批判

更顯得相當貧瘠. 因此, 東洋史學會與亞洲大學校在中國天津合辦學術 耕討會, 希望透過此次機會韓中雙方產生活潑的學術交流, 對傳統看法有所改進.

中國歷史文獻以<史記>爲範本, 直至清代皆將周邊諸民族載入正史(1), 正史中的四夷傳卽其代表.由今日的角度觀之, 其完全是以中國爲本位來敍述,鮮少考慮到諸民族的立場, 在中國人的意識中, 視四夷爲野蠻人,四夷爲東夷・北狄・西戎・南蠻皆是截取武器・動物或昆蟲的弓・戈・蟲等部首來命名, 充滿輕視之意味, 未視其爲人, 大體而言,這種義法之使用與否卽爲中國與夷狄之區分標準.雖然四夷被輕視爲動物, 但實察上四夷的地位却常非如此. 北魏末期, 突厥崛起, 中原之齊與周爭向타可汗(Taper Khan)表現友好態度, 突厥視之爲 "兩兒孝順" (2):隋末李淵起兵爲取得突厥之象徵性的? 兵亦不得不俯首稱臣(3);卽使是唐勢力穩定後, 突厥的力量足與唐帝國分庭抗禮, 維持對峙的地位. 中國與北方帝國之間的關係, 雖때終蔑視野獸, 矢志剪滅, 但卽客觀環境言, 亦不得不訂定 '敵國禮' 以平等關係待之, 顯現出雙重的態度. 尤其是貞觀朝, 亦仍是以使用 '異類', '戎狄人面獸心', '非我族類' 等警戒與差別的語彙描述周邊民族, 顯示其矛盾的一面(4). 一般而言, 夷受到非人性的疾視. 常以 '夷狄腥전'・'輕漢入寇'稱之(5). 因此, 除貞觀朝的(627-649)華夷一體開放性政策外, 始終採取 '志滅匈奴' 政策. 但所謂志滅匈奴顯示出極端的華夷之分, 夷狄腥전係因自生活方式不同而產生的, 由於遊牧民族的飲食習慣, 夷狄被疾視爲發嗅味的民族. 但是, 他們的食品如乳塊等營養較高而成爲遊牧民族動力的源泉, 其嗜品皮製的使用亦一樣. 這是農耕民族的偏見, '索虜' 與 '夷島' 之詞亦常用之.

臺灣學者劉義棠解釋'敵國'之義,認爲敵國係爲具抵抗中國的同等勢力, 受到相當的優待(6). 敵國禮的成立大致有三個情況:第一, 中國爲了取得到周邊國的外援而採取姿態, 第二, 中國受到對方嚴重的威脅時, 第三, 戰爭結束後轉變爲和平時期(7). 從武德八年(625)唐高潮的命 "自今勿復爲書, 皆用詔勅" 中可得到其實證(8). 值得注意, 李淵起兵爲取得外援, 給予突

厥優容的敵國關係,即是維持至武德八年之久(625)

綜上所述,中國對周邊民族的文化認識,經常流於偏見與歪曲,雖然中國以文化標準來區分華夷之別,但整體言之,其實是抱著極端的優越感,因此中國一直是採取以自己爲中心的吸收與同化政策. 楊聯陞曾中國描述爲'高','大',周邊爲'底','小'(9). 部分學者認爲從容貌上無法區分(10)或其大高較爲溫和的土民(11)皆成爲中國文化容易發揮集中力量的原因. 如此中國文化以具有強大的同化力爲其特徵, 但在北方不僅屢受突厥入侵,亦深感高句麗甚難應付. 據資治通鑑記載,武德七年(624)三月至武德九年(626)五月間, 共遭受突厥三十五次的入侵,因此, 入侵的邊疆民族是否能全爲漢化成了很大的疑問(12). 最近, Luc Kwanten<中國邊方與帝國>中反駁漢族以文化的優勢, 毋論征服或被征服狀態中皆能同化征服民族的主張(13). 吾人從唐朝徙民論考察此主張.

(二)

唐代中國正史東夷傳仍繼承以前之史法,而在內容上更加強冊封縱軸關係的敍述.唐諸國仍舊利用冊封來鏈定與周邊國的關係,從而建立上縱軸秩序, 但與前朝不同的是:唐帝國因積極向外擴張, 與之通商的國家達到百餘國多. 此時屬於東夷的朝鮮半島三國,即高句麗,百濟,新羅等,皆與中國之間有朝貢的關係, 得到王室嗣位,冊妃的許可等, 這種紐帶關係即稱之爲冊封秩序. 過去思想上有很大影響的天下觀亦極爲發展.

但是, 這種冊封體系, 在唐帝國勢力穩定之前, 東北亞却是以突厥爲中心, 隋末群雄亦必須接受突厥之冊封. 高句麗曾爲了牽制隋的勢力, 派遣使者與突厥建立關係以尋求活路. 中國方面,稱高句麗對隋, 唐間的對抗爲 '抗衡', 所謂抗衡係指爲互不相讓·對抗的敵國關係, 這種關係在唐朝正史中僅限於突厥·高句麗與吐蕃.

高句麗以雄厚的國力爲後對抗隋·唐, 隋帝國無法容認高句麗派使節突厥了策動友好關係. 此爲建國高句麗獨自的周邊政策, 如此結果, 隋唐帝國爲了不讓周邊國區域化(Block), 故嚴禁'境外之交'(14)

由此觀之, 在禁止'境外之交'的情況下, 日本主張的七世紀中葉白江口之役, 係日本爲對抗羅·唐聯合勢力的小帝國論点幷非史實.

由徙民論亦可窺見唐人對夷族的文化認識. 貞觀四年(630)唐帝國擊敗東突厥後, 將十萬戶東突厥人遷入中國領土內,前後總計, 徙民數量達到一百二十萬戶之多, 與當時全國戶口三百八十萬對比,這顯然是一個相當大的數量,若再加上高句麗與百濟之徙民. 數字將更爲可觀

當時朝庭曾發生對徙民政策之爭辦, 顔師古·李百樂等認爲所徙之民雖爲夷族, 但可透過敎化使之轉變爲耕民與衛兵;但, 魏徵·溫彥博一派由邊境人口調節困難抒論, 認爲終不免發生邊叛, 反對徙民政策使. 前朝晉武帝曾豫測二十年之內將發生戎狄之患, 江統的 <徙戎論> 亦警告十年之內必有戎亂. 因此, 其皆力主張將夷狄盡徙邊外, 以杜絶後患.

反對徙民派主張夷族爲野蠻人, 非爲敎化的對象,魏徵言 "匈奴人面獸心, 非我族類, 強必寇盜,弱卽卑服" 叛亂爲其常性或天性(15). 徙民敎化派卽相信遊牧民族天性雖是野蠻的, 但透過儒家的敎化或使之接觸中國文化, 可轉化爲耕民與衛兵, 不過在這種看法仍可見得對四夷心存輕視.

在對峙的政勢下, 中國善用和親懷柔與離間分化的羈縻政策, 日本學者白鳥庫吉在南北對立間尋找東洋史的發展(16). 這種羈縻政策包含著矛盾, 唐帝國之徙民政策將夷族視爲劣等文化動物, 但從統治周邊國家採取高度羈縻政策裡, 民族之間的融合却又是其基本原則, 幷非完全僅岐視爲夷狄,

至少將之視爲對峙之對象，透過這種徙民政策企圖改變夷族的統治階層幷促成民族間的融合.

如此，中國在文化認識上將周邊國描述爲劣等文化的野蠻人，但實際上運用高度的羈縻政策. 在朝鮮半島可以找到島這種實例. 這不得不東北亞的地區史角度來解決. 因此非常需要以東亞史爲主，同時負責文化創造等角色的共通的歷史.

(三)

考察過去中國人對周邊民族的認識,發現中國自視爲根幹或腹心,而以周邊民族爲枝葉或四肢(17)， 亦以宇宙界中的太陽與行星來作比喻(18).胡渭在<禹貢錐指>即是據此來說明地理關係.

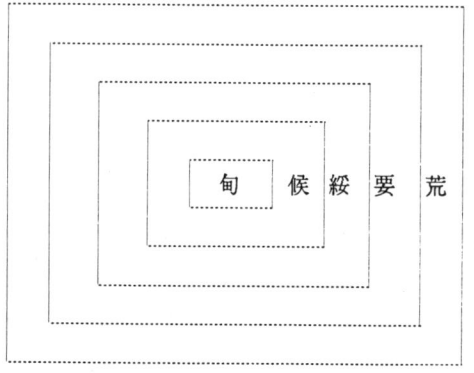

上述的五服圖裡，文化傳播的過程如下三個階段

中心部	近接部	周邊部
(核心)	(中間交錯)	(外廓)

　上圖中心部指甸服, 畿服爲文化的核心地區. 近接部指中國之外部雜胡勢力區, 候服與綏服爲第一周邊, 不僅爲邊叛起義, 胡將等出沒的發祥地, 亦爲中國動員體制可迅速達到之地.要服與荒服爲第二周邊, 爲化外地區, 政治·文化上與中國隔絶. 中國與周邊之間的文化傳播正如波浪一樣的. 又如溫彥博所言, 以太陽爲中心的宇宙引力關係亦爲同樣的道理. 褚遂良奏疏中曾將國家比喩爲身體, 認爲兩京爲心腹, 四境爲手足, 絶域爲身外. 由此可知, 日本雖爲遠地, 却與百濟有所交流(19), 卽對外物不予意義. 雖然中國自古代以來不重視身外之物, 但必需認淸其與外部世界有共存關係.
　Owen　Lattimore將中國以萬里長城爲界分之兩部, 卽中國本部(China propper)與邊境(Frontier), 中國本部包含淸末之十八省, 其面積達一百五十萬平方公里, 邊境包括西藏可達三百萬平方公里, 爲中國本部的二倍. 將長城以外稱爲邊緣或邊際(Marginal), 日本被稱爲界限或周邊(Peripherry). 淸末梁份於<秦邊紀略>(淸海人民出版社一九七八年)使用舊邊·外邊·近邊·北邊近疆等名稱.
　日本與印度一樣, 被稱爲絶域(20), 絶域係指著身外遠夷所居的地區. 近來每個國家對東亞史有著不同的解釋, 日本喜用東亞史之名詞, 顯示他們與大陸聯結的地位, 中國却視日本爲曾統治過的地方政權. 在韓國,高句麗之廣開王時期·朝鮮後期出現以韓國爲主體脫離中國的中央意識, 與過去貴族階層所抱持的編入於中華主義秩序的傳統世界觀完全不同(21)

(四)

　　唐朝廣續隋朝帝國對朝鮮的政策，隋三征高句麗皆告失利，唐帝國時韓半島出現新的變數，即新羅改採親唐政策以打破三國鼎立的均勢．新羅與唐因此彼此需要締結聯盟．

　　羅唐聯合破壞韓半島三國鼎立之局，史家對此之評價仍未有充分的討論，目前以北韓所持否定性看法居住導地位，但若考慮新羅之苦衷，爲制止三國間的惡性戰爭，不得不借唐兵之力．在韓國史中，多傾向於認爲借唐兵之外力來解決三國問題，爲反民族主義的行爲．當時新羅陪養了不少外交家，金春秋爲其代表，他們要求唐帝國開關新羅到唐的貢道，這成爲唐帝國採取高壓政策的有力借口．

　　深究背景，首先，東突厥敗亡以後，唐朝便著手西域的經營，接下來自然即是討滅東北高句麗．第二，經過隋對代之高句麗征伐之失利，唐帝國希望採行更實際，更有效的政策．唐帝國的四方經略係以'十'字之筆順來進行，論者曾謂之爲'十字形征伐'，因此羅唐之聯合，對唐帝國而言更爲迫切．吾心須認清羅唐聯合其中的眞正意義，羅唐聯合意味著爲了突破三國關係當中的孤立而導出的外交成果，這並非單純的軍事聯合，而是領導東亞情勢發展重要的政治，外交，軍事合縱策，唐與新羅兩國皆甚於此合縱策，努力活用圖謀最大利益．

　　由結果來看，三國統一的意義爲新羅終止三國間消耗性戰爭，但並未完成民族統一，而成爲事大外交之象徵，一直受到嚴?的批評．今日，南北韓對韓民族的統一有著不同的見解，南韓視新羅的三國統一爲最初之民族統一；北韓則強調高麗之後三國統一，但我們不能由今日的民族主義立場來看這問題．

當時的新羅不僅看破唐帝國對韓半島的政策, 亦認淸當時的國際情勢, 唐帝國的韓半島政策是以下列的幾項爲基本；第一, 唐帝國採取'數遣偏師'與連續攻擊的戰略, 以消弱高句麗的國力. 唐帝國的羈縻政策非僅爲單純的和親·懷柔·難間·分化·實際上亦隱含著攻擊百濟的計劃. 六六〇年, 終於滅亡百濟, 羅唐聯軍受到復興軍的抵抗. 六六三年, 百濟軍引日本的百濟系渡來人對抗羅唐聯軍, 爆發所謂的白江口戰爭. 日本揷入此戰爭, 是其未認淸東亞情勢的結果. 此後, 高句麗在國際情勢上, 與新羅採取相異的路線, 隋煬帝後, 高句麗爲了對抗隋帝國, 重示與北方突厥的外交爲適當的政策, 但貞觀四年後, 唐帝國與突厥國力, 情勢逆轉後, 高句麗的此項政策成了誤判. 相反地, 新羅則能利用與唐帝國聯合關係, 將國際情勢導向利已.

當時情勢的開展與日本豫測的不同, 百濟得到日本之援軍, 却仍失敗於白江口海戰(22).

由上述可知, 雖新羅與唐的聯合完成統一, 但此幷非長遠性的統一, 而僅是終止三國間消耗性戰爭. 這亦顯示較唐初對突厥等敵國更積極性的周邊關係. 唐帝國的羈叩政策以如馬似的統治夷族爲目的, 以懷柔的聯合政策承認對等關係爲手段. 實際上, 從唐帝國整體的夷族政策觀之, 中國文化與夷族文化都是於邊境地區交流, 融合產生. 此不僅要强調吸收與同化, 更要重示新的融合文化之創造. 如五服圖中所指的綏服, 要服一樣, 此地區成爲國家起義之地. 六世紀初, 字文泰與楊忠, 李虎起兵於武川(今綏遠省武川縣) 占領中原, 展開關中本位政策. 此後, 在融合漢·胡·鮮卑·氐·羌族政策下, 產生了三個集團, 這些集團在往後的歷史發展中扮演著非常重要的地位, 陳演㤿恁早卽注意過這些集團. 此三個集團傳於宇文泰之子覺, 楊忠之子怾, 李虎之孫淵, 他們輪贊建國, 幷且因關中本位政策充實國家基石. 周滅北齊, 隋承其後遂平定江南, 至唐而國力更爲爲充實, 不僅擁有空前的版圖,亦有效地統率周邊諸國. 臺灣學者監文徵認為唐朝以遠見和崇高的理想經營邊境, 是屬於開明與進取的政策(23). 唐朝採取如此開於的夷族政策實有上述背景所致.

為了尋找更眞實的歷史, 再照明中國對周邊世界的看法實為迫切的作業.

註 釋

1): 高柄翊, <中國歷代正史的外國列傳-以朝鮮傳為中心>, 《大東文化研究》 2, 1966
2): 《周書》, 卷50 <突厥傳> : 我在南兩箇兒常孝順, 何憂無物邪.
3): 卞麟錫, <隋末唐初中國對突厥稱臣事之學說史的考察>, 《東方學志》, 80, 頁 124, 1993
4): 《資治通鑑》, 卷 193 貞觀4年條未戒狄人面獸心, 弱則請服, 彊則叛亂, 固其常性. 今降者衆近萬, 數年之後番息倍多. 參考 18조
   《舊唐書》, 卷 194 <突厥傳> : 上曰, 夷狄亦人耳, 其情與中夏不殊, 人主惠德澤不加猜忌異類.
   薛宗正, 《突厥史》, 頁 234-235, 中國社會科學出版社, 1992
5): 卞麟錫, 《安史亂的新研究》, 頁 127, 漢城. 螢雪出版社, 1984
6): 劉義棠, 《突厥研究》, 頁 577, 臺北, 經世書局, 1990
   卞麟錫, <唐初中國對突厥稱臣事之檢討>, 《亞細亞學報》, 8, 頁 117-122, 1970
7): 卞麟錫, 前揭書, 頁 119
8): 《資治通鑑》, 卷 191, 武德8年條
9): 楊聯陞, 邢義田譯, <從歷史看中國的世界秩序>, 《食貨月刊》 2-2, 頁 1-2, 臺北, 1972
10): 羽田亨, <漢民族の同化力の說に就いて>, 《東洋學報》 29-3・4 頁 717, 羽田博士史學論文集, 上, 同明舍, 1975
11): 林語堂, 《吾國與吾民》, 頁 17, 臺北, 世界文摘出版社, 1954
12): W.Eberhard對拓拔氏的漢化採取部分漢化說, 否定全部漢化說, 即中國人生活中融化的夷狄文化, 并非如中國人所想像的那樣 (Did not always) 批判盲目的與神化的同化觀. 在他的著作 (Conquerors and Rulers Leiden, pp 52-53, 122-123) 中, 分析從南北朝到五代間入侵中國的胡族, 而將建國者分三個類型, (1)紳士

(2)堀起暴動的農民或盜匪 (3)外來征服者. K.A.Wittfogel 認爲漢族幷未完全吸收侵的部族.
13): Luc Kwanten, 宋基中譯, ≪遊牧民族帝國史≫, 頁 174, 漢城. 民音社 1984
14): ≪隋書≫, 卷 84, 北狄傳: 啓民推誠奉公, 不敢隱境外之交.
15): ≪舊唐書≫, 卷 194 上, <突厥傳>, 卷 67, 78.
   ≪資治通鑑≫, 卷 193, 貞觀4年條.
   卞麟錫, 前揭書, 頁 159.
16): 白馬庫吉, ≪東洋史における南北の對立≫, 頁 1-22, 雄山閣, 1940
17): ≪資治通鑑≫, 卷 197, 貞觀18年條: 上欲自征高麗, 저遂良上疏, 以爲天下譬猶一身, 兩京心腹也, 州縣四支也, 四夷身外之物也.
   卞麟錫, <在中國史之周邊>, 頁 70, ≪嶺南史學≫ 9, 1979
18): ≪舊唐書≫, 卷 61, 溫彦博傳: 且中國之於夷狄, 猶太陽之比列星.
   ≪貞觀政要≫, 卷 9, :中國百姓, 實天之根本, 四夷之人, 乃同枝葉, 擾其根本, 以厚枝葉.
19): ≪新唐書≫, 卷 105, 褚遂良傳
20): 同上注
21): 盧泰敦, <五世紀在金石文上的高句麗人之天下觀>, 頁 31-40, ≪韓國史論≫ 19, 1988
   梁起錫, <對於 4-5C 高句麗王子之天下觀>, 頁 34, ≪湖南史學≫ 11, 1983
22): 卞麟錫, ≪白江口戰爭與百濟·倭關係≫, 頁 92, 漢城. 1994
23): 藍文徵, <唐代邊疆政策>, 頁 6, ≪中國邊疆≫ 1-1, 1954

10～13世紀 東亞的 文化交流
尤以宋人的高麗文化觀爲中心

申 採 湜

1. 序言

在唐滅亡(907)和宋建國(960)的十世紀初・中期,在東亞的國際秩序上, 出現了前所未有的新現象.即壹今爲止處于東亞中心的唐帝國崩壞爲契機, 東亞的國際關係迎來了與以往截然不同的新局面. 隨唐時期的中國, 曾經完全征服了北方民族, 并使之從屬于自己. 然而, 隨後經歷了唐末五代的混亂, 以中華爲中心的國際秩序完全解體, 加上宋朝實行文治主義政策, 最終導致軍事實力走向衰微, 從而與北方民族對峙的過程中, 常處于守勢, 這種局面一直持續宋以後的相當一個時期.

首先是在五代十國的分裂時代, 臣屬于唐的契丹族建立了契丹(建916). 契丹滅渤海(926)之後, 成爲統治滿洲和中國東北的征服國家, 繼續壓迫對處于分裂狀態的五代各國. 宋的統一中國, 在相當程度上反映了漢族抗禦北方契丹族軍事壓力而形成的强烈民族意識及其作用. 由此便以宋建國爲契機, 形成了以宋・遼爲對立的新的國際關係.

另一方面, 在韓半島上與唐有密接關係的新羅分裂爲後三國(901)之後, 高麗興起(918), 不久新羅滅亡(935). 此外, 在中國的西北, 臣服于唐的黨項族酋長李元昊首次建立起西夏(1038). 結果, 在以宋・遼對立的夾縫中, 西夏和高麗時而同遼, 時而與宋保持親善關係, 從而在東亞國際關係的均衡中發揮了影響.

北宋與遼的關係, 由于遼作爲征服王朝 以軍事實力爲背景而壓迫宋朝, 故往往使軍事實力較弱的宋處于守勢. 西夏正是利用了這種國際關係, 運用和戰兩面策略, 追逐本國的實利. 高麗在幾遼的軍事壓力下, 在次與遼的戰爭期間, 曾一度與宋斷交, 不過文宋時代以後便又恢復了邦交. 진管處于這種變化不斷的國際秩序之中, 但從文化角度來看, 宋仍然處于中心位置.

就十世紀至十三世紀的東亞世界而言, 文化的中心地帶爲宋. 處于先進文化區域的宋朝士大夫文人 究竟如何看待包高麗在內的邊疆地區 這加以說一個頗有興味的問題. 因爲處于先進文化圈的文化擔當階層(宋朝士大夫文人)對後進社會所照明的內容, 這在當時對于衡量地區間的文化水平, 不僅能구成爲重要的標準, 而且還可借以對周邊地區的文化進行比較觀察. 除此以外, 這些先進文化擔當階層如何把握與自身文化內容具有異質性的邊疆文化, 對于理解先進文化的獨自性和邊疆文化異質性的內容, 能提供一些重要的啓迪.

宋代士大夫文人對于高麗文化的看法, 大體上可區分爲三個方面.

一是親高麗觀
二是反高麗觀
三是中立立場.

親高麗觀的產生背景是, 高麗的文化內容與宋的相應方面, 在那些向題上具有同質性, 這樣一種看法, 換言之, 卽타們的出發點, 在于先進文化與後進文化的類似性的立場. 從這個立場上看待高麗文化的尺度, 自然以先進文化爲基準, 其焦點在于타如何滲入高麗社會幷在其中發生作用. 從這樣一種角度來看, 高麗文化便由趨向與先進文化發生同化的觀點, 給予高度的評價, 幷加以積極的肯定, 從而爲親高麗觀的形成提供了前提.

其次, 反高麗觀的觀點, 通過對高麗文化獨自性(夷俗)給予徹底否定的角度加以觀察, 從而明顯地反映出其以東夷低俗文化加以評價的否定性傾向.

最後, 中立的觀點, 是先進文化流入高麗社會後, 如何使後進文化(夷俗)發生改變的觀點, 同時也是與傳統的中華主義一起, 同儒教和德治主義保持着密切的關聯而展開的文化觀.

宋代士大夫文人對高麗文化的認識, 主要來源于作爲使節, 直接來高麗體驗而形成, 或由高麗前往的使節, 以及其他人們而間接的獲得的知識而形成. 除此之外, 還可以想像出通過文獻或其他方法而得來的信息而形成的. 類似如此通過各種方法所形成的他們的高麗觀, 可以說, 若從十~十三世紀的宋的國際關係上加以考察的話, 大體反映出以親高麗, 乃至中立的高麗觀爲優勢的傾向.

2. 麗宋通交與宋皇的高麗觀

麗·宋之交通, 于宋建國之後的太祖建隆三年(962), 由高麗派遣廣評侍郎李興祐等開始(註1)到南宋的孝宗隆興二年(1164)爲止, 持續了約二百餘年. 期間, 因遼侵入高麗, 致兩國斷絕往來約達七十二年(註2)

在此期間, 高麗使臣前往宋的次數爲五十七次, 宋使來高麗則爲三十次. 從上述使節的來往次數上, 不難看出高麗對宋的使臣派遣, 較之宋的使臣派遣是更爲積極的. 只是和唐代或明·清時代彼此頻繁往來的事實相比, 不能不算疏遠. 然而, 還必修看到, 這種所謂的疏遠, 從當時國際環境來看, 我們還應充分注意到這樣一種事實, 卽他是在不斷타避着在北方對自己施加軍事壓力的遼和金的視線, 利用了海路而不是陸路這種近乎爲死路的使行路.

油此不難理解通過這種險路而實現的兩國關係的緊密性及兩國之間交換的國書, 具有多多重要的意義. 當然, 從國書的內容上看, 不能說他沒有純屬形式上的, 也卽儀禮性的尊稱和外交性的修飾用語等等的方面, 但卽或去掉這些修飾語, 尤其從皇帝致高麗王的國書來看, 他對理解宋皇的高麗觀, 仍可解釋爲具有重要的意義.

宋致高麗的國書(調書)傳達形式有三種方法. 一是由宋使直接來傳達至高麗王;二是由高麗使臣于歸國時宋來的答書形式;此外就是通過宋商傳達③.

從文化交流的側面看待麗·宋通交時, 從時間上看, 我們可以考慮其劃分爲三大時期.

第一個時期是從962年(宋太宗建隆3, 高麗光宗13), 直到因遼侵麗導致中斷國交的999年(宋眞宗咸平 2年, 高麗穆宗 2年)的大約37年;

第二個時期是1071年(宋神宗熙寧 4, 高麗文宗 25)開始至北宋滅亡的1126年(高麗仁宗 4)的55年間;

第三個時期是由1127年(南宋高宗建染 1)起, 至高麗使最後一次使行的1164年(南宋孝宗隆興 2, 高麗毅宗 18)的37年間.

這個時期守的國書, 大部分爲對高麗王的冊封與加封等外交性的④. 期間兩國開始邦交, 而宋太祖建隆4年(光宗13)致高麗的制書⑤之所以引人注目, 可以說是由于宋太祖對高麗王的文化性觀點. 太祖在自評中稱

"我因薄德而猥濫地接受鴻名令使臣(從高麗)到來, 理應鄭重使命."⑥

在如此自我謙讓的同時, 相反地, 對高麗王則贊허爲

"高麗國王昭, 由太陽之精氣凝取, 于遼左被推戴爲英雄而熟悉由箕子遺留下來的風化, 又保守着朱蒙的古代風俗. 阿, 萬里來朝貢, 其誠實的忠誠可嘉?"

當然, 如此這些盡管也可由外交性的修飾辭加以解釋, 但是較之其後的詔書大多如同固定版本的文章, 自應?爲是含有相當程度稱頌的異

例文體, 而這些, 自然還須注意到他與宋的建國初年這種時代的狀況, 是有着關聯的對高麗王的稱頌, 在雍熙3年(成宗 4)的北伐遣使諭高麗詔上, 宋使韓國華主張以麗, 宋同盟而伐契丹的派兵要請說中, 亦可窺見一班.⑧

使臣的官職在初期, 其職位較低, 至後期愈往後愈高, 只是與高麗使臣相比時便知其相對亚低.

第一期的詔書內容, 主要爲冊封, 加恩, 并以外交性修辭而始終一貫作爲其將征. 卽便從時間上看, 由于宋建國後只有三十余年的短時間, 兩國間的交涉也因此未能活躍地開展起來. 加上由于契丹的壓迫, 高麗的和遼疏宋致제招致國交的斷絕.

第二期的通交, 于文宗二十五年(1071年)由高麗派遣民官侍郞金悌的時期開始, 國交得以再開, 到北宋滅亡的1126年的55年間. 這個時期, 從高麗方面末看, 基于試圖克服與宋之間久已斷絕的國交, 積極接受宋文化的文宗的强烈的慕華思想及從守方面來說, 由神宗卽位而抛棄喜今爲止的對遼消極策, 還原爲積極姿態, 幷進求聯麗反遼策, 兩國立足于相互通交的必要性, 從一開始便反映出了緊密性.

事實上, 兩國恢復邦交雖始于文宗25年由高麗方面派出使臣, 但在此前, 宋方面已在神宗卽位時起, 便致力于與高麗恢復邦交. 卽神宗于1068年(熙寧之年, 文宗22)命江淮兩浙荊湖南北路之都大制發運使羅合爲與高麗恢復邦交而屬以采取조施. 爲此, 나令派遣黃慎赴高麗, 打探高麗的意思.(註10)黃慎將高麗文宗積極恢復邦交的事實報告給了羅合, 神宗熙寧9年(文宗24), 羅又將此上奏神宗, 而在朝廷論議上, 基于爲謀除契丹, 得到神宗可以與高麗結盟的許諾.

在隨後的第二期恢復邦交, 首先作爲宋神宗的積極的反了外交政策的一環, 以親麗反遼政策(註11)爲主導, 這是高麗文宗慕華思想與之結成緊密關係而產生的結果.

由恢復邦交的科程中所反映的宋側的高麗觀, 如從黃慎所反映出來的神宗的高麗觀中淸楚地看到的那樣, 所謂"高麗自古爲君子之國其君主亦爲賢王"的表達, 應該說是善意的評價. 不僅如此, 神宗認識到高麗文化水平敎高因此, 在送詔書時, 必選拔文筆能力超群的使臣撰著, 幷且再從中挑選優秀者派往高麗的事實, 足以說明問題.(註12) 神宗如此對高麗持愼重態度, 從其對使節人選亦予特別注意上亦可知曉. 擬派往高麗的使臣和書狀官的人選一俟確定, 便將其集中至中書, 對其文章之優劣加以測險, 只有合格才派赴高麗.(註13)其具體例事如當傳來高麗文宗訃音時, 便以樣景略, 王舜封爲祭奠使, 錢㸅思, 宋球等爲弔慰使, 擬予派遣, 而當樣景略作爲書狀官欲帶李之儀時, 神宗察覺出李之儀的文章能力不予 傑出, 便代之以從中書重新選出學問博洽, 氣量整秀者, 重新經過考試後加以派遣. 由此推測, 皇帝對高麗的態度極爲愼重注意, 在此背景中明顯反映出欲往高麗派遣那些除對高麗文化具有敎高認識以外出于對高麗人的品德和人格的高度評價, 從而選擇文章學問, 以及在人格上部毫无遜色的人間的意圖.(註14)

從神宗開始的第二期, 由高麗派往宋的使臣爲36次, 由宋來的使臣爲17次. 這時傳達國書仍有通過高麗使臣的方法和直接由宋使臣携帶的情況. 國書的內容亦包括冊王, 進奉, 回賜, 弔慰等多種多樣. 宋使帶來的國書是內容敎爲單純的冊封書, 但通過赴宋的高麗使傳來的國書則不是類似冊封之類的無味乾燥的內容, 而是包括各種各樣的內容. 尤其是文宗26年, 隨着邦交的恢復, 通過高麗史金悌傳達的勅書五道的內容曾引人注目, 其精神可從後來宋書中反復體現中看得出來. 五道的內容大致上如下;(註15)

二十六年 六月甲戌 金悌還自宋 帝附勅五道 其一曰 卿繼變世而有邦以勤王 爲可願百名修貢 旣申琛贄之儀 累幅刁辭更致煥寒之問 其勤至矣 何慰如之 其二曰 卿世綏三韓雄視諸部 而能謹事大之節堅面內之誠 乃心朝廷寔發寤寐 有嘉侯庶克紹先猷省閱 以還褒嘆良至 其三曰 忠孝之純 雖遠而應往來之尙無德不酬載 嘉述職之勤 宜有鮮衣之錫 令人使金悌廻

賜國信物色 別賜衣帶錦가等 具如別幅至可領也 其四日人使金悌 至省所進奉御衣二領 黃?衫一領 (中略) 其五日 省人使金悌 奏於普炤王寺等處納附銀設자 祝聖壽事 箕子啓封肇於遼左 僧가演敎進在泗濱會使指之來 斯致齊修而勤甚載(16)

概括起來說, 上述勅書五道之內容反映出高麗五竭盡事大忠節, 作爲傑出的後王, 其精誠至極, 高麗的使臣在中國的行動亦爲誠勤.

這樣一些宋宰對, 高麗王的觀點, 在神宗元豊元年(文宗32)曾記述;"

三十二年 六月甲寅 宋國信使左諫議大夫安燾 起居舍人陣睦等到禮成江. 丁卯 其詔日 卿世荷百祿撫有三韓 慕義何風意朝廷之重 方舟入貢 屢浮江海之淵載修恭順之誠 宜被褒嘉之錫 特飭使指往諭朕懷緬 惟俊明當體眷遇 (中略) 賜卿國信物等 具如別錄至可領也(17)

元豊2年(文宗33)的詔書亦表達了此意.

三十三年 秋七月辛未 宋遣王舜封等八十八人來 詔日 (中略) 卿有土東蕃 乃心中夏述變世襴風之志修頻年底貢之儀 因勅使人往頒詔幣대玆復命載閱露章申繹沈辭有嘉亮(18)

元豊三年(文宗34), 高麗史柳洪等從宋返回時, 宋帝神宗給高麗送來勅書八道, 其內容如下.

三十四年 秋七月癸亥 柳洪等還自宋帝附勅八道 其一日 卿宅被遼左式是海東 若昔撫封維躬　保享迪德不爽 修職有嚴載披沈辭灼見勤款庸加褒顯以厚眷私 其二日 省所進謝恩 (中略) 使貢辭旅庭修報載 惟沈順良用嘆嘉 其三日 卿守邦有載效職匪서 厥惟勤修玆 用領職誕申賜好式厚寵光益務용心以永終譽 (下略) 其四日 卿祇愼一德早循三韓 積勤勞於歲年客진라於　支未頃者聞問恒焉(下略)(19)

其后, 睿宗五年(宋大觀4)6月辛巳, 宋派來王襄, 張邦昌(分別爲兵部尙書, 中書舍人), 當時的詔書哉.

五年六月辛巳 宋遣王襄張邦昌 癸未王受詔于會慶殿庭 詔日 卿世載令聞保釐東蕃當襲爵之云初乃修邦 而惟舊張선航海 陳貢旅庭義有嘉禮無

不報爰命介使往단 乃封用伸厚意之將示識多儀之亨 其恤厥若永孚于休 (下略)(20)

以上在《高麗史》詔文中所反映的宋神宗對高麗文宗的認識, 將其看作以忠誠竭盡事大, 以中華之禮道教導民俗, 以仁, 德治政治的賢君. 這種意識相當明現.

上述這一宋帝對高麗王的觀點, 大體在其后持續了相當一個時期.

只是仁宗四年(宗靖康元年)的詔書, 反映了金南侵的迫切現狀, 說明宗之間的悠久關係如同骨肉至親, 固而要求共同擧兵抗金, 這是其中較特異的內容.

第三期因是在遼滅之后, 宋由于金的南侵而逃往江南的國際關係變化中展開, 故較好地反映了這種國際政治的初期.

卽于南宋高宗建炎二年(仁宗6), 由宋刑部尙書楊應誠所帶來的詔文中, 要求高麗借道給自己, 以迎接被金虜獲的二帝(徽宗,欽宗), 高麗對此鄭重地予以拒絕, 19 同四年(仁宗8)通過宋使尹彦이傳達的詔書中, 對此前(建炎二年)爲迎接二帝而謀求假道的心情又一次加以述懷, 對高麗的措施之不可避免一邊加以諒解, 一邊又慨嘆遺憾(註20)

宋之國書通過宋使傳達來的是, 仁宗八年由宋的進武校尉王正忠所携帶的爲止,(註21) 而宋使的派遣亦以仁宗13年便告終止. 但高麗史派宋却繼續進行着. 他反映了高麗親金政策的影響和因宋移往江南而造成對金政策上的艱難的歷史現實, 同時高麗對宋的二帝送還問題上所表現出來的冷談的反應, 亦對宋的高麗觀產生了不小的作用.

以上通過使臣的往來和宋的國書而了解到的皇帝的高麗觀, 首先可以了解到高麗固其在文化上忠家地接受先進文化, 從而使用在文化上居于比其他后進邊疆地區更高的地住;22 其次是高麗王因其較好地維持了傳統文化, 并在國家的傳統上發揮了卓越的能力; 第三是在中朝關係上可把握到其以忠節與誠實性加以對待的事實.

3. 宋代文人(勇功, 徐兢, 蘇軾)的高麗文化觀

以唐宋八大家而在宋代文化繁榮方面發揮了主導作用的勇功, 對高麗文化的看法, 首先是以歷史認識危機出發點的. 卽

隋之金盛煬帝之世大岳三出天下騷然而不能朝其君 及至唐室以太宗之英武李績之善將至於君　臣皆東襴以身督戰 而不能拔其一城 此臣之所謂難以力服也(25)

認識爲隋, 唐傾全力以圖征服東方, 結果連一城也未曾脫得. 他例擧這一事實說明, 憑實力使高麗屈服是困難的. 這一占與北宋末年從高麗爲來的徐兢所謂"盡管高句麗終被唐劉仁軌所屈服, 但這只不過是依武力實現的, 決不可能使其心腹"的觀占相一致. 宋代文化人强調인爲高麗人輕易不屈服于人的事實, 其根據在于當時在麗遼關係上, 契丹雖數次進行南侵然而高麗不但未輕易屈服, 而且在講和后, 亦常將其內心朝向宋的高麗人的文化主義, 以及對此留下的深刻印象. 高麗人的民族性, 不僅從現實上如此, 而且從歷史上的隋唐之例

宋代文人對這一事實亦有着深刻認識

那馬, 高麗人的這種民族性究竟根植于何處니對此, 曾功以高麗的文化水平有別于后進諸國這一事實進行了說明. 卽强調高麗的文化水平, 與中國周邊的其他國家有所不同, 不僅精通文學, 而對文物的認識和智慧超群, 固此可以德懷柔, 將武力征服難. (註21)

曾功認識爲, 從歷史的角度看, 以武力使

他認爲隋, 唐傾全力以圖征服東方, 缺課這一城也未曾奪得. 他列擧這一事實說明, 임實力使高麗屈服是困難的. 這一点與北宋末年從考慮歸來的徐兢所謂"鎭管與高麗經波誘引軌所屈服, 但這只不過是依武力實現的, 決不可能使其心服"的貫徹相一致. 宋代文化人强調認爲

高麗人經爲不服于. 人的事實, 其根據在于當時在麗遼關系上. 契丹雖數次進行南侵, 然而高麗不但無經爲屈服, 而只在淸和後, 亦常將其內心朝向宋的高麗人的文化又義, 以及對比留下的深刻印象. 高麗人的民族性, 不但從現實上如此, 而且從歷史上的隋唐之例.

宋大文人對這一事實亦有着深刻認識. 那麻高麗人的這種民族性究竟根據于何處니? 對此, 曾恐以高麗的文化水平有別于後進諸國這一事實進行了說明. 卽強調高麗的文化水平, 與中國周邊的其他國家有所不同, 不但精通文學, 而且對死物的認識和知慧超群因此可以德懷柔, 持武力正服難?

曾鞏還認爲, 從歷史的角渡看, 以或力使高麗屈服, 事實上極爲困難的這一点, 已爲唐代所證明; 從現實的角度來看, 高麗雖看使爲遼的武力所屈伏, 但實體上竝非屈服, 這是由于與中國的周邊國家相比, 高麗人的文化水平事, 以此爲背景, 安結不會輕易被武力所屈服.

曾鞏在任明州知州時, 對逃難來的高麗商人, 曾給予過救濟和關조, 竝曾向朝廷建議過對除外國人的救濟, 應從人道主義的立場上, 加以制度化的方度

然而, 曾鞏于高麗觀上留有深刻印象的是由以傳統中華主義爲背景的, 與朝貢一起現實地開展着的, 麗, 宋之向的使節往來而引起的, 以物質主義的弊端爲問題所提起的這 一点. 他首先對高麗使節來中國後所需支付的各種經費支出的過于廣大而表深却的關心和憂慮. 幷認爲傳統上, 中國對于周邊國家處于施惠的地位, 可如今却從外國使臣處希圖謀取許多好處及爲不當幷且主張:

曾恐以目前其使(麗使)常來, 但守之官人却以各種名目收取禮物幷成爲慣例爲例而對此感到憂慮. 他強調自古以來, 中原對周邊國家的臣事來朝時以禮迎送, 對其所進奉的幣帛物給予返還, 以應明中國輕物質, 重禮義的事實(註23)

卽將周邊國家的使節所進奉的物品給予返還, 這是古經今來聘禮之

眞情, 幷强調立足于傳統中華思想的交聘之本意, 不在財貨, 以在禮義. 從這種中華主義立場上看, 高麗使臣在宋時獻給地方官的禮物及向朝廷進納的進奉品是取得憂慮的, 幷且具體加以例示. 卽, 神宗熙寧 6年(1073)高麗和信與否使送給明州和通前的高麗土産物, 以當時市場價格換算的話達200慣到299慣之間. 高麗使節如此給宋朝沿邊及朝廷送贈的物品的確尨大, 以致曾恐一面憂慮高麗以其財政狀況實難承受, 一面主張

曾鞏之高麗觀量以對高麗的正確的歷史認識後高麗的文化水準, 以及對高麗國勢的准確的理解爲基礎的. 鎭管如此, 處理내可看出其立足点在于中國的傳統文化主義.

下面似考察一下徐兢對高麗文化的認識. 如所周知, 宋人對高麗的記錄中, 圖雖消失, 但保存最好的要數徐兢的≪宣和奉使高麗圖經≫. 此外便是宋大宦人將高麗情況記述下來的吳군的≪溪林記≫20卷, 王雲的≪溪林志≫30卷, 孫穆的≪溪林遺事≫3卷等, 其中大部分已亡失, 所余不還和王雲, 孫穆的著述相방的短篇之數.

這是徐在北宋末年的徽宗宣和5年(高麗仁宗元年, 1123)己隨正使, 給事中路允迪, 副使, 中書舍人傅墨卿, 以國信所提轄人船禮物官的身分, 後高麗, 在一個月的滯留期間, 將其所見所聞, 回國後寫成圖經, 報告給皇帝的. 他在使行之前, 硏究了對高麗的記錄, 特別是多受編入崇寧中的王雲的≪溪林志≫的影響, 只是慨嘆徐書中無圖, 故早已心在將其完善的意圖.

徐兢看高麗文化的基本入場, 可知有兩介方面. 第一是, 先進的中國文化流入後進的高麗社會後, 如何走向先進化(中國化)的入場. 這里包含着這樣一介方面性, 卽先進文化直接流入後進社會並通用的情況, 及其一邊略加變化一邊通用. 通過這種科程, 對于後進社會的文化(夷俗)漸超先進化這一点加以肯定的記述. 這里反映了徐兢自己所謂奉使的重大使節別外, 還因其圖經具有向天子報告的拘束力, 所以强調了

後進社會的先進化, 與中國天子的德治有着密接關係, 因此在這同時, 從肯定的方向對之進行記述.

第二是, 不顧先進中國文化流入了後進高麗社會, 而對高麗社會固有的文化(夷俗)沒發生變質及自身具有的連續性的特殊情況進行的觀察. 這種徐兢的觀點着來, 後屬難야肯定的夷人的風俗問題, 但因其比較的對象是自己所屬的中國文化, 故從這一角渡上, 以其無趣和好奇心加以記述的.

首先讓我們從第一介觀點, 來看一下中國的先進文化如何流入後進高麗社會, 及其如何演變的高麗文化觀也. 這里, 他時作爲先進文化的傳播者的宋使臣如何得到, 高麗的迎接這一問題上, 表明了相況的關心. 對此, 認爲

　高麗自王氏以來世爲本朝藩屏 而主上所以鎭撫者恩德甚厚 故每使節適彼 而供張之具極煥也 蓼蕭澤及四海之(29)

　對宗使滯留高麗館舍, 稱惟麗人恭順有素而朝廷綏撫有體 故其建立使館制度봉侈有逾王居 臣嘉之(30)

在高麗對宋使接待方面, 表示極爲滿意, 而如此鄭重, 則可理解爲對宋文化的影響和天子的恩惠表示感謝. 此外, 對他所接觸過的高麗官員的行動, 稱之爲

　比年使命每至麗國聞其備竭儀物之봉 兵衛之衆以아詔書以導선節禮甚勤至(31)

提出中國的禮義和文物, 正在高麗施行. 接着議稱

　惟高麗素通朝聘久被漸摩 故其君臣上下勤有禮文(32)

　高麗於諸夷中號爲文物禮儀之邦 其飮食用俎豆 文字合楷書 授受拜궤恭肅謹愿(33)

　高麗地封未廣生齒已衆 四民之業以儒爲貴故其國以不知書爲恥(34)

尤其是對高麗的人物, 認爲"夷積中, 以高麗人才最爲旺成."(《圖經》 卷8, 人物)

如此這般高麗文化的高水平,原因在于接受了中國的文物,致力于對子弟的敎育,幷認爲高麗雖生活于燕,韓之邊沿偏僻之處,但却擁有齊,魯的氣風和運氣,同時極力讚美高麗人的向學熱. 稱之爲

比者使人到彼 詢知臨川閣藏書至數萬卷 又有清燕閣亦實以經史子集四部之書 立國子監而選擇儒官甚備 新刊弩舍頗邊大學月書季考之制次第諸生 上而朝列官吏閑威儀而足辭采 下而閭閻陋巷間 經館書社三兩相望 其民之子弟未婚者則群居而從師授經 旣稱長擇友各以其類講習於寺觀 下逮卒伍童稚亦從鄕先生學於虛盛哉(35)

然而,對雖積極接受中國文化,幷將其當做政治,敎育基礎,却仍固守着他們本來的傳統文化(夷俗)的事實,也以銳利的眼光加以看待.

然其實污僻淲薄尨雜夷俗終未可革也 冠婚喪祭鮮克由禮(36)

對于高麗官制,認爲:

高麗之初建官有十有二級 襲夷語以爲之名 不復馴雅 自漸皇化 設官置府 依倣稱謂 而引職治事 尙沿夷風 往往文具 而實不應 然而慕義之志亦可尙云(37)

强調其受先進文化(中國文化)的影響,正在逐漸擺脫夷俗(後進文化),幷對此給了肯定性的評價. 這可以說是宋人以華夷論爲基礎的傳統的中華思想.

其次,對于與之相反,不願先進文化的影響,原封不動地維持後進文化的事實,則以如下批判的角度加以論述.

夷政甚仁好佛戒殺 故非國王相臣不食羊豕亦不善屠宰(38)

舊史載 高麗其俗皆潔淨 至今猶然 每笑中國人多垢職 故晨起必先沐浴而後出戶 夏月日再浴 多在溪流中 男女無別 悉委衣冠於岸 而浴流裹露 不爲怪(39)

對于高麗人的品行 稱之爲

夷性吝仁死罪多貸而流於山島 累赦則以歲月久近 量輕重原之(40)

貪도行賂 行喜奔走 立則多拱手於背 婦人僧尼皆作男子拜 此則大可
駭者(41)

然其爲人寡恩好色 冷愛重財 男女婚娶輕合易難 不法典禮 良可신也(4
2)

　　後進文化(高麗的夷俗)稱之爲特殊性, 幷按奇異性掌握及加以否定.
此外敍述先進文化同化後進文化, 使之走向先進化過程的部分相當多
見, 這里可看出與中國皇帝德治敎化主義相聯系的强烈意圖.
　　下面讓我們再看一下唐宋八大家之一, 尤其是司馬光死後, 曾領導
舊法當的政治家蘇軾對高麗文化的認識.
　　蘇軾(東坡)的高麗觀, 採取了徹底否定性的立場, 這一点是個極重要
的問題, 引起着人們的注意. 固爲從蘇軾的角度來看, 盡管他能子獲得
對高麗情報的最廣法和客觀的內容, 但却提出極爲支節性的問題, 卽
便與此, 也還在犯着相當的謬誤而展開反高麗觀的事實, 无從麗, 宋的
國際關係, 還是從文豪蘇軾的政治角度來看, 都將被認爲是極其不幸
的歷史的事實.
　　蘇軾以反高麗觀上奏皇帝的是神宗袈崩, 哲宗卽位之後的元祐8年(1
093)2月1日和2月15日之事(註23) 他首先擧宋, 麗兩國使臣往來方面,
宋側所受之害極其巨大的事實, 以具體數值爲例, 他認爲, 高麗使節一
次入貢所需費用約達十余万貫, 這里還來包括使臣滯留所必要的亭館
修理費和人選的調撥費, 以及雜費. 與之相比, 高麗使臣所帶來的進貢
品, 爲无甚價值之物, 兩國的使節交流, 對宋來說, 不但豪无利益, 而
且有五害, 幷提出通麗五害論, 以主張反高麗觀.
　　然而, 蘇軾的這種反高麗的主場, 從當時麗宋貿易關係上看的話,
這種主張是元不符合實際的. 因爲, 高麗給宋進奉的貢品實爲巨大的
實例, 這一点在史料方面也足能予以具體的證明.(註24) 不僅與此, 當

時身爲明州知州的曾恐也曾認爲高麗使臣所帶來的進貢品數額之巨, 以致以小國高麗的財政, 實難承受, 故宋應予以辭讓.(註25) 因此在這里可以了解到與蘇軾截然相反的主張. 我們認爲曾恐的主張較爲合理, 幷且是准確地把握了當時的兩國關係. 因爲這從高麗的進貢品與宋的回賜品加以比較時, 便可輕易地了解到. 而上面蘇軾所主張的麗使接待費十余万貫說, 是沒有准確數字根據的, 被誇張的. 我們從下面加以提示的通麗五害論的分析中不難看出, 上述數值如何被誇張, 如何感情用事, 如何背剤邏輯性.

卽, 下面就最具體體到蘇軾反高麗觀的通交五害論, 將一一試加批判.

他對高麗的進奉品所謂,

所得貢獻皆是玩好無用之物 而所費皆是有用之實民之膏血 此一害也(46)

是與事實完全不符的, 勉強之說. 因爲高麗進貢品均爲金器・銀器・綾羅・生布・人蔘等, 這類物品作爲當時在宋朝宮廷內受歡迎的珍品, 卽便是以商品的交換價值計算, 无疑也是絶對高價物. 由於東坡位居禮部尙書, 翰林侍讀學士的顯職, 不可能不了解高麗的進奉品, 盡管如此, 却仍謂之無用之物等等, 因此只能被解釋爲故意的.

從下面的二害論來看,

所至差借人馬什物覺撓行市 修飾亭館民力倍有倍費 此二害也(47)

這從傳統中華主義相對照來看,是極爲偏狹的. 以外國使節在中國滯留所需經費爲借口, 而主張有害論,可以說是無例可援的 壅塞的主張. 一般而言, 周邊諸國向中原國家朝貢, 乃是根據儒教的華夷論與德治主義, 是傳統上中原國家一直給與歡迎的外交慣例. 東坡 不願這一点的主張, 是無視這一傳統外交慣例的極端的排外思想.

再看三害論

高麗所得賜豫 若不分遺契丹卽契丹安肯聽其來貢 顯是借寇兵而資盜

糧 此三害也(48)

這是未能正確把握當時麗·遼(契丹)關係的實例. 盡管東坡所主張的高麗向契丹朝貢是事實, 然而也幷非是只有將宋所賜與的東西中的一部分獻給遼, 契丹才允許高麗與之來往的局面. 由于契丹于1004年與宋締結전淵之盟, 終而得到來自宋的巨額歲幣, 因此高麗是否會從宋要求賜予品這一点是令人懷疑的. 從契丹來看, 由于其對宋·麗通交相當警戒, 對此强烈予以抑制, 要求只向契丹朝貢, 因此從這樣一種國際情래來看, 東坡的主張是與之矛盾的.

再看四害論

高麗名爲慕義來朝其實爲利 度其本心終必爲此虜用何也 虜足以制其死命而我不能故也(49)

高麗臣事于宋, 是基于傳統中華主義的事大外交之一環, 特別是由對宋的憧憬而實現的這一点, 不僅是高麗, 就連宋的士大夫官僚亦予承認的事實. 高麗在使節往來中, 雖不能說不希圖一些附帶的實利, 但決不是爲圖實利而朝貢的. 至于說爲了幫助北虜(契丹)而向宋派遣使臣是絶對不符合事實的. 相反, 高麗對宋的朝貢, 從與契丹的關係上看, 如想到高麗在開展十分冒險的外交這一点時, 不難想見, 東坡的四害論亦與事實相距過于遙遠.

最後請看五害論.

慶曆中 契丹欲盟先以增置塘泊爲中國之曲 今乃招來其與國使頻歲入貢其曲甚塘泊幸今契丹恭順不敢生事 萬一異日有桀黠之虜以此藉口 不知朝廷何以答之 此五害也(50)

這在慶曆中(1040-80)宋與西夏間的7年戰爭中, 契丹于곧起國境糾紛, 結果違背此前締結的전淵之盟, 向宋要求增加歲幣, 對此宋被迫屈服, 而麗·宋間頻繁的使臣來往, 有被契丹探知的危險, 東坡是以此當作其理由之一. 這些主張與前述弟四害論自相矛盾, 同時與其其他邏輯之銳利之点相比, 顯得過于묻拙.

蘇軾的通麗五害論, 從文脈的明晳或內容的邏輯展開上雖能看出其一刀兩斷的流暢性, 但若將其主張放到事實中加以分析的時侯,是與事實全然不符的不過是單純爲反對而反對的. 而所以提出這種主張的背景,第一是于神宗・哲宗帝位交替時,爲說服對國際形勢不予清醒的聽政宣仁太后與幼帝(哲宗), 表明以往的親高麗觀之有誤, 而加以具體證明; 弟二是對神宗時代依由新法黨而推行的連高麗制遼政策加以全般否定, 從而使新法黨的政治地位得以強化的不純的動機在起着作用; 最後在文化上, 一邊強調中華主義, 一邊拘泥于華夷論而過低評價高麗文化, 由此提出的五害論.

4. 結論

以上對由麗, 宋麗國通交中所反映的國書(詔書)內容加以檢討, 從而對宋皇和高麗王及文化的認識和宋代文人們的高麗文化觀作了一番觀察.

首先, 通過國書反映的對高麗的觀點是皇帝的詔勅文, 雖具有所謂冊封和加封的類似外交方面發令狀的, 形式語言的羅列的局限性, 但通過這些而獲得的對宋帝和高麗王的認識, 作爲先進中國文化的忠實的信奉者和在后進文化圈里較爲罕見的, 具有儒教敎養和人文信義性的忠順的國王;另外還看到較比中國周邊任何民族的文化水平都高的事實; 此外, 高麗對先進中國文化以慕華的表現, 乘取了對此加以積極吸收的立場的國家這種善意的態度.

其次, 蘇軾主張的與高麗的通交五害論, 其基本立場從一開始, 便由對高麗採取否定的方向而起步. 先進文化地區的上層官僚對後進社會不是理解的姿態, 而是慾加徹底否定的論理來規定的, 極其感情性的和獨善性的思考發生了作用, 其背景可以看出在接哲宗初期的元祐的更化期的同時, 試圖對以往由新法當推進的一切政策均加以否定的政治報復主義, 在對外關係上亦曾發生了明顯的作用. 被認爲是舊法黨的代表人物的蘇軾的這種錯誤的高麗觀, 似可見北宋末左右對金外交的宋代官人對國際關係認識的一個側面.

與蘇軾在許多方面保持類似性, 但唯有在高麗文化觀上取適成對照之主張的是曾恐. 他的高麗文化觀, 以傳統的中華主義朝貢思想爲基礎與蘇軾相反, 強調中國所以爲中華, 在於以德感化夷狄, 而絕不在於物質的利害這一点. 從歷史上看, 對高麗的征服, 如以物質或武力的話, 也許得廷一時, 但絕不可能是使其心腹的文化民族.

最後, 從官位上看, 雖不屬高級職務, 但直接來高麗觀察高麗社會, 并以比爲儀据獨自記述其高麗觀的是徐兢. 他的《高麗圖經》盡管由於利用一個月的短暫時間, 全面觀察高麗社會而敍述的這一点, 更加上因給皇帝報告的局限性, 因此, 有些地方不會沒有問題. 然而卻可以說他是從先進文化的高麗傳播和高麗文化的獨自性, 以及在先進文化和後進文化的交流中顯現出來的異質性的觀點上, 客觀地觀察了高麗.

註釋

1) 《宋史》卷1, 太祖本紀 建隆3年, 11月 丙子條 《高麗節要》卷2
2) 《宋史》卷5, 太宗本紀 淳化5年 6月條《高麗史》卷3, 成宗13年 6月條. 《高麗史》卷3, 成宗13년6월조
3) 宋所給的國書, 收錄于《宋史》高麗傳和《宋大詔令集》卷237, 政事90 高麗 及《高麗史》世家
4) 根据上《宋大詔令》冊封詔書如下: 太平興國元年 <景宗1> 同7年 (成宗1), 王治拜官封高麗國王詔, 淳化元年(成宗8)高麗國王王治加恩制, 同5年(成宗1) 賜高麗璽書.
5) 此制書不在于《高麗史》或《高麗史節要》及《宋大詔令》, 而在于《宋史》高麗傳

6) 同上.
7) 同上.
8) 同上.
9) ≪高麗史≫ 卷8, 文宗12年條中, 已爲與宋恢復邦交, 欲伐眈羅和靈岩的木材, 計劃建造大船, 但因臣下反對而中斷.
10) ≪宋史≫ 神宗本紀雖无其內容, ≪高麗史≫ 卷8, 文宗22年 秋7月 辛巳條里却有記載.
11) ≪宋史≫ 卷 487, 高麗傳.
12) ≪宋史≫ 卷 487. 高麗傳神宗熙寧9年條及 ≪高麗史≫ 卷 9, 文宗26年 9月條.
13) ≪高麗史≫ 卷 9, 文宗26年 6月條.
14) ≪高麗史≫ 卷 10, 文宗8年 6月丙午條.
15) ≪高麗史≫ 卷 9, 文宗26年 及 ≪宋史≫ 高麗傳.
16) ≪高麗史≫ 卷 9, 文宗32年 6月 甲寅條.
17) ≪高麗史≫ 卷 9, 文宗33年 7月 辛未條.
18) ≪高麗史≫ 卷 15, 仁宗6年 6月 丁卯條.
19) ≪高麗史≫ 卷 15, 仁宗6年 12月 甲寅條.
20) ≪高麗史≫ 卷 15, 仁宗8年 4月 甲戌條.
21) ≪宋朝事實類苑≫ 卷 40, 文章46.

遼・金・元代高麗與北方民族間的關係

金 九 鎭(弘益大學校)

1. 序 言

在中國經過五代十國的分裂時期, 國力衰弱之際, 在北方, 契丹族和女眞族等騎馬民族乘機興起. 由分裂完成統一的宋朝, 亦因其標榜文治政策而疏忽了國防. 由于其對北方騎馬民族未能加以有效統治, 其結果, 契丹的遼・女眞的金・蒙古的元相繼蜂起, 在入侵中原的同時, 還入侵韓半島. 在韓半島統一後三國的高麗, 奉行類似中國宋朝文治政策的結果, 導致經歷了武臣之亂. 宋和高麗, 由于未能有效地防禦興起于北方的契丹族・女眞族・蒙古族, 因而經歷了或使王朝遭致滅亡, 或使其避身海島的悲運, 同時一般民衆亦被迫遭受異族鐵蹄踩躪之苦. 歷史上, 無論中國還是韓半島, 從來未曾有過像這一時期, 因受北方民族的侵略而深受其害的經歷. 因此, 上述兩個王朝在歷史上不能不被評價爲未能伸張國力的王朝.

北方騎馬民族的社會結構, 與中國和韓半島的農耕民族截然不同. 北方騎馬民族作爲以氏族爲中心的血緣社會, 過着狩獵生活或遊牧生活. 因此, 敎農耕社會以生活規範的儒敎, 在這種北方騎馬民族的社會裏不可能通用.

與此相反, 在騎馬民族社會裏, 占統治地位的是原始的巫術(Shamanism). 巫術比起現世觀, 更重于來世觀. 故使北方騎馬民族在戰場上, 不惜犧牲生命, 英勇無雙地拚搏. 蒙古族・滿洲族(女眞族)之所以能以少數民族, 建立起大帝國, 大槪亦是由于不執着于現實的巫術, 强有力的精神作用的結果.

在農耕社會, 軍事編制以步兵爲主. 但北方騎馬民族因其騎馬, 幷使用長槍和弓矢, 故在戰場上, 農耕民族對北方騎馬民族無可奈何. 正因如此, 當北方民族相繼向中原和韓半島入侵時, 只能坐以待斃. 這個時期中國未能及早制服北方騎馬民族的結果, 不僅招致中國和韓半島爲其所害, 而且連亞洲, 甚至歐洲地區亦曾爲其占領.

這裏試探討一下, 對于如此慓悍的北方騎馬民族, 高麗究竟採取了何種北方政策, 因而未能使其重蹈宋亡的覆轍, 而依舊存續下來.

2. 東亞國際秩序的變化

(1) 中國與韓半島的形勢變化

755年安祿山叛亂後, 國力疲弊的唐朝,節度使跋扈・勉强維持其命脈, 至907年(天祐4年), 終于爲宣武節度使朱全忠所滅亡. 由此, 江北先後建立起後梁・後唐・後晉・後漢・後周五代. 江南則出現了前蜀・後蜀・吳國・南唐・吳越等十國亂立的局面.

五代十國的時代, 在中國歷史上當爲一個分裂的時代. 權力結構變爲地方分權化, 從而弱化了國防. 其結果, 開始受到北方騎馬民族的入侵. 在此以前，早在魏晉南北朝時代，就曾在這種內部動亂中，受過凶奴・鮮卑・羌等五胡的入侵．在中國歷史上的統一時代，曾有效地防備了北方騎馬民族的入侵，但是在分裂的時代，却由于內部的混亂，未能有效地統禦萬里長城以北的異民族，而總是受其侵優．

936年，河東節度使石敬塘，借契丹之力而滅後唐，建立後晉，契丹太宗則以援助的代價，要求臣從・歲貢・幽州(卽今北京)桂州等十六州(燕雲16州)割讓給契丹．由此，燕雲十六州開始在中國與北方民族之間，作爲領土問題而出現．契丹試圖不再重返其故土，强占燕雲十六州，幷以此爲根據地，向中原發展．960年，結束分裂局面而統一中國的宋所面臨的一個重大課題，便是收復燕雲十六州．因此，宋爲收復燕雲十六州曾多次進攻契丹，但却每每告敗．

北方的騎馬民族，過着遊牧和狩獵生活，因生活必需品不足而常掠奪南方的農耕社會．歷史上中國與韓半島由于屢受北方騎馬民族的侵略，因而築起萬里長城和千里長城．以防其侵．但是，北方的契丹族・女眞族・蒙古族幷非滿足于一時的掠奪而試圖建立征服王朝，以構築起利用奴隷勞動，收奪生產果實的經濟體制，進而實現以强凌弱的社會體制．它與北方騎馬民族的社會發展，有着直接的關係．卽可以說是北方民族從未開化的狩獵社會向遊牧社會・農耕社會進而發展的結果．因此北方騎馬民族具有南下的屬性．當中國或韓半島形成强有力的統一王朝時，北方民族則以氏族或部族分裂從屬，幷向邊疆地區滲透，以及與當地農耕民混居，自願成爲編氓；相反，當中國或韓半島出現較弱的王朝或國家處于分裂狀態時，他們則强有力地結合起來，進行侵略和掠奪．爲此，中國和韓半島將其稱之爲人面獸心的夷狄而加以輕蔑．

統一五代十國的宋太祖，徹底抑制唐末以來膨脹起來的節度使等武官的勢力，實行文治政治，抑制武人勢力，建立起中央集權的官僚體制．宋實行極端的文治政治的結果, 導致國防的衰弱, 未能有效地防禦北方騎馬民族, 結果, 爲持續不斷的契丹・女眞・蒙古等族的入侵所滅亡. 在韓半島的高麗, 也因實行文治政治而招致武臣的叛亂, 鄭仲夫等的武將之亂, 造成武臣政權的建立. 他們在北方騎馬民族入侵時, 曾誓死抵禦. 當蒙古入侵時, 將根據地移至江華島進行拼死抵抗, 在他們擁護的高宗降服于蒙古之後, 武臣之殘餘勢力的三別抄轉移到珍島・耽羅島, 決死抵抗蒙古軍, 直至最後一人戰死爲止.

(2) 北方騎馬民族的發展

生活于中國與韓半島北部的北方騎馬民族, 爲非農耕民族, 過着移動的狩獵或遊牧生活. 其民族屬於蒙古與通古斯人種, 以興安嶺山脈爲中心, 在生活西部的種族稱爲蒙古族, 生活于其東部的滿洲的種族稱爲滿洲族(女眞族); 而在其中間東蒙古地區生活的契丹族, 則類推爲蒙古與滿洲族的混血種族. 他們過着以氏族爲單位的生活, 對此, 蒙古族稱之爲"斡孛黑"(Obog), 滿洲族(女眞族)則稱之爲"木昆"(Mokun). 氏族徹底施行族外婚, 通過通婚關係而聯合起來的幾個氏族, 形成了一個政治勢力(Political power), 一面防禦外敵, 一面構成作爲國家的基本單位. 不僅如此, 氏族由于是移動生活的經濟單位, 又是組織軍隊的基本單位, 因此當其超過一定規模會有不便, 故呈現氏族分化的現象. 契丹・女眞・蒙古族的軍事組織均, 以這種氏族組成其最基本的單位, 其代表性的例子可擧女眞的猛安謀克制.

北方騎馬民族在不斷進行征服戰爭的過程中, 形成其族制上下統治關係, 并且強化其軍事實力. 卽于戰爭開始之前便首先勸告對方降服, 這時對不戰而降的種族, 將其納入軍事編制內, 成爲自由人, 然而對拒不受降而終于被俘虜的種族, 則將其作爲奴隸. 由此種族間的階級便而自然劃分出來, 降服得早, 且在征服戰爭中所立戰功越多, 則其地位也越高. 通過征服戰爭, 許多龐雜的種族被網羅起來, 建成一個大帝國, 而其統治階級與被統治階級也由此自然形成. 這種族制的統治關係的基礎, 便是由以氏族或部族爲單位, 編制而成的軍事制度.

十世紀前後, 北方騎馬民族社會, 從未開化的狩獵和遊牧生活擺脫出來, 發展到農牧和農耕生活. 究其原因, 便在于五胡族自從侵入中原以後, 開始有了直接接觸中國的機會, 從而得以接受南方農耕文化的影響. 北方騎馬民族順着中國或韓半島邊境南下, 并生活于邊境地區, 由于他們走向農耕民族化, 過着定居生活, 因此呈現出其氏族解體, 從血緣社會過渡到地緣社會的現象. 契丹·女眞·蒙古族隨其社會的發展, 以獨特的軍事編制爲基礎而成長, 而中國則從唐末以來, 經過五代十國的分裂時代. 國力被衰弱, 故未能有力地統治北方騎馬民族, 加上宋朝實行極端的文治政治的結果, 疏忽了國防建設, 導致北方騎馬民族的入侵. 從此, 中國進入由北方騎馬民族建立的遼·金·元的征服王朝時期.

契丹族生活于遼河上流西剌木倫(Siramuren)河流域的東蒙古一帶, 自北魏時期以未便頻繁地朝貢于中國. 他們一邊過着以遊牧和漁獵生活, 一邊以羊·馬等家畜或毛皮類, 與中國進行交易. 契丹族分爲八個部,各部酋長被稱爲大人, 這些大人再集合一起, 推選其聯合體的盟主. 在契丹的八部中, 以耶律族最爲強悍. 耶律氏代代都作爲大人與盟主, 負起統率軍事的責任. 耶律阿保機從中國引進鐵器文化, 獎勵農業和手工業, 擴大其產量, 從而大大地推行了契丹社會的發展, 擴大他們的勢力.

916年, 統一契丹各部的耶律阿保機. 建立了契丹國(後將國號改爲遼), 以上京爲其首都. 上京卽爲臨潢府, 位于今內蒙古巴林左旗附近. 此後, 遼太祖征伐其隣近的室韋族和奚族, 繼之滅滿洲的渤海國, 成立東丹國, 建立起了橫跨東蒙古和滿洲的龐大的遊牧帝國, 從而契丹成爲以統一北方騎馬民族的最强大的勢力. 938年, 五代時期軍閥之一石敬塘勾結契丹, 滅掉後唐, 建立後晋, 遼太宗作爲其代價, 獲取了從北京地區至山西西部的燕州·薊州的燕雲十六州. 至此, 一直希圖向中原發展的契丹(遼), 以燕雲十六州, 作爲征服中國的前哨基地. 契丹族通過向該地區遷徙和定居, 深受中國文化的影響. 第六代聖宗對其政治體制和軍事組織加以整頓, 强化中央集權體制, 在征服高麗之後, 接受了蒙古塔塔爾部的朝貢. 儘管聖宗曾試圖南侵, 結果僅與宋簽訂了和約(澶淵之盟), 至此, 占据華北地區的遼達到其鼎盛時期, 到1125年第9代天祚帝時爲女眞族所滅.

女眞族原屬通古斯族, 在滿洲東北地區的山林地帶(Taiga地帶), 或松花江和黑龍江下游一帶, 過着狩獵和漁撈生活. 中國五代時期的黑水靺鞨, 卽爲所推測的女眞, 在遼代女眞之一部南下到中國和韓半島的邊境地區, 過着農耕生活. 像這種受中國文化影響, 而過着農耕生活的女眞族被稱爲熟女眞, 在原來的森林地帶過着狩獵漁撈生活的女眞族被稱爲生女眞. 在森林裏生活的女眞, 他們自己稱之爲兀狄哈(Wudike).

渤海存在時, 女眞與契丹之間沒有任何衝突. 然而渤海爲遼所滅, 以及女眞族試圖南下時, 受遼統治的女眞一遇機會便加以反抗. 十一世紀末, 生活于阿城附近的完顔部, 在高麗出身的函普的領導下, 接受了鐵器文化, 過着農耕生活, 幷且統一了附近的生女眞, 形成了中心勢力. 1115年, 完顔部的阿骨打統一女眞, 成立金朝. 第二代太宗與宋聯合滅遼而占据燕雲十六州. 金朝將宋趕到南方, 以淮水和大散關爲界, 占据華北地區, 形成與宋對峙的局面. 至第四代海陵王時, 將首都移至燕京. 同時, 隨着猛安謀克移住華北, 女眞族進入中國的北方, 擁有大土地幷沈醉了中國文化. 第五代世宗時, 金完成了中央集權體制, 在與南宋講和的同時, 致力于保護女眞的固有文化和振興女眞的精神. 其後蒙古興起幷南下華北地方, 1214年金放棄燕京, 回返故土, 但第九代哀宗死後, 金終于滅亡(1234).

蒙古族原散居于蒙古的斡難河等地, 過着狩獵或遊牧生活. 其種族支派頗多, 在未能統一的情況下, 以氏族爲單位過着移動性的生活. 十二世紀時, 蒙古的社會經濟有所發展, 從以往的狩獵生活爲主的森林經濟, 變爲以遊牧生活爲主的草原經濟. 其結果, 積聚財富的統治階級開始出現, 從而演出一系列爲奪得更多的家畜和奴隷而進行的, 包括宗族之間的征服戰爭. 金朝對蒙古族採取血腥的鎭壓政策, 因此導致蒙古族的反抗, 幷以其血緣集團結合起來, 形成了部族國家(Ulus).

12世紀出現成吉思汗幷統一蒙古各部族, 便是由此背景中形成的. 1206年統一蒙古全遊牧民族的成吉思汗, 進攻西夏·吐藩, 一直遠征到西亞地區. 蒙古軍向南入侵中國, 1215年占領遼東, 1234年滅金. 1231年至1270年入侵幷征服高麗. 1271年第五代忽必烈汗(世祖)將國名改爲元, 將都城移至大都(今北京), 1279年滅南宋, 完全統一中國. 元和遼·金一樣, 實行雙重統治體制, 設南·北兩面官, 分別治理中國人和北方民族, 採納蒙古人第一主義。劃分爲蒙古人·色目人·漢人·南人四個級別的身分. 蒙古對其臣服的地區派出達魯花赤爲監督官監視. 到了第六代成宗以後, 經過三十餘年間較爲太平的時期後, 在漢族的農民叛亂(紅巾賊叛亂)中于1368年滅亡.

3. 宋與高麗的對北方政策

(1) 文治主義的 對外政策

宋與高麗對强有力的北方騎馬民族, 因採取消極政策, 宋被趕至南方, 幷遭致亡國的悲運, 高麗則數度爲異民族的鐵蹄所踐躪, 從而使國家蒙受焦土化的慘禍. 這兩個國家均崇尙儒教標榜文治政策, 蔑視武人而疏忽國防. 假若中國能抑抵北方民族的跋扈, 也許全世界都不致遭受蒙古族的侵略.

然而, 北方騎馬民族侵入的時候, 兩國却未能緊密協助, 共同防禦. 北方民族侵略宋時, 宋雖向高麗救援, 但高麗却幷未給予積極的響應. 而高麗在面臨契丹・女眞・蒙古族的侵略時, 宋却慶幸其侵略的鋒芒沒有指向中原. 這與後來于壬辰倭禍時, 明與朝鮮同心協力對付日本侵略適成對照. 高麗只要有機會時, 便欲放棄中國的年號而採用自己的年號. 因此, 當北方民族起而與中國的正統王朝相抗衡時, 高麗總是一邊觀望形勢, 一邊開展雙重外交, 旣向漢族王朝派使節, 又向北方騎馬民族王朝派出使臣. 高麗的這種外交, 作爲實利外交, 意在追求其自主性.

宋建國後, 若不恢復由石敬塘割讓給遼的燕雲十六州, 便處于極爲不安的境地. 這是以漢族所絶不能容認的. 因此, 宋爲恢復燕雲十六州而與新興的女眞族携手, 然而結果是淮水以北的華北地區, 盡皆爲金所奪. 高麗爲收回西北面的江東六州與契丹進行了談判, 且爲收占東北面的曷懶甸, 尹瓘占領了大批女眞族幷構築了九城. 兩國對北邊的騎馬民族, 雖存有這種必待解決的領土問題, 但兩國却消極對待, 幷且未曾致力共同解決此問題.

(2) 宋的北方政策

由于收回燕雲十六州乃爲宋所面臨的當務之急, 而所以宋太祖和太宗先後發動了進攻, 但均告失敗. 第三代眞宗在面臨契丹與維吾爾人聯合進攻, 聽從宰相寇准的意見, 于1004年, 在黃河北邊的澶州城與契丹聖宗議和, 以歲幣給契丹提供每年20万匹絲綢銀10万兩爲代價. 此卽所謂澶淵之盟.

宋卽如此以歲幣換取了和平. 以後, 兩國之間維持了大約120年的和平關係. 通過澶淵之盟, 確定了以宋爲兄, 以遼爲弟的名義上的兄弟關係, 由此, 宋維持了自己的體面, 遼則以其所獲歲幣, 通過維吾爾商人賣給西方世界, 獲得了巨大的利益. 另外, 兩國雖處不穩定關係, 但因致力于貿易, 宋出口其茶和絲綢, 從南方進口香料・犀角・象牙等, 從契丹則進口羊・毛皮等.

此外, 在西北青海地區的黨項族, 自八世紀起遷徙至中國的東北地區, 1038年建立西夏幷進攻宋, 使中國人飽受其苦.

1115年, 女眞族的阿骨打成立大金, 宋便試圖與金聯合進攻契丹, 奪回燕雲十六州. 宋與金結盟, 約宋將原給契丹的歲幣轉給金, 以此爲代價, 宋與金聯合逐遼, 奪回燕雲十六州. 然而, 雖然金按約定占領了遼的領土, 但宋却因攻燕京失敗而未能踐約. 此後金于1125年完全滅掉遼, 耶律大石逃往中亞, 建立了西遼.

遼滅之後, 宋以賠償金爲條件, 占据了燕京, 但因其未履約, 金占領燕京後向南發動侵略. 1126年, 金陷宋都開封, 虜獲徽宗和欽宗等三千人, 此卽靖康之變, 北宋由此滅亡.

逃往江南的宋, 糾合殘餘勢力擁立康王, 于1127年在河南應天府建立南宋. 康王卽爲南宋高宗. 從此, 北爲金所統治, 南宋占据江南以南的土地, 形成南北對峙.

南宋的岳飛將軍在對金戰爭中, 雖立武功幷趕走了南下的女眞族, 但終未能阻止女眞族的金軍, 于1141年, 南宋與金議和. 于是兩國以淮水和大散關爲界, 宋以歲幣向金交25万匹・銀 25万兩, 從而廻避對金行臣下之禮. 通過此次講和, 此後百餘年間金與宋維持了和平局面.

(3) 高麗的北方政策

918年, 王建在韓半島統一了後三國, 建立高麗, 時値中國的五代. 高麗太祖王建以繼承高句麗的名義, 將國名稱爲高麗, 幷企圖推進北進政策, 以收復高句麗故土. 然而高句麗的故土爲契丹族所統治.

高麗太祖向中國五代的後唐, 後晉派出了10餘次使節, 後唐和後晉各派出使臣給予冊封. 第2代惠宗與後晉交換使臣幷接受了冊封. 第4代光宗自948年起, 使用所謂"光德"的高麗年號. 但從951年, 又使用後周年號廣順, 接受中國制度, 實行科擧制, 確立了文治政治的基礎. 另外又于962年, 派廣評侍郞李興祐赴宋, 試圖以相互和親來牽制契丹. 翌年12月, 使用宋太祖的年號乾德. 第6代成宗時, 宋計劃收回燕雲16州, 986年向高麗派出特使韓國華. 韓國華向高麗提出軍援要求, 高麗起初對宋的提議未予同意, 但至最后決定動員軍隊. 然而宋爲阻止西夏入侵, 動員軍隊之後, 高麗便以此爲借口有出兵獲悉此事的遼于986年向高麗派特使, 表示謝意, 幷提議兩國和好.

但是12世紀初, 女眞勃興而建金國. 中國的宋與女眞携手, 進攻遼. 高麗認爲宋與金聯合擊遼, 當時高麗認爲似不可能. 結果金打敗遼, 陷宋都開封, 挑起了活捉宋的徽宗和欽宗的靖康之役. 兩國一起糾紛, 高麗便試圖擺脫此旋渦. 高麗第17代仁宗, 爲施行現實的外交, 對金國行事大之禮, 幾乎斷絶了與宋的國交.

此後, 宋曾提議通過高麗, 向金國派使, 爲救出在靖康之變中被活捉的宋徽宗與欽宗而借道. 但追求現實外交的高麗, 却對此採取消極態度.

高麗・宋・金三國的外交關係, 在當時從表面上看, 確曾如此微妙. 隨着北方契丹族與女眞族的勢力的變化, 高麗與宋的外交呈現間歇的和時斷時續的特點. 但是, 實際上致力于每宋文物交流的高麗, 通過朝貢維持了友好關係. 無論如何, 高麗在引進先進文化的對宋關係上, 是屬于自發和積極的, 相反, 對依武力强制而保持朝貢關係的契丹族·女眞族, 則爲被動和消極的.

13世紀初, 蒙古興起后, 滅掉了女眞的金國, 并侵入高麗. 此后, 高麗曾多次受到來自蒙古的侵略. 掌握高麗政權的武臣遷都江華島, 與蒙古軍對抗了29年. 結果, 高麗最終降服于蒙古, 重返首都開城. 忠烈王以後, 高麗與元結成密切關係, 按照元的要求, 組織了麗元聯合軍遠征日本時, 但却以失敗告終. 爲遠征時, 曾設征東行省, 遠征結束後, 亦予保留幷對高麗內政進行干涉. 此外, 元還占領一部分高麗領土, 置雙城總管府. 東寧府及耽羅總管府. 元還派出達魯花赤, 監視高麗政治. 元的這些干涉內政, 直到1351年恭愍王卽位幷推行反元政策, 最后驅逐元的勢力爲止, 約持續了百餘年.

4. 高麗和北方民族的關係

(1) 高麗的對遼關係

据高麗記載, 高麗太祖5年(922)耶律阿保機向高麗贈送了駱駝和馬. 這是高麗與契丹族之間最初的接觸. 942年當契丹使臣獻來駱駝50匹時, 太祖對契丹滅掉渤海的事實大爲憤怒, 稱'契丹不顧舊盟, 一朝殄滅渤海, 此爲無道之甚, 不足與之結爲善隣', 將使臣30人流配海島, 駱駝弔于萬夫橋下致死. 兩國關係由此斷絕. 高麗太祖在訓要十條的第4條中, 稱契丹謂"禽獸之國", 幷以此告誡後代嗣王.

第三代定宗, 爲對備契丹的入侵, 組織了三十万光軍, 進行了軍事訓練. 遼聖宗985年攻擊定安國, 幷將其滅亡後, 于991年, 在鴨綠江邊的威寇·振北·來遠築城, 割斷了女眞和宋的往來, 準備入侵高麗.

993年遼以蕭遜寧攻打幷奪取蓬山郡, 脅迫高麗盡軍投降. 他聲言"高麗起于新羅之地, 却在侵蝕其所有的高句麗的領土, 與本國領土相連接, 却要隔海朝奉宋朝". 幷威脅" 若能割地朝聘, 可保平安無事." 對此, 高麗將軍徐熙答稱, "我國以高句麗故土爲根基, 故稱爲高麗, 以平壤爲都邑. 若以地界而論, 上國之東京亦屬我之境域, 何侵蝕之理? 此外, 鴨綠江內邊亦爲我之境內, 現由女眞盜据該處, 爲非作歹, 故使道路交通受阻, 朝聘不通, 其咎在于女眞, 因此, 若能驅逐女眞, 尋回我之故土, 築起城堡, 疏通道路, 豈有不朝聘之理?"

蕭遜寧認爲其言在理, 因而揮師而返, 幷同意高麗于鴨綠江東側280里開拓土地. 爲此徐熙于994年起, 率軍師在興化鎭(今義州)·龍州(今龍川)·通州(今宣川)·鐵州(今鐵山)·龜州(今龜城)·郭州(今郭山)等 江東6州築城, 使之成爲高麗的領土. 高麗于此後, 對遼行事大之禮, 遼則獲臣服高麗的名分, 高麗却代之以獲得了確保江東六州的實利.

高麗發生康兆政變事件, 穆宗被廢後, 遼聖宗以問罪爲由, 于1010年率軍40万入侵. 第二次入侵遼軍在于興化鎭遭巡檢使楊規的强烈抵抗, 但仍占領通州, 處死康兆幷淪陷開京. 後遼聖宗接受高麗通過河拱辰等提出的停戰建議而撤軍.

遼雖曾要求收回江東六州, 但高麗未予接受. 因此, 1018年授蕭排押遼軍十万, 重新入侵. 高麗以姜邯贊爲上元首, 姜民瞻爲副元首禦敵. 遼軍攻至開京附近後退却途中, 于龜州遭姜邯贊進攻, 使其勉强保住幾千軍兵活命, 結果遭到慘敗. 此役卽爲龜州大捷.

遼于1019年5月和8月, 先後兩次派使赴高麗, 高麗亦答聘于遼, 由此兩國達成和約. 其結果, 遼只占据鴨綠江東的保州和宣州, 戰爭結果一無所獲. 高麗則上下團結一致, 抗拒了契丹. 此後, 兩國之間圍繞保州和宣州問題, 雖略有糾紛, 但大體還是維持了和平關係.

出現和平局面以後, 設置了互市場(榷場), 而恢復國交後, 使行貿易和走私貿易一起幷行起來, 主要出口物品爲金・銀・工藝品等, 進口則爲丹絲・羊等.

(2) 高麗的對金關係

後三國時代, 尹瑄避開弓裔逃亡至鶻巖城(今安邊附近)雄据, 同時率領黑水女眞, 侵略北邊. 在王建成立高麗後, 尹瑄歸附高麗, 高麗太祖使庚黔弼率開定軍三千人把守鶻巖城. 同時招撫女眞族, 從而取得了不少的成果. 936年, 與後百濟戰于一利川時庚黔弼率領女眞騎兵9500人參戰, 立下了戰功. 女眞自高麗建國時起, 便與高麗有着密切的關係.

當時生活于東北面的女眞, 被稱爲東女眞(東蕃), 西北面的女眞爲西女眞(西蕃), 北蕃指生活于滿洲內地的女眞. 東女眞的一部分曾于1011年, 乘百餘艘船, 侵入韓半島南部的慶州, 這種女眞海寇曾數度騷擾海岸. 他們侵入于山國, 將其變成無人島, 甚至遠達日本沿岸出沒, 使之受害.

然而東女眞一般對高麗採取恭順的態度, 高麗對其亦採取懷柔政策, 女眞族將高麗看作父母之國. 當東蕃要求歸還尹瓘的九城時, 稱"我們祖宗來自大邦(高麗)" 此外, 金太祖阿骨打送高麗的國書中亦稱女眞"將高麗看作父母之國, 幷精誠侍奉之." 採取這種態度的女眞向化于高麗, 他們均爲轉入農耕生活的女眞人. 女眞族的大小酋長曾來朝, 奉獻馬匹和弓矢等土產品, 高麗則一方面賜予食品・衣類等生活必需品, 另一方面賜予酋長以武散階或鄉職等職位.

東北面的東女眞爲高麗的羈縻州, 文宗以後自願爲高麗的偏氓, 并要求編入高麗的郡縣. 過去日本學者曾將高麗的影響限于千里長城外附近咸興平野一帶, 但實際上或許可以認爲比這要廣得多甚至直到豆滿江北.

女眞的烏雅束派軍隊經略臣屬于高麗的曷懶甸一帶的諸種女眞, 追擊依附于高麗的女眞人, 并且直到定州的長城附近爲止. 因此, 1104年在高麗與女眞之間發生了衝突. 肅宗最初派門下侍郎平章事林幹, 由于失敗, 重派樞密院使尹瓘爲東北面行營兵馬都統, 以阻女眞的入侵, 結果又敗. 于是尹瓘向國王建議編爲所謂別武班的新的軍事組織, 以騎兵的神騎軍爲中心, 再建步兵的神步軍和由僧兵組織起來的降魔軍等特殊部隊, 以農民爲中心動員起僧侶和商賈・奴隷.

1107年, 尹瓘爲元首, 吳延寵爲副元首的高麗十七萬大軍, 離開定州關, 掃蕩了女眞族, 占領了曷懶甸一帶. 尹瓘在所占領的雄州・英州・福州・吉州築起四城, 次年以咸州爲大都督府, 將上述四州和公嶮鎭編爲防禦州鎭, 接着在宣州・通泰鎭和平戎鎭亦築起城堡. 此卽所謂尹瓘的九城.

與九城建築的同時, 實施南部地區兵民徙民. 其規模依史料有些差異, 林彦的《英州廳壁記》中爲6466丁戶, 閔漬的《東國編年綱目》中爲69000戶.

失去根據地的女眞族, 以完顔部爲中心, 展開了武力抗爭, 高麗難免于苦戰. 女眞堅持哀求歸還9城. 高麗方面因九城間距離太遠, 巷道很深, 難于防守, 因此朝廷經多次議論, 終于在1109年, 決定歸還并卽撤收.

歸還9城後, 阿骨打征服了東北面女眞, 擊敗了遼軍, 建立了金國. 當阿骨打攻遼時, 遼便向高麗請援兵. 高麗爲避免捲入兩國糾紛, 未作積極響應, 反而利用此機會收復保州等. 戰勢不利的遼軍將保州・來遠兩城歸還高麗後逃亡. 因此, 高麗不費吹灰之力予以接收, 并將保州改爲義州防禦使, 以鴨綠江沿岸, 爲邊界金對高麗收復保州亦予同意.

金于(1117年),派阿只送來"兄大女眞金國皇帝致函弟高麗國王"的書信,建議締結兄弟關係及和親. 這雖是金國要求正式國交的最初交涉, 但高麗對此極爲憤怒幷予抹殺. 但金于1125年遼後, 便强迫高麗建立君臣關係.

當時掌握政權的李資謙和拓俊京, 以目前的國際形勢, 主張其不可避免, 便卽決定. 由此, 高麗派鄭應文等赴金, 上表稱臣, 以後, 金派高伯淑等, 通知交聘格式遵循遼的舊例, 遣返保州路和邊地的女眞人, 承認高麗占領保州, 從而使兩國之間平安無事, 建立起較爲圓滿的關係.

(3) 高麗的對蒙古關係

儘管高麗與蒙古和地理上彼此地, 但在打敗江東城的契丹軍時, 高麗與蒙古却聯合. 起初, 統一蒙古的成吉思汗于1218年, 派出哈眞, 札刺兩位將軍, 遠征位于間島的東眞國, 成功地降服了浦鮮萬奴. 接着, 哈眞等動員了蒙古軍一萬名和東眞軍2万名, 借口"討伐契丹賊", 而順高麗東北地區南下, 先後向契丹族發動了進攻, 繼而向駐紮契丹軍主力的江東進發. 蒙古向高麗提議共同征討江東城. 于是1219年, 高麗的金就礪率精兵與蒙古軍聯合攻陷了江東城. 以後, 兩國在友好的氣氛中, 以"兩國永爲兄弟, 至萬世子孫不亡今日"的內容, 締結了盟約. 它是所謂蒙古爲兄. 高麗爲弟的兄弟盟約.

然而, 1221年蒙古派來的使節著古與強迫要求水獺皮一萬張, 細紬3000匹, 細苧2000匹, 紙一萬張, 紫草(染料)5斤等巨額物品, 而引起爭論. 1225年, 再次來高麗的著古與, 經過咸新鎭(義州)回國途中, 被害于鴨綠江邊. 兩國由此斷絕了, 其後, 蒙古便于1231年入侵了高麗.

蒙古太宗親自興師伐金, 將別軍授與其部將撒禮塔, 要其一面掃蕩遼東方面的金軍, 一面征伐高麗. 撒禮塔率領的蒙古軍渡過鴨綠江, 經略高麗的咸新鎭和鐵州, 重新平定安北府(今安州), 并以此爲大本營, 向高麗各地進攻. 當時設置于北部城鎭的州鎭軍曾堅强抵抗了蒙軍的侵略. 其中尤以西北面都兵馬使朴犀, 在龜州城勇猛地應付了蒙軍的猛烈進攻終于將其擊退. 另外, 副使崔椿命在慈州城. 有效地抵制了蒙軍的包圍進攻而立功. 蒙古軍面對高麗如此頑强的抵抗, 被迫逃避幷南下包圍了開京, 一部蒙古軍甚至攻至廣州·忠州·淸州.

高麗方面則使分台御使閔曦等一面慰勞蒙軍, 一面將王族淮安公王侹派至敵將處交涉和議. 對此, 撒禮塔在西北地方的40餘城, 設置達魯花赤72名, 翌年1232年撤回遼東. 撒禮塔將總管高麗國事的達魯花赤派至開京. 當蒙古的達魯花赤設在高麗首都後, 高麗斷然決定與蒙古分庭抗禮, 1232年將首都移往江華島.

蒙古不僅在經濟上要求所需要的貨物, 還强迫要求派遣征服戰爭所需要的助征軍, 送去王族和高官子女各五百名爲人質. 這些要求高麗無法接受. 高麗遷都江華, 極大地刺戟了蒙古. 另外還接二連三地發生了內侍尹復昌殺害北界的達魯花赤, 搶奪武器的事件和大將軍閔曦在西京謀殺達魯花赤的事件. 因此, 1232年, 撒禮塔領率蒙古軍踏上了高麗的國土. 撒禮塔派使臣赴江華島, 敦促遷都開京. 當高麗未予響應, 蒙古對高麗國土徹底加以蹂躪, 以迫其江華島政府. 爲此, 蒙古軍別動隊還竄到慶尙道的符仁寺, 將其保存的初雕大藏經焚毀. 撒禮塔在處仁城(今龍仁), 身中由僧將金允候所射之箭而陳亡. 失去首腦的蒙古軍, 于是便忙于撤軍.

由唐古率領的蒙軍第三次入侵, 導致戰爭重開. 這場戰爭自1235年至1239年, 是歷經五年的持久戰. 唐古一如撒禮塔, 不與江華島政府交涉, 而橫行于全國, 不分婦孺, 盡皆攻殺. 結果導致全國無以計數的傷亡俘虜和財産損失. 慶州皇龍寺的九層塔便焚于此時. 以崔瑀爲首的統治階級爲趕走敵軍, 着手于新的大藏經組版. 現存于陜川海仁寺的八萬大藏經, 卽于此時着于完成的.

在戰爭持久, 本土受害愈深之際, 高麗政府于1238年向蒙古派出將軍金寶鼎和御使宋彥琦, 要求其撤軍. 對比, 蒙古于翌年向高麗派使節, 以高麗國王向親朝蒙古爲條件, 撤回了蒙軍. 高麗以王族新安公王佺假稱王之親弟而派到蒙古. 蒙古要求高麗, 將移住江華島的民戶遷往內地, 點檢其民戶數及向蒙古送禿魯花(人質). 于是將王族永寧公王綧假稱王之親子和貴族子弟十餘人一起, 以人質送交蒙古.

當高麗朝廷未按約定, 未予出陸時, 1253年, 蒙古重又決定出兵, 開始第五次入侵. 蒙軍元首也窟在進攻和掠奪的同時, 向江華島派出了使者, 要求國王出陸. 對此, 答以先由蒙古撤軍, 然後出陸, 而蒙古則對以只要國王出陸, 蒙古便予撤軍. 當時執政崔沆對此予以拒絕, 于是高麗與蒙古之間發生了嚴重的衝突. 金允候在忠州城擊敗蒙軍, 于是在1254年, 蒙古撤回軍隊.

隨後, 由車羅大所率領的蒙軍入侵高麗, 由是發生蒙古的第六次侵略, 并常持續了六年之久(1254-1259年). 這時高麗受害最大. ≪高麗史≫稱之爲:"是年被蒙古軍生虜之男女, 達二十万六千八百餘名, 被殺戮者不計其數, 蒙軍所過之處皆爲灰燼, 自有蒙古之難以來所未見".

1258年, 柳璥, 金俊等將繼崔沆之後執掌大權的崔竩除棹, 結束了持續達四代六十餘年的武臣政權. 車羅大軍隊集結于江華島對面, 一面威脅江華島, 一面派軍隊四處虜掠. 在東北部, 趙暉・卓青殺兵馬使愼執平等, 携鈇以北之地歸附蒙古爲契機. 在和州(今永興)設立雙城總管府. 高麗認爲和議在所難免, 于是便于1258年派朴希實等, 轉達出陸遷都之意. 据此, 兩國之間持續達29年之久的武力衝突完全中止.

1259年, 高麗太子入朝蒙古. 太子一行至中國的開平府時, 聞高宗訃音, 于1260年返回本國成爲元宗. 在蒙古, 忽必烈繼蒙古皇位成爲元世祖. 于是高麗與蒙古之間的實質的講和, 依蒙古世祖和高麗元宗而得以實現. 它是在某種程度上尊重高麗的傳統和風俗.

蒙古爲推進血緣政策, 使高麗太子與元朝公主成婚, 幷生活于元大都. 以中國發達的文物爲基礎的元代文化, 反映和體現了東西文物和世界文化. 因此, 元代不同于遼・金, 高麗與中國的文化交流十分活躍, 在初期因武力而消極的交流關係, 至後期反而積極得以實現. 這時, 元代的性理學進入, 而高麗的儒學者李齊賢等, 亦滯留于元的燕京, 與中國的儒學者自由地進行交流. 因此, 蒙古的許多風俗, 也在高麗的上層社會流行, 這在當時被稱之爲蒙古風.

5. 結論

高麗自建國起, 便與北方的契丹族・女眞族保持密切的關係. 高麗雖與北方這種强有力的騎馬民族相接觸, 但仍試圖採取恢復高句麗故土的北進政策. 因此, 高麗在西北面, 與契丹和江東州的領土權問題相遭遇, 在東北面, 則與女眞和新開拓的9城還附問題相糾纏. 然而, 江東6州經由談判, 說服契丹, 使之終爲高麗領土, 而初尹瓘的大規模征伐則獲取9城. 繼而又重新歸附女眞. 西北面的保州, 利用契丹族與女眞族的勢力交替之機, 爲高麗所占, 而元末當蒙古族的勢力衰退時, 開拓東北面地方, 使之得以向豆滿江發展. 由此可見, 高麗在忍受契丹・女眞・蒙古族入侵和統治的同時, 却仍堅持不懈地推進北進政策, 在某種程度上達到了目的.

高麗對契丹・女眞・蒙古族的北方騎馬民族, 奉行實利外交和順應形勢變化的現實外交. 高麗致力于與宋之間的文化交流, 但與北方騎馬民族的交流。因其是迫于武力的被迫交流，故帶有消極性和局限性。高麗爲奉行實利外交，隨形勢變化，施行雙重外交。結果，未能果斷地與宋携手制服北方民族。蒙古族侵入時，將首都移往江華島，消極對待，其結果，無疑使一般民衆遭致巨大的戰爭災殃。高麗在韓半島的王朝中，爲受異族侵略最多的王朝。但它沒有如宋那樣被北方騎馬民族所滅亡的原因，在于高麗的追求實利的和現實的外交。

高麗與中國的正統王朝保有事大關係，與北方騎馬民族保有交隣關係。而這種關係之變爲兄弟關係，叔姪關係和君臣關係，意味着由以往的垂直的交隣關係，暫變爲水平關係後，重又變爲垂直的事大關係。不能否認，在此過程中，高麗的華夷觀受到了巨大打擊。恐怕出于這一緣故，宋朝，曾經歷了更多的曲折。然而也加以說高麗，通過追求實利的和現實的外交，較好地克服了這類問題。

北方騎馬民族興起時，必先侵略韓半島，將其征服後再向中國入侵。然而，契丹族·女眞族·蒙古族之所以未占領韓半島，幷將侵掠的鋒芒轉向中國，征服中原，究其原因，可能就在于其憧憬中國文化，意慾掠奪發達的文物和豐富的財貨。北方騎馬民族，因其原本就依靠掠奪經濟，故其戰爭之目的，即在于對農耕民族的掠奪也幷非言過其實。因此，高麗自不必說，就連宋朝所受這些北方騎馬民族的生命和財産之害，是難以言表的。

清與朝鮮
― 關於明清交替時期的國際秩序內 ―

崔 韶 子(梨花女子大學校)

I. 序

筆者欲論及的十六世紀末至十七世紀前半期, 在中國國際秩序中的所謂明・朝鮮・日本・女眞的事大交隣的原有秩序中, 以滿洲爲舞台的國家逐漸發展起來, 取代明而統治中國的淸, 以其嶄新的力量而登場. 他們在對明・朝鮮的關係上, 一面施加壓力和影響, 一面又使明與朝鮮的關係互相對立幷加以牽制, 令其不斷疎遠, 從而以核心勢力出現在東亞國際秩序之中.

對淸來說, 當爲努爾哈赤(Nurhaci)建國至太宗年間, 卽入關之前的時期. 在朝鮮而言, 當爲宣祖・光海君・仁祖統治期間. 于明則爲万曆統治後期乃至崇禎年間.

在入關以前, 淸的對外關係上比重至爲重大的自當爲明. 除此以外, 雖非同類, 但從多方面最爲與淸接近的蒙古, 還有朝鮮.

淸從明朝自古以來就一直接受了許多文物. 在努爾哈赤時代, 雖通過向北京朝貢等保持了一定的關係, 但却是最爲重要和最難對付的對手. 在以後的淸朝政策上呈現, 與蒙古在文化或軍事等方面最爲親近,而且積極加以利用. 然而, 與明至親的朝鮮, 在其初期以後, 不論是實際上的邊境關係等方面, 雖多受影響, 但却仍然是一種潛在的障碍. 因此, 淸的出現, 在東亞國際關係上, 不僅對淸·朝鮮·明的關係, 進而在包括日本在內的四國的國際關係上也將會産生複雜的影響.

因此, 本文擬從淸一側考察淸與朝鮮, 朝鮮的對淸關係·朝鮮的對明關係·明對朝鮮的政策這樣一些複雜的關係中, 考察一下以明爲中心的東亞國際秩序在向以淸爲中心的秩序演變的過渡時期的淸與朝鮮關係.(註1)

淸與朝鮮的關係, 早在淸對朝鮮的二次征伐(1627年, 1636年)(註2) 過程中便已奠定了基礎. 戰爭的結果, 朝鮮與淸結爲中國對外關係上特殊類型的所謂'朝貢'關係. 如所周之, 朝貢制度在政治方面, 具有强烈的隸屬關係的印象, 但在社會, 經濟, 文化方面却不盡然. 有的論者之見, 它意味着證明被編入以中國爲中心的東亞外交秩序, 從而在東亞世界獲得國際承認.(註3) 此外, 在與中國的貿易形態方面也應加以留意.

全海宗敎授關于淸代朝貢特徵方面認爲, 明·淸時期由于中國的嚴重封閉傾向, 因而在韓中之間的所有關係, 都受到了朝貢關係的限制. (註4) 淸的國力雖不算弱, 不承襲唐宋的開放性, 而却沿襲了明的鎖國的對外政策. 該制度的特徵雖爲與朝鮮的關係最明顯, 但其幷不包含政治上的直接統治的意圖, 而僅滿足于臣屬的形式; 朝鮮雖對淸朝非屬心腹, 但淸朝也未予强求.

淸代中國與外國間朝貢關係的類型, 大致按地區可劃分爲東南亞, 中國的西北方, 以及遼遠地區. 淸代的朝鮮屬于東南亞類型, 朝貢的成立與持續的目的, 常被認爲是經濟和文化爲目的, 但中國幷非在經濟上較爲有利, 同時在文化傳播上, 外夷的中國化也非中國所願的. 然而在朝鮮則爲經濟上的損失. 朝鮮通過這種朝貢關係, 引進中國的文化, 幷且成爲朝鮮文化的基礎, 思想上與中華主義也保持着內在的連繫.

朝鮮依据這種關係, 曾制止了異族入侵, 1590年代日本入侵朝鮮(壬辰, 丁酉倭亂) 時, 曾獲得了 明軍的援助. 這一事實, 從中國方面而言, 也相當干在朝鮮便制止了有可能殃及自身的災禍.(註5) 無論如何, 雖然很難排除政治的意義, 但在清·朝鮮·明三國的力學關係中, 擬重新探討十七世紀前半期的東亞史.

Ⅱ. 兩次(丁卯, 丙子) 戰爭以前的清與朝鮮

後金開始征伐朝鮮的1627年以前的兩國關係, 作爲滿洲的女眞, 後金國(1616年)的清與朝鮮的關係, 在建國之前, 比起女眞對朝鮮採取了何種政策來, 更爲重要的是朝鮮如何對待女眞, 而在建國之後, 則應針對後金對朝鮮的政策是如何展開的這一点加以硏討. 女眞在建國之前更爲關心的是與朝鮮如何建立關係及獲得綁助; 朝鮮對女眞, 因其待之以交隣, 故至建國前爲止, 與其說清與朝鮮, 不如說朝鮮對女眞·後金的關係.

通古斯係的女眞在明代的滿洲, 原本以狩獵爲其生活的基本, 在西部與蒙古接壤的地區爲游牧生活, 而于南滿洲平原, 則因其很早便與中國人交隣, 因而又從事農耕明曾向建州衛的酋長提供必要的棉織品, 下達勅書而使之向北京朝貢. 常用之以通婚政策, 對其加以懷柔, 在女眞地區建立佛敎寺院, 以使其歸依佛敎. 成祖使女眞牽制蒙古, 遠征蒙古時, 拖女眞人的軍隊作爲先鋒加以投入, 同時他對女眞人實行的政策之另外一個目的, 還在于用以牽制朝鮮王朝的勢力. 設置建州衛的背景中, 圖門江沿岸的一部分女眞人, 進入朝鮮的國土從事農業這一点也起了作用.

建州左衛出身的努爾哈赤(1559~1626), 于1583年擧兵, 1588年統一

了建州衛, 1589年被明朝任爲都督僉事, 受封龍虎將軍的稱號, 1593年攻擊了以海西衛爲中心的聯合武裝. 1599年和 1607年, 先後進攻哈達和輝發(烏拉于 1613年, 葉赫爲 1619年), 1608年宣布對明斷交. 努爾哈赤通過三十餘年的征服・協商・通婚政策, 于1616年建國. 與朝鮮關係, 在1597年因倭亂使宣祖受困于義州時, 曾派使臣通告往援之意. 他擔心日後倭人進犯建州, 欲派精兵往殺, 然而, 朝鮮方面則以女眞的眞意不得探知, 因而加以拒絶.(註6) 接下來, 1595年提出被虜人遣返請求. 陳捷先(註7) 認爲, 這是朝鮮與女眞之間的第一次正式交涉. 當時朝鮮將其對女眞問題每每向明報告和商議, 但明却對朝鮮和女眞使其雙方互相牽制. 此後有記錄稱, 1596年朝鮮官員曾隨明使去了努爾哈赤處(≪淸三朝實錄≫ 太祖 券1, 丙申春 2月條). 當時滿洲已經自長白山西, 松花江上流起, 一直到圖們江爲止, 努爾哈赤的勢力早有所達, 其後爲吉林一帶, 1607年春, 對鏡城對岸門岩至烏拉部進行大規模進攻, 致使朝鮮北 境受到影響.

　1598年, 努爾哈赤長子褚英等征伐了瓦爾咯(Warka), 而這時的瓦爾咯之一部分幷入朝鮮, 其餘歸屬烏喇的會布占泰, 因此導致努爾哈赤・布占泰及朝鮮之間外交紛爭. 1601年, 努爾哈赤援北方蕃胡之例, 希望來漢城接受職牒, 但朝鮮予以拒絶. 1605年, 自稱建州等地方國王佟, 不僅表示希望與朝鮮友好相處, 而且送來了有關竊蔘犯越者的斬殺及綁擎解送的國書.(註8) 次年滿洲兵侵犯朝鮮, 攻陷潼厥關, 殺害了僉使等200餘人, 朝鮮將此事實報告給明政府. 大體上, 朝鮮宣祖年間, 朝鮮接受了女眞的善意的態度, 以現實問題爲主, 友好交往, 同時考慮到明, 對女眞的接近一邊加以限制, 一邊將與女眞之間的事情向明報告 幷留意于其勢力的擴大.

　然而, 1608年女眞一邊宣布對明斷交, 一邊在經濟上進行糧食和食鹽貿易加以積蓄, 從而充實了國力. 這時的朝鮮, 爲光海君卽位當年, 當時備邊司上啓將奴酋所進俸的貂皮80領, 要求按照藩胡卽忽胡的貂皮題給式例相贈給本道所餘木棉,其交涉對象似爲努爾哈赤.其後,曾于朝鮮邊臣發來書函,要求忽胡綿布.1611年,努爾哈赤曾以聞說中國與朝鮮合力進攻自己而表示過不滿,他們在11月11日的胡書與12月答胡書上,要求嚴禁犯越與盜蔘,刷還越境人.朝鮮方面大體同意了這幾点.犯越刷還問題,一直被女眞用以脅迫朝鮮的辨法和借口.

朝鮮于1612年來滿浦歸順的胡人,每年曾供饋800餘名,後來增加到1000餘人來食,近年來,胡地因凶荒,每天有30~40人來食,滿浦鎭曾擔心其地會成爲女眞救恤的根據地.此後,女眞一直要求與朝鮮通商.女眞滅烏喇後,朝鮮擔心其勢力日益擴大,從而構成對己的威脅,于是將自己如欲爲明出兵,恐遭努爾哈赤的先發制人的進攻這一憂慮向明報告.(註9) 至1614年,明鑒于努爾哈赤軍事威脅愈來愈增長,于是策劃對其進行討伐.爲此,明還要求朝鮮派遣援軍.但朝鮮光海君一面保持高度警戒,一面採取消極觀望的態度.(註10)

這種女眞的勢力增長及對明關係的惡化等等,使朝鮮對女眞和明的關係漸趨棘手.而女眞建國後的對明戰爭(1618年)更使朝鮮從此難以保持曖昧的中立立場.這時,努爾哈赤通過"七大恨"的誓詞(註11) 發表了與明開戰的必要性.針對這一点,明使欽差遼東巡撫李惟蕃,向朝鮮請求援軍.(註12)光海君念再造之恩,不得以廻避對明出兵,同時想到後金勢力的强大着實無法派兵.以李爾瞻爲首的備邊司諸臣等雖主張出兵,但光海君却以派出少數軍卒,于明無濟于事的理由,强烈拒絶了派兵之議.儘管如此,最後仍由于諸臣們的反對,無柰建議征發軍隊只限于在國境線上給與聲援.(賁咨官李玲的奏文)左議政韓孝純或備邊司諸臣們也認爲,與後金軍接戰雖難免一輸,但從名分上仍應出兵.當時集權勢力的大北派代表李爾瞻駁召光海君派使臣希望廻避出兵,而且若不出兵,必會遭致明的追究(註13)

在光海君與備局諸臣的意見對立和明的指責下,結果于1619年2月,共派遣砲手3500人,射手3500人,殺手3000人等計一万餘人的兵力,他們得以在明的劉綎麾下(參加從佟家江向興京, 向南進攻的右翼南路軍)活動. 此時, 努爾哈赤曾多次強行要求不要動兵. 最後雖以薩爾滸(Sarhu)戰役的失敗, 姜弘立等投降後金而告終, 但是, 明與後金彼此都擔心着朝鮮與自己的敵國合作.

明·清發生戰爭期間, 圍繞朝鮮派兵問題在中國方面的資料≪明史≫朝鮮傳中記述有"万曆47年(1619年)楊鎬率馬林, 杜松, 劉綎等雖出了兵, 但却敗于大清軍隊. 朝鮮儘管派出了援兵助戰, 但却不是降服, 便是陳亡. 琿(光海君)告之以急迫, 故發出以更爲優厚的恩典救恤的詔勅.(註14)不過, 在≪神宗實錄≫中, 對姜弘立等的投降却幾乎未予言及, 對"1619年4月陣亡的諸臣們給予了恩恤, 挽慰了忠魂, 幷在喚起士氣的題本上還講到朝鮮壯士的問題."(註15) 然而, 在≪清史≫朝鮮傳上記載"清初朝鮮王李琿, 事明十分愼重. 太祖天命4年(1619年)琿派姜弘立, 率軍助明抗淸".(註16) 全然沒記姜弘立等投降一事. 若考慮到關于明末的史料, 在清初所予整理的話, 亦可知其意圖. 不論是明還是後金, 儘管爲自立場不同, 但仍可推知兩國對當時朝鮮軍的行動均未予認眞的注意.

無論如何, 朝鮮軍投降後金, 讓後金一面標榜對朝鮮和好的政策, 使之在光海君統治期間得以保持和平的關係. 但明對朝鮮的態度變化, 開始持有疑心和戒備, 懷疑其是否與女眞同爲與已敵對, 其有代表性的是徐光啓的朝鮮監護論. 當時與此相仿的意見, 据稱有相當的多數. 徐的朝鮮監護論, 系1619年上奏之≪遼左阽危已甚疏≫中五個救明方略中之一, 主張朝鮮軍的請兵與監護. 据徐之上奏文, 他分析了後金的勃興, 以及由此而引起的東北亞形勢變化, 說明了將來應取之對策. 同時認爲, 後金雖意欲向明挺進, 但其背後又有北關(葉赫)與朝鮮, 因擔心來自他們的挾攻而未能得逞, 北關與明之間被堵塞之後, 唯有朝鮮成爲牽制後金的勢力. 因此, 明應與朝鮮聯合, 以牽制後金. 接着爲永遠使朝鮮綁在明方, 提出了朝鮮監護論, 其理由在于後金的親朝政策及朝鮮人們文弱的民族性. 同時以的漢河西四郡爲例, 要求以監(了解其政勢)護(處于欲倒之危機的使之扶起)使朝鮮從屬化, 作爲爲監護朝鮮的方案, 提議派遣使臣, 并要求將其任務交給徐自己. 如此徐光啓本人便可使之牢記由皇上施予的救國之恩, 并予報答, 從而加以粉碎奴賊與朝鮮合作的陰謀, 看清盟約的僞裝・・・. 于是便在了解到他們朝鮮的內心裏有否異常之後, 與之商議出兵與否, 并使之逐漸强大, 從而能够自己獨立地作戰, 以保衞自己. 如果上了奴賊的當或受其威脅, 而情况發生變化, 旣以大義加以責難, 又秘使奏聞, 使之因時制宜地加以處理.(註17) 當時徐爲左春坊左贊善(詹事部的屬官正六品職)故有可能以使臣的資格前往. 這在明朝廷內曾引起波蘭, 雲南道御史張至發亦提出了與之相仿的上疏. 這此事實依由千秋使李弘胄, 聖節使南撥報告至朝鮮, 光海君依据備邊司的提案, 派李廷龜以陳奏使, 主張强化親明路線, 處斷姜弘立, 事後雖有神宗詰責的詔勅, 但由于神宗的逝去而告一段落(註18)

相反, 明淸戰後, 努爾哈赤通過平安道觀察使朴燁致書光海君, 謂曰;"你們朝鮮派兵助明, 我知此擧非你們之本意, 而是不得已所爲, 况且早年明亦曾救니們于倭難之中,故爲報恩而已・・・. 据我了解, 明主(明朝皇帝)之意, 在于使其弟子們主導我們滿洲及你們朝鮮, 使我們兩國蒙受嚴重的羞辱. 現光海君之意爲我們兩國本無怨讐. 我們本應合力謀敵明, 旣已助明, 互相不再積欠, 故請將詳細告我."(註19) 光海君在答書中稱;"朝鮮與明雖逾200餘年却毫無怨恨, 現在貴國與明結仇, 發動戰爭, 這是令生民塗炭, 隣邦自不必說, 且令四方動干戈之擧, 明與朝鮮的關係形同父子, 子如何不聽父之所言?大致不可負大義."(註20) 并使其理解對明的"事大"和與後金的交隣在名分上無大違這一朝鮮方面的立場, 展開了適當調整的兩面政策.

光海君的這種現實政治論, 以1623年仁祖反正而使大北政權崩倒, 隨着西人政權的進入而將對外名分標榜如下;"我們在東方至誠事大20

0餘年, 毫無缺欠, 宣祖40餘年所蒙再造之恩, 于1619年征虜之役, 以陰敎사, 使200餘年的事大之誠流爲虛地.(註21) 對光海君的這種批判?輕而易擧地獲得了明的承認, 在後金侵略時還制訂了積極對付的方案.

事實上, 薩爾滸戰役後, 明有固守遼東的熊廷弼(遼東經略使)之案和過遼河擊努爾哈赤的王化貞(廣寧巡撫)之案. 當時曾決定採納後者, 但隨着廣寧的陷落而遭破産. 後金勢力隨後向山海關, 經由錦州, 大小凌河, 杏山, 連山, 塔山, 在寧遠, 遭到袁崇煥的저止, 結果, 努爾哈赤而這時所負之傷而死. 後金以薩爾滸前後, 向遼西擴殿勢力, 幷將首都從興京(1616)經遼陽(1621)迁至瀋陽(1625~1644) 還將對明戰爭擴大到中國.

如上卽述, 從努爾哈赤興起至建國時期, 女眞對于朝鮮的女眞交隣政策及其意義是否充分理解尙不知曉, 但總的說來, 保持了和好的, 幷且與朝鮮的立場和態度不相悖的關係. 相反朝鮮的宣祖每每向明報告與女眞的關係, 而明則通過朝鮮, 構思其對女眞的情報及牽制對策. 然而對明斷交以後, 女眞的對明態度漸趨强硬・建國2年後, 發布對明宣戰令, 及至戰爭勝利, 在1620年代的前半期, 得以進出遼西. 至仁祖反正以前, 朝鮮因光海君的現實外交, 大致就此繼承了和好的政策. 不過相對而言, 在薩爾滸戰役以後, 明對朝鮮的疑心漸有增長. 這才有徐光啓的朝鮮監護論開始出台. 但是神宗的逝世, 崇明論者仁祖的上台, 雖使朝鮮對明關係得到緩和, 却招來了後金對明・對朝鮮的强硬政策, 對明進攻的失敗使其轉向對朝鮮的戰爭.

3. 兩次戰爭與淸和朝鮮.

淸對朝鮮的第一次征伐(1627.1.13~3.3)和第二次征伐(1636. 12.9~

1.30)均爲冬天進行,約50天在右的速戰速決的戰爭. 第一次征伐的結果, 使朝鮮被迫中斷與明的關係, 及獲得了歲幣等經濟利益, 第二次征伐則通過君臣關係的形式, 迫朝鮮斷絕了對明關係, 經濟上取得了更爲有利的條件, 在對朝鮮關係上, 實現了朝貢的格局. 因此, 如果說第一次征伐提供, 從交隣向事大發展的端緒, 那麼, 以第二次征伐, 實現了事大交隣. 如此一來, 從1627年至1636年的時期, 另外又通過清與朝鮮及明的關係, 試想探討論證這一時期關係史的性質.

努爾哈赤死後, 爲太宗統治時期. 他即位後,(註23) 通過中國的政治體制及生產力的發展・人材起用等, 欲採納先進的優点. 早在較久以前, 他們從蒙古接受了宗敎(喇嘛敎), 通過文字模倣(滿洲文字), 與皇室的婚姻・征伐等, 將其作爲懷柔的對象・對朝鮮則以強硬的態度, 要求與明斷絶來往.

第一次征伐朝鮮的1627年, 當爲天聰元年・太宗即位後, 即開始試圖進攻寧遠城, 接着便征伐朝鮮. 他們所謂的出兵理由如下:

1) 女眞功取瓦爾喀(Warka)時, 朝鮮曾越過國境, 進攻女眞.
2) 吳喇(Ula)的布占泰貝勒屢次侵略朝鮮, 朝鮮却未曾言及.
3) 女眞與朝鮮幷非仇敵, 但己未年却出援兵助明・女眞釋放了朝鮮官員, 却幷未來謝.
4) 女眞占領遼東後, 逃走的毛文龍滯留朝鮮領內, 雖要求押送, 但遭拒絶.
5) 辛酉年(1621年)欲捕毛文龍時, 未予協助.
6) 對毛文龍, 本由明皇帝給予糧餉, 但朝鮮却向其提供土地, 使其耕種, 幷給錢糧.
7) 女眞皇帝駕崩時或新君即位時, 未派使臣.(註24)等,

將與明關係和毛文龍事件作爲問題. 然而, 在言及這些對外方面的動機之前. 我們還應在國內的政治權力, 軍事或社會, 經濟上應尋找一

下其動機. 金鍾圓先生在論及國內諸因素時, 在經濟方面的原因, 就是後金將與明或爲敵對關係之後, 其生活物資發生了困難. 在1621年占領遼東以後, 便由依狩獵與掠奪來滿足物質方面的需要, 轉向以農業爲中心的生産體制. 在此過程中, 農民的重要性逐漸被認識到. 而那些被俘獲的許多擁有比滿洲族水平高的農業技術的漢人, 以奴隸一隸民的身分, 構成了後金社會的最下層, 形成了農耕與各種公課的生産基礎. 但是, 他們有的或逃亡或謀反, 而毛文龍和朝鮮對其加以收留, 朝鮮又直接或間接地鼓勵他們擺脫後金. 同時, 在戰爭之前, 後金國內發生了大飢荒, 各地發生盜賊,甚至殺·吃人的慘景. 後金爲確保糧食調運和物資的供給, 以及防止漢人的謀叛, 選擇了侵略的路線.(註25) 在對外方面的原因上主要以毛文龍問題和朝鮮的對明關係爲其主要因素.

事實上,已所言及的雖爲太宗的好戰性及有關國內外問題等, 但是後金在第一次征伐朝鮮時, 說從渡鴨綠江開始便提議和平, 是包含了朝鮮對于後金的態度變化如何,有可能防止戰爭的擴大. 他們在和平交涉過程中, 要求斷絶與明的關係, 朝鮮則予以强烈的拒絶.

當時明試圖通過朝鮮牽制後金, 朝鮮則對明崇慕拜更有深化. 但其發生的異變, 源于名分論. 仁祖卽位初年, 決心竭盡全力于對明事大. 根據≪明史≫朝鮮傳1624年(天啓4)10月條, 兵部認爲能夠牽制敵國的是朝鮮, 而能連結屬國的是毛鎭(毛文龍鎭營), 而能駕馭毛鎭的是登來巡撫. 現在撫臣與鎭臣不和, 鎭臣與屬國不和, 十分不利, 故應以鎭撫爲中心, 給予飭勉.(註26) 從中可見其對女眞及毛文龍與朝鮮關係的擔優. 更認爲;"若奴兵東犯, 朝鮮便難維持, 若朝鮮亡幷被納入女眞則其勢力會更爲擴大, 故應在其巢穴空虛時, 派精銳牽制其勢力, 爾後解屬國之圍",(註27) 主張在後金侵略朝鮮時, 首先確保自己的勢力. 這些事實說明其利用朝鮮, 以圖擴大明在遼東的勢力, 而從後金來看, 不能說其對明的意圖毫無察覺. 可見明與後金均以朝鮮爲媒介, 彼此進行牽制. 相反仁祖的過分的名分論, 結果把朝鮮推進了戰場.

然而1627年，呈明的"後金侵略始末"中，仁祖稱:"朝鮮奉皇朝已200餘年，名分已定，大義至嚴．我國已盡原來之禮，… 事大交隣各有其度，今與女眞行和乃爲交隣，奉皇朝乃爲事大．此事大與交隣內爲幷行，幷非相悖，… 我國視天朝如父母國，何以危急存亡爲由，輕易臣下之節?…所謂天朝，常回反曲直，何以一回勝敗而加評論?…播越海島(仁祖被困江華島)其危困亦如此，然亦守義禮，對此，女眞亦受感動．(註28) 還以朝鮮的行動而自豪．其後繼續朝鮮對明使臣來往，幷了解到中原和皇室情況，游敵動態，女眞狀況，同時報告了國內問題或女眞狀況．這個時期的名分論是朝鮮作爲小華，不能與夷狄(女眞)同列，所謂卽便國破，義理也應格守，這種表面上和內心裏對明的事大，卽從中華在明，朝鮮則作爲小華而存在的前提下，構成與夷狄女眞之間關係．這是從現實意義上朝鮮雖處劣勢，但從精神，文化方面，却處于優越的地位之意．卽朝鮮爲顯示自己此女眞優越，不得不在中華的樹陰下，作爲小華而與夷狄(女眞)交隣，對明朝的事大，卽盡管國亡，也應格守義理，是由于只有在卽謂明朝的中華秩序圈內，小華才有可能存在，只有在名義上維持小華之地位，才可保持對女眞的優越性．

　在第一次征伐時，後金于江華島會盟之後通過平壤盟約，決定了日後以鴨綠江爲境界，至于俘虜的刷還，兄弟的盟約及歲幣則由仁祖酌情決定，禁止相互敵對行爲，召回越境者，以及金使待遇問題(與明同等水平)．陳捷先生認爲，江都之盟系互不侵犯的平等之約，與此相反，平壤之約則專享後金的權利，朝鮮却要盡各種義務的不平等條約．(註29) 然而，當時不僅存在着毛文龍及朝鮮的態度問題，而且在國內太宗的主戰論，農耕人口的逃亡，饑饉近來因與明斷絶關係致使糧食不足等也是一個問題，此外，又是最初提議和議，歲幣也未予以決定，還有對明關係方面的嚴重關注等，從而給人們提出了許多難解的問題，如這場戰爭是否果然必需? 太宗爲此戰爭，都作了那些計劃等等．此外 後金未將戰爭拖延長久，且未將戰火燒至朝鮮南部，其原因還似在于擔心明乘虛襲擊滿洲本土的緣故.

　　朝鮮對于後金雖與之結成兄弟關係, 只不過待之以兄長, 後金則從現實的角度出發, 也僅以其優勢, 期待朝鮮對以如明的程度而已. 不過在第一次征伐朝鮮之後, 從後金對朝鮮的態度來看;

　　○ 明淸戰時, 對朝鮮出兵加以悲難的是, 朝鮮事明200餘年, 明欲伐女眞而要求派出兵馬 何以不從?

　　○ 悲難協助毛(文龍)的是, 以天朝將官身分而滯留本國, 朝鮮何以拒絶?

　　○ 在汗的慶弔時未曾入朝的問題上加以非難的是, 朝鮮與女眞旣非冤家, 又非恩人, 在疆域遙遠信使不通的情況下, 何以知曉니們國家的慶弔?

　　○ 朝鮮過去與女眞結成交隣關係, 是由于你們與皇朝通好, 故與女眞通好;己未之役(1619)以後, 女眞旣與明朝成爲敵對關係朝鮮也只好隨明.(註30) 幷聲明朝鮮之所以與女眞交隣, 明確地說是因女眞與明通好, 除交隣外, 別無所求. 其後, 與後金有過春信使, 秋信使等來往, 有關朝鮮的越境者問題, 則給其帶來了許多經濟負擔. 關于開市的要求, 定爲春·夏·秋三個月, 開定在中江·會寧擧行.

　　進入1630年代之後, 企圖將自己的勢力擴大到內蒙古的後金, 在朝鮮的歲幣問題上, 指責朝鮮每年都在減少, 而要求增幣·借兵·助船及與中國使節同等相待. 朝鮮接受了後金的最低要求, 但却拒絶了與明戰爭中所用的船舶, 助兵等以第一次征伐至第二次征伐期間的十餘年, 爲從對淸交隣轉爲事大的過渡時期, 朝鮮儘管對明無所作爲, 但對後金的軍事上要求亦予拒絶. 在其他方面, 以不違背名分爲準, 保持着交隣關係, 對現實的欲求(經濟性的歲幣問題) 亦滿足其最低要求. 後金一邊威脅朝鮮對明進行牽制和斷交, 一邊阻止朝鮮爲明出力. 因此, 這個時期的對女眞交隣, 在名義上一直維持下來. 然而從實際上說, 只好符應後金的要求, 而在文化和精神上却自誇比後金優秀.(註31)

由太宗親征的第二次朝鮮征伐,比第一次的規模要大,其原因和結果也更爲具體和現實. 另外使兩國由兄弟關係發展到君臣關係的第二次征伐,確定了清對朝鮮關係的基本輪廓.

因此,第二次征伐朝鮮的原因,源于第一次征伐以後的不滿和懸而未決的問題,以及尊號問題.(註32) 它旨在爲日後向中國發展,與明保有密切關係并構成幕後勢力的朝鮮,打探一下動向. 1635年12月28日稱"內由八旗和碩諸貝勒,外由各藩諸貝勒,均以尊號權進,朝鮮是否與之一致? 若後金汗稱尊號而成爲皇帝,那麼兩國關係則應發展爲事大,而不是交隣,如此一來,便需同時尊明·清兩帝,因而在朝廷引發一場嚴重爭論,但優勢則爲不惜一戰論. 另一方面,朝鮮考慮向明轉奏關于尊號問題,明則要求朝鮮探聽虜中情況并予報告. 如所周知,圍繞主戰論和主和論,在朝鮮國內尹集和崔鳴吉等的論爭. 而朝鮮由于其準備戰爭,所以招此橫禍. 由于太宗指揮的十萬淸軍的第二次征伐結果,在三田度條約中規定了君臣關係,與明斷交,人質(世子及一各王子·大臣之弟), 接受淸正朔,派遣使臣等爲依明舊例,對明征伐時軍事支援,俘虜遣返,兩國通婚,禁止建築國內城寨,與日本交易一如前往,日本使臣向淸導引,每年朝貢一次及其數額的規定(註34)等. 該條約比起第一次戰爭結果十分具體詳盡,全海宗先生認爲,君臣關係,對明斷交,接受淸正朔,使臣派遣,每年一次朝貢等,是朝貢制度之成立的必要的,也是充分的條件(註35),張存武先生認爲,君臣關係,對明斷交,受淸正朔,派遣使臣,對明征伐時軍事支援,朝鮮內城寨構築禁止,對日交易問題及每年朝貢等,是永久尊行的條件.(註36)

結果,淸通過第二次朝鮮征伐,事實上斷絕了朝鮮的對明關係. 朝貢關係最初被嚴格履行,每年派四次(聖節·正朝·冬至·千秋)使行,但在1644年以後將三第兼年貢使在正朝派赴成爲常例. 另外,助兵在1640年進攻錦州衛時,以林慶業爲將,約有6000人助戰. 經二次朝鮮征服後至入關,這個時期淸對朝鮮施加了最爲强制性的影響力.

朝鮮與淸的條約(1637.1)中, 明的年號廢止, 斷交, 朝貢廢止, 淸的 對明戰爭時的出兵要求及在對明關係方面全面響應淸側要求, 這些在 實踐上皆爲困難的. 和議以後, 對明的事實報告本身自不必說, 更成問 題的是有關出兵問題. 雖除1640年進攻錦州時以外都予廻避, 將作爲 人質而留在瀋陽的昭顯世子在對明作戰時, 令其隨行, 這在同一脈絡 上是可以理解的.(註37) 大淸的這些要求, 可以認爲, 比起實戰方面的 利益來, 更在于使其自己違背對明事大的名分, 從而達到二律背反的 效果. 朝鮮直到明滅亡爲止, 從名分上無法斷絶關係, 自此以後, 亦會 作爲一種自衛政策, 竭力維係其小華地位.

4. 結

迄今爲止, 有關這個時期的淸與朝鮮的研究, 主要爲從朝鮮史的立 場上, 對兩次戰爭(丁卯・丙子胡亂)中朝鮮的受害及與明關係上的名 分論, 或部分有關事大交隣方面的研究. 與此相比, 從淸朝史的立場 上, 研究這個時期的國內問題, 對外發展等方面, 則限于極爲有限的部 分研究. 其原因是因爲這一時期研究史料的不足. 因此有導致依고朝 鮮方面史料(實錄・承政院日記・備邊司謄錄等及瀋陽滯留時的資料). 這種局限, 就是研究該時期對外關係史的問題, 但若能研究當時淸的 國內問題, 尤其是權力結構, 軍事・社會・經濟的基礎及與此相關領 域的研究時, 相信都會了然. 事實上爲能夠積蓄國力, 從而發展成爲大 國提供基礎條件的入關之前時期, 雖說淸從蒙古接受了很多影響, 但 從朝鮮獲得的, 相信除了軍事以外也不少, 從某種意義上似可以說超 過了蒙古.

然而, 言及明淸之際的淸・朝鮮關係時, 不可能排除兩次戰爭, 這個問題結果在政治上，未能擺脫事大・交隣以及與之相聯的朝貢這一框架，只能在其中解決全部問題，這是無法令人滿意的.

總之，隨朝鮮態度如何，也許不致于走向戰爭，然而這個時期朝鮮的對外政策未能選擇出最小規模戰爭辨法. 在明與清兩大勢力中間，曾一度以現實主義外交路線，較好地克服了危機，但對過于固執名分論的崇明勢力，亦難以非難. 因爲他們的名分論，最終旨以維持小華地位而維持朝鮮.

因此，以新的勢力而登場的清，希望朝鮮清算其與明之間的所有關係，只保持與清的關係，明通過朝鮮試圖牽制清，其中間的朝鮮，很難求得較爲有利的實利外交，對于受"再造之恩"的明朝，也難以開展現實外交. 這一切最終導致了戰爭，其結果，并不僅是爲人們一般容易想像的政治屬國，而且以中國對外關係的特殊形態的名稱，大體同現時國際關係，從謀些方面看，似有類似之處.

註釋

1) 准確地說1616年前爲女眞;努爾哈赤建國的1616年後爲後金; 1636年以後爲淸.
2) 中國稱之爲經略・征伐・征服及虜禍・虜師， 朝鮮則稱之爲胡亂・虜亂・入寇・侵入等(拙稿 <中國所見的丁卯・丙子兩役> 《梨大韓國文化硏究院論叢》 57輯, 1990, p.119.)
3) 孫承喆, <朝鮮朝事大交隣政策的成立及其性格－朝鮮朝對外政策史硏究試論>, 《溪村関丙河敎授停年紀念史學論叢》 1988, p.337.
4) 全海宗, <東洋的傳統外交觀> 《歷史與文化》, 一潮閣, 1976, p.18.
5) 全海宗, <韓中朝貢關係史槪觀> 《韓中關係史硏究》, 一潮閣, 1970, pp.55~57, 拙稿<明末中國的世界秩序之變化 - 以壬辰・丁酉倭亂爲中心> 《明末淸初社會的照明》 Han Weol 1990, pp.215~265 參照
6) 《宣祖實錄》 卷 30, 宣祖25年 9月 辛未・申戌條, (拙稿<胡亂與朝鮮的對明・淸關係的變遷> 《梨大史苑》 第十二輯 1975, p.36~37 參照.
7) 陳捷先, <淸太祖時期滿洲與朝鮮關係考> 《金俊燁敎授華甲紀念中國學論叢》1983, p.594.

8) 《事大文軌》万曆33年 11月11日字國書.
9) 陳捷先, 1983, pp.575~576. 金聲均 《初期的朝淸關係交涉史略》 《史學研究》5, 1959, p.4; 金鐘圓 <朝淸交涉史研究:以貿易關係爲中心> 西江大博士請求論文, 1983, pp.8~11 參照
10) 《光海君日記》卷 89, 光海君 6年 7日 戊午
    有關光海君對後金政策的研究:
    (1)田川孝三, <關于光海君對姜弘立的密旨問題> 《史學會報》 1, 京城大, 1931.
    (2)稻葉岩吉, 《光海君時代的滿鮮關係》, 京城大, 大阪屋號書店, 1933.
    (3)李丙燾, 《光海君的對後金政策》 《國史上的諸問題》 1959.
    (4)崔豪均, <光海君的對北方政策考察 - 對明派兵與密旨問題爲中心> 成均館大學學位請求論文, 1983.
    (5)韓明基, 《光海君時代的大北勢力與政局動向》 漢城大學碩士學位請求論文, 1988, 參照.
11) 《滿文老檔》太祖 卷 6, 天命3年
12) 《光海君日記》卷 127, 光海君10年潤4月 庚午條.
13) 韓明基, 1988, p.59.
14) 《明史》卷 320, 列傳 208, 外國1朝鮮, 万曆47年條 (國史編纂委員會譯註, 黃元九-明史, 辛勝夏-淸史, 1986 參照)
15) 《明神宗實錄》卷 581, 万曆47年 4月 壬戌條.
16) 《淸史》卷 525, 列傳 311, 屬國1 朝鮮·(國防硏究院, 台北, 1961) 國譯版參照.
17) 王重民輯校 《徐光啓集》上, 上海古籍出版社, 1984. pp.113~115. 《明神宗實錄》卷 594, 万曆48年 5月 戊戌條·《光海君日記》卷 145, 光海君11年10月 壬子條. 金亨錫, 《17世紀作爲經世家的徐光啓》 1994年 後期 慶熙大博士學位請求論文, pp.78~91 參照.
18) 金亨錫, 1994, pp.86~87.
19) 《淸太祖實錄》卷 6, 天命4年 3月 甲辰條. 拙稿, 1975, p.35 參照.
20) 《淸太祖實錄》卷 6, 天命4年 5月 癸未朔.
21) 《仁祖實錄》卷 1, 仁祖元年 3月 壬子條.
22) 孫承喆, 1988, p.133 參照.
23) 拙稿, <淸初的王位繼承與多爾袞> 《梨大史苑》 9輯, 1970, pp.1~17 參照.
24) 《滿文老檔》Ⅳ, 太宗1, 天聰元年正月28日條.
25) 金鐘圓, <丁卯胡亂時後金的出兵動機> 《東洋史學硏究》 第12·13合輯, 1978, p.91.
26) 《明史》卷 320, 列傳 176, 朝鮮傳, 天啓4年 10月條.
27) 《明熹宗實錄》卷 82, 天啓7年 3月 戊寅條.
28) 《仁祖實錄》卷 16, 仁祖5年 4月 丁酉條.
29) 陳捷先, <略論天聰年間後金與朝鮮的關係>, 《東方學志》 23·24, 1980, p.331

30) ≪仁祖實錄≫ 卷 16, 仁祖5年 4月 丁酉條.
31) 拙稿, 1975, pp.47~49 參照.
    拙稿, 1990, pp.132~138 參照.
32) 尊號問題, 朝鮮稱之爲僭號, 意味着先前後金的統治者汗, 1636年 4月變爲大淸皇帝 乃依据1630年後獲得的蒙古地區和元代以後傳下來的傳國璽. 該玉璽的獲得, 意味着對蒙古統治權的確立和對明征伐準備的完成.
33) ≪淸太祖實錄≫ 卷 26, 天聰9年 12月 甲辰條.
34) ≪淸太宗實錄≫ 卷 33, 崇德2年 1月 戊辰條. ≪仁祖實錄≫, <承政院日記>, 同日字.
35) 全海宗, <淸代韓中關係考察> ≪東洋學≫ 1, 檀大東洋學硏究所, 1971, p.234.
36) 張存武, ≪淸韓宗藩貿易(1637-1894)≫ 中央硏究院近代史硏究所, 台北, 1978, p.14.
37) 拙稿 <在淸廷上的昭顯世子 (1637-1645)> ≪全海宗博士華甲紀念論叢≫ 1979, pp.375~389 參照.

비 평

曺永祿敎授의「中國의 國際秩序 推移와 韓·日의 對應」에 대한 논평

陳振江 교수

　삼가 조영록교수의 본 논문을 읽고, 또한 조교수의 발표를 경청하고는 커다란 계시와 가르침을 받았다. 評者는 조교수의 본 논문이 고대 동아시아 국제관계사를 연구하는 데 있어 매우 빼어난 글이라고 생사뇌어 깊은 감명을 받았다. 시간과 공간상으로 말한다면, 본 논문은 秦漢에서부터 明淸에 이르는 2,000년에 걸쳐 있고, 중국에 존재하였던 봉건왕조를 거의 포함하고 있으며, 또한 각 시기마다 周邊의 여러 民族國家에 발생한 많은 변화와도 관계가 있다. 때문에 이 논문을 작성하는 데 있어 상당한 어려움이 있었을 것이다. 그러나 조교수는 풍부한 史實을 능숙하게 활용하고, 자연스러운 治史方法을 구사하여 중국과 동아시아 국제관계의 발전, 변화라는 주된 논조로 충분하고도 성실한 논증을 전개하여 적지 않은 새로운 견해를 제시하고 있다. 분석이 치밀하고 문장이 간결하면서도 조리가 있어 大家의 성공작으로 손색이 없다. 이 글이 성공을 거두게 된 점은 아래 몇가지로 요약될 수 있다.

첫째, 본 논문은 고대중국과 동아시아 각국의 관계를 開放時代와 鎖國時代라는 두가지 유형으로 나누고 있다. 나아가 특정한 시기, 특정한 유형의 정책 및 조치의 구체적인 내용, 그리고 그것이 동아시아 관계에 끼친 영향을 세밀하게 분석하고 있다. 아울러 중국고대의 대외관계 및 민족관계의 정책상 특징과 관련하여, 진한시기와 수당시기를 개방시대로 규정하고 있다. 또한 이 시기의 중국정부가 인접국가 특히 한국, 일본에 대하여 開明, 開放, 積極, 主動的인 정책과 조치를 취하여 각국의 왕래와 경제, 문화 방면의 교류를 촉진하여 각국 사회발전과 진보에 유익한 작용을 하였다고 주장하고 있다.

본 논문은 진한시기를 개방시대의 개시, 중국역사의 전환기로 규정하고 있으며, 또한 동아시아 각국, 각 민족의 국제관계의 원형, 즉 중국과 동아시아 각국의 "朝貢"관계가 형성되었다고 한다. 본 논문은 수당시기를 진한개방시대의 발전과 연속으로 파악하고, 수당정부가 주변국가 및 민족정권에 대하여 冊封體制를 취함으로써 동아시아 국제질서를 유지하는 데 성공을 거두었으며, 그 개방의 정도는 매우 컸으며 실제적인 효과 역시 진한시기에 비해 현저하였다고 한다. 이 때문에 본 논문은 수당시대에 이르러 동아시아 국제관계에 새로운 시대가 열렸다고 주장한다. 이러한 "開放體制"라는 새로운 시대속에서, 중국은 한국반도, 일본 및 중국주변의 일부 국가와의 왕래가 매우 빈번하여 唐朝 자신과 각국 경제문화의 번영과 발달을 촉진하였으며, 신라와 당조의 해로교통도 개척하였다. 신라에서 중국으로 오는 많은 사람들 가운데에는 王公, 貴族도 있었으며 일반상인, 승려, 심지어는 노예를 포함한 적지 않은 사람이 중국으로 移居하기도 하였다는 것이다.

이상과 같은 종합적인 분석과 논술은 실제와 부합되며, 따라서 그 결론은 독자들이 신뢰할 수 있다. 또한 안정적인 중국이 적극적으로 개방정책을 취한 것은 중국과 인접국가의 발전과 번영에 유리하게 작용하였다고 설명하고 있는데, 이러한 논술은 중요하고도 매우 창조적인 견해라 하겠다.

본 논문은 五代十國, 宋, 元, 明, 淸時期를 "征服王朝"의 위협과 통치아래에서의 鎖國時代로 규정하고, 장기간에 걸친 동아시아 각국 왕래관계가 점차 위축되기 시작하였다고 한다. 남송멸망후 동아시아 국제정세는 중대한 전환점을 맞이하게 된다. 元朝는 "정치, 경제상 고압적인 태도를 취하였으나, 그 사회는 개방적이었으며 쇄국하지 않았다. 또한 해외무역을 장려하여 日本, 高麗와의 해상교통은 여전히 활발하였다." "元末에 이르러, 정부는 해외무역에 대한 통제를 매우 엄격히 하여 폐관경향이 날로 현저해졌으며, 명청시기에 와서는 쇄국뿐아니라 海禁을 실시하여 關禁과 海禁이 도두 엄격하였다." 본 논문에서는 이와 같이 장기간에 걸친 쇄국경향은 요, 금, 원 등 "征服王朝"의 출현과, 그것이 漢族政權을 敗退, 攻滅시킴으로써 조성된 소극적인 경향으로, 동아시아 각국 사이의 왕래관계를 가로 막았다고 주장한다. 특히 고려와 중국의 관계, 그리고 그 해상교류는 불황국면을 맞게되었으나, 민간왕래와 무역은 계속적으로 발전하였다고 한다.

본 논문은 思想淵源상에서도 쇄국의 원인을 분석하고 있다. "征服王朝"와 그 통치의 소극성으로 인해 中國 士大夫는 "尊王攘夷"의식을 보편적으로 갖게 되었다. 이 때문에 "異族에 대한 외교문제상에서 소극적 또는 회피적인 태도" 등 소극주의를 취하였고 나아가 閉關自守的인 길을 걷게 되었다고 한다.

이와 같은 논술은 매우 깊이가 있고 전면적이며, 그 논점은 자못 새로운 견해가 담겨 있다. 특히 조교수가 제시한 中國士人官僚의 名分主義, 尊王攘夷意識이 팽배하여 중국과 동아시아 국제관계를 좌우하였다는 논점은 독창적인 견해이다. 이는 동아시아 국제관계사를 연구하는 데 있어 새로운 사고의 방향을 개척한 것이다. 그러나 評者는 고대중국과 동아시아 관계는 경제, 문화교류가 주류를 이룬다고 생각한다. 특정시기의 정치적 간여가 비록 적지 않은 영향을 끼쳐 종종 정부간 왕래를 좌우하기도 하였지만 민간교류를 금지하지는 못하였다. 明淸時期 關禁, 海禁이 엄격하기는 하였지만 민간교류는 암암리에 여전히 진행되었다. 당연히 조교수는 논문속에서 이러한 상황을 주목하고 있다. 따라서 조교수의 논문은 대단히 성공적이며 전면적이며, 또한 매우 치밀하다고 할 수 있다.

둘째, 본 논문은 고대중국과 동아시아 국제왕래의 형식과 성질을 "公式使者"(곧 정부간 왕래)와 私的 關係(곧 민간왕래)의 두가지로 나누고 있다. 진한시기 주변국가와의 정부간 公的 왕래는 주로 "朝貢과 爵位授與"의 형식으로 전개되었으며, 수당시기에 이르러 "주위 각 민족에 대한 冊封體制를 확립하여 동아시아 국제관계에도 새로운 시대를 열었다." 본 논문은 가장 개방적이었던 唐朝와 한, 일 등과의 관계는 정부간 공식왕래 이외에도 민간무역과 왕래 역시 매우 활발하였다고 거듭 분석하고 있다. 당과 신라의 왕래는 "공식적인 교섭이외에도 私人貿易도 성행하였다." 뒤에는 黃海島 椒島에서 山東半島에 이르는 航線이 개통되어 "韓族이 半島로부터 山東半島에서 淮河流域에 이르는 해안지대로 集團移居하게 되었다. 이러한 사실은 나당교섭이 얼마나 활발하였는가를 설명해 주는 것이다." 본 논문에서는 전형적인 사례로서 唐朝와 新羅사이의 민간무역이 성행하였음을 간략히 언급하고, 또한 中·韓·日 三國의 삼각무역활동을 논술하고 있다. 아울러 9세기 이후 "中國 등 삼국은 중앙정부의 지방통제력이 대체로 느슨해진 반면, 민간무역상인의 해상활동은 도리어 활발하게 진행되었다"고 지적하고 있다.

본 논문은 상당한 지면을 할애하여 고대중국과 동아시아 諸國과의 교류의 주요 방식과 내용을 논술하고 이를 다음과 같이 개괄하고 있다. 즉 朝貢, 冊封, 使節派遣과 留學生, 僧侶往來, 商業活動, 移民 등. 그리고 "심지어 唐朝에서 관리가 된 경우도 자주 보인다. 唐의 수도인 長安은 서역으로부터 각종 새로운 종교가 유입되고, 또 음악과 예술이 유입되어 국제도시로 번영하였다." 본 논문에서는 중국과 아시아 국가사이의 육로교통의 정황 뿐 아니라 해로왕래의 성황을 논술하고 있다. 그 가운데 한민족이 중국으로 移居하였다는 史實은 더욱 귀중하다. 유감스러운 것은 筆者가 지면관계상 자세한 논술을 하지 못하였다는 점이다. 評者는 조교수가 이민문제에 관련된 연구를 통해 다시 한번 훌륭한 글이 나오기를 기대하는 바이다.

총괄해 보건대, 본 논문은 이상 다방면에 걸친 논술속에서 主次가 분명하고 내용이 충실하며, 논증이 엄중하고 견해가 정밀하여 이 방면연구에 있어 매우 훌륭한 글이라 할 수 있다. 당연히 評者는 조교수의 본 논문의 몇가지 논점에 대해서도 의문을 갖게 되었다. 그러므로 어리석음을 무릎쓰고 조교수에게 가르침을 청하는 바이다.

첫째, "征服王朝"와 鎖國傾向, 鎖國時代와의 관련성에 대한 문제이다. 조교수는 10세기 이후, 북방민족의 침입과 정복왕조의 출현으로 인해 중국 사인관료층이 극단적인 존왕양이의식을 갖게 되었으며, 이는 "이민족에 대한 외교문제에 반영되어 소극적 또는 회피적인 태도를 취하게 되어" 점차 쇄국시대를 맞이하게 되었다고 주장하고 있다.

이러한 논점은 매우 새로운 견해이다. 그러나 자세히 고찰해 볼 때, 評者는 이러한 견해는 宋代와 明代의 정황에는 부합하지만 遼, 金, 元, 淸 등의 정황과는 완전히 부합하지 않는다고 생각한다. 왜냐하면 원조는 (조교수의 논문에서 이미 언급하였듯이) 가장 개방적이었으며, 그 개방은 거의 국경이 없을 정도였다. 그러나 淸朝는 쇄국정책을 채택하였으며 그것도 매우 엄격하였다. 이 두왕조는 모두 강대한 정복왕조로서 민족압박 또한 매우 가혹하였다. 따라서 사인관료층은 팽배한 존왕양이의식을 가질 수 없었으며, 이러한 의식으로 대외정책을 좌우하는 것은 더욱 불가능하였다. 이렇게 볼 때, 조교수가 제시한 "정복왕조의 출현과 동아시아 제국의 대외소극적 경향"이라는 명제와 논술은 宋元明淸시기의 실제상황과 완전히 부합할 수 있겠는가? 역시 좀더 전면적인 논증이 필요하다. 또한 만일 元朝 정부와 韓, 日 등과의 정부간 교섭이 거의 끊겼지만 (조교수가 이미 논술하고 있듯이) 민간왕래와 해상무역이 여전히 활발하였다면, 이는 동아시아 국제관계가 결코 소극적이지 않았다는 것을 설명해 주는 것이다.

둘째, 조교수의 본 논문은 明淸을 엄격한 쇄국의 시대라 규정하고 쇄국의 원인을 주로 정치적, 군사적 원인에 귀결시키고 있는데, 이러한 논점은 상당한 근거가 있으며 사실과도 부합하는 것이다. 그러나 경제적 원인도 아울러 고찰해야 한다. 왜냐하면 명청쇄국의 내용은 軍器流出禁止외에도 人口, 生活資料와 生産資料의 유출을 금지하였다. 식량유출을 금지한 반면 食糧, 匹馬 따위의 물품유입은 환영하였다. 이것은 단순한 정치, 군사적 원인 뿐 아니라 경제상의 원인이 작용하였음을 보여주는 것이다. 청조의 쇄국은, 처음에는 臺灣에서 大陸으로 침공하는 鄭成功을 막기위한 것이었으며 나중에는 서양자본주의침략을 방지하기 위한 것이었지만, 경제적 요인도 작용하였다. 예를 들면, 1793년 乾隆(高宗)은 英國王에게 칙서를 보내어 "중국에는 없는 것이 없을 정도로 物産이 풍부하다. 外夷의 貨物과 교역하지 않겠다."라고 하였다. 乾隆은 스스로 경제가 발달하여 외국과 통상무역할 필요가 없다고 생각하여 폐관의 원칙을 고수하였다. 이렇게 본다면, "정복왕조"와 쇄국경향이 도대체 어떻게 연관이 있는가? 또한 시간이 걸리겠지만, 이 점에 대해서는 좀 더 완비된 논술이 필요할 것으로 생각된다.

卞麟錫 교수의 「唐代 中國과 東아시아 관계」에 대한 논평

張 國 剛 (南開大學 敎授·副總長)

 발표자는 오래동안 당대의 동아시아관계사를 다루어 왔으며 일찍부터 이 방면에 많은 업적을 쌓은 바가 있다. 본 논문의 내용도 그러한 것중의 하나로 다음 몇가지로 요약할 수 있다.

 첫째, 발표자는 먼저 中文資料 가운데에서 표명된 "中國中心史觀"을 극복하기 위한 노력에서부터 출발하여 그 의미를 분석하고, 또 中國正史에서 극단적으로 표명된 華夷分辨의 관점과 中國本位의 입장을 검토하였다.

 둘째, 사실을 위주로 하여 역사상의 四夷와 中原王朝와의 관계를 증명하려고 하였다. 총체적으로 말하면 唐朝의 冊封制 規範과 주변국가의 관계를 이용하여 前代와 같이 여전히 "縱軸秩序"를 내세우는데 목적을 두었다. 그러나 前代와 다른 것은 唐帝國이 밖으로의 확장에 치중하여 당시 중국과 통상조공관계를 맺은 나라가 100여 국이나 되었다. 고구려, 백제, 신라와 일본도 또한 중국과 조공·책봉관계에 놓여 있었던 것은 사실이다. 그러나 당제국의 세력이 확립되기 전에 隋

末 群雄들이 모두 돌궐관계를 서둘러 책봉을 받았고, 중원왕조와는 멀리 하였다. 고구려는 수의 세력을 견제하기 위해 돌궐에 사절을 파견하여 서로의 연계를 도모하였다.

당대에 있어서 중국이 敵國禮의 관계를 유지하였던 나라는 돌궐, 고구려와 吐蕃에 한하였다. 이같은 분석은 당시의 역사사실에 부합하는 것이라고 말할 수 있으며 여기에는 다른 의견이 있을 수 없다.

세째, 당대의 徙邊實民이라는 徙民政策을 검토하여 당 초기 동돌궐과 고구려, 백제 등의 사민을 중국영토 안으로 끌여들인 사실을 지적하였다. 여기에는 夷狄을 보는 시각이 다를 수도 있으나 민족융합이 기본틀이 되어야 하기 때문에 다른 異見은 말하지 않겠다. 또 敵對國의 정세 아래서 중국은 懷柔와 離間을 능사로 하는 羈縻政策을 잘 운용하였다. 이같은 기미정책은 변경민족으로 하여금 중국의 민족융합 안으로 끌어 들였기 때문에 중국으로부터 벗어난다는 것은 어려웠을 것이다. 더욱 徙戎으로 민족융합을 촉진하였다. 발표자가 지적했듯이 우리는 중국문화가 지닌 모순을 발견하게 된다. 즉, 이른바 열등문화의 야만인으로 疾視하는 것이다. 이것은 고도의 기미책을 운용하여 중국인[華夏人]으로 융합하였기 때문이다.

네째, 조선반도의 삼국형세의 변화, 그리고 당제국과의 관계에 있어서 새로운 시사[新意]를 던져준다. 동돌궐 패망이 가져다 준 역사적 흐름에서 唐 정부는 힘을 모아 한반도의 간섭에 눈을 돌리게 되었을 뿐만 아니라 고구려가 돌궐이 주는 唐의 外援을 차단하지 못한 것이 이후 나당연합에 의해 쉽게 정복당하게 되었다.

신라가 貢道를 열어줄 것을 호소하면서 당으로부터 借兵을 얻어낸 결과 한반도의 삼국정립을 끝내고 서로간의 긴장된 전쟁을 종지시켜 마침내 삼국통일을 완성시켰다. 隋末 唐初 동아시아 국제관계의 大勢

는 다음의 두 가지가 큰 주류이었다.

첫째 고구려와 돌궐의 연계로 중원왕조에 대항하는 것이고, 둘째 백제와 일본의 연계가 긴밀하였는데, 일본은 심지어 백제부흥운동이 중심이 된 백강구전쟁에 참가하여 당군과 싸웠다. 이 때 신라는 당과 연합하였다.

위에서 630(貞觀 4년)년 이후 당과 돌궐관계가 이전과 달리 종속관계가 역전되었음에도 불구하고 고구려는 계속 돌궐과 연합하는 외교정책을 펴는 '오판'을 하였다. 그러나 신라는 오히려 당과의 연합을 새롭게 폄으로써 자기편으로 이끌어 갔던 것이다.

요컨데 나당연합은 단순한 군사연합의 뜻만이 아니고, 동아시아 정세를 이끌어 갔던 정치, 외교, 군사상의 중요한 合縱策이었다. 당과 신라는 모두 이 합종책을 자기편에 유리하도록 하여 國益을 극대화하였다.

이상은 동아시아사의 역사흐름에서 신라의 능력을 부각시켜 논술한 것으로 신라를 두고 외세를 끌여들인 반민족적인 앞잡이로만 평가할 수 없는 국제관계의 긍정적인 부분이다. 본 논문은 중국학자에게 많은 시사[啓發]와 교시[敎益]를 줄 뿐만 아니라 금후 우리들이 東北亞의 국제관계를 살피는데 있어서 유익한 계시를 준다. 그 주요한 것은 다음의 몇가지로 말할 수 있다.

첫째, 과거 우리들이 신라와의 연합을 말할 때 의문이 되어 왔던 것은 당이 어째서 병력을 내어 한반도에 보내어 신라를 도왔는가 하는 점이었는데 변교수가 동북아의 복잡한 국제환경 속에서 나당연합이 갖는 동아전체의 정치, 외교와 군사형세의 관점에서 본 국제관계의 演變과 그 영향을 고찰한데에서 깊은 이해를 모으게 되었다. 또 이것은 우리들 중국 사람의 思考에 있어서도 진일보한 계발(啓發)을 열어 주었다. 신라가 당병력을 빌려 "貢道"를 개설하였는데 이같은 정치, 군사의 因素 이외에 다른 문화, 경제 방면에서도 원인을 찾을 수 없겠는가 하는 점이다.

둘째, 우리들이 주지하는 바와 같이 당이 강성할 수 있었던 요인으로 이른바 "夷狄"이라고 부르는 外族文化를 광범위하게 흡수하였기 때문인 것으로 보게 된다. 종래 역사학자들은 중국문화[華夏文化]가 외족문화를 동화하였다고 기록하였으나 이상의 관점에서 미루어 보면 同化가 아니고 融合이라고 말할 수 있다.

세째, 종래 일반적으로 신라가 당문화에 완전히 젖어서 자신의 국가를 세웠다고 하였다. 이러한 생각은 전면적인 동화가 아닌 것이다. 역사에서 强勢文化가 弱勢文化를 완전히 동화하지 못한다고 말한 것은 옳다. 그렇지 않고서는 약세문화는 살아갈 수 없기 때문이다. 단지 강세문화의 기초 위에서 여전히 본래의 민족이 갖는 특색을 보존하여 그들로 하여금 생존과 발전을 하게 하였다. 당대의 한국문화도 결코 당문화에 완전히 기울어진 것이 아니고 자신이 가진 민족 특유의 문화를 가졌다고 본다. 한국이 어떻게 하여 본래의 민족 특색을 가진 기초 위에서 당문화를 흡수하였는가는 앞으로 더욱 연구되기를 기대하는 바이다. 이것은 "中華文化本位觀念"을 벗어나는 것일 뿐만 아니라 변교수가 논문에서 언급한 진정한 한국민족사를 세우는 의미이기도 하다. 뿐만 아니라 오늘날 우리 중국의 개혁·개방에서도 중요한 거울로 삼아야 할 것이다.

변인석 譯註 : 최근에 중국인의 관점에서 본 천진국제학술회의에 대한 논평이 ≪中國史硏究動態 1995년-5월≫에 게재되었다고 장국

강 교수와의 국제통화에서 들었기 때문에 참고하기 바람. 주제가 미묘한 중국과 한국관계이었기 때문에 중국에서도 많은 관심을 가진 듯하다. 논평자는 중국 중심사관을 극복하는 것이 한국동양사가 앞으로 해결해야 할 과제라고 수긍하면서도 그 내용에서는 종래의 한·중관계가 종축질서만으로 구축되어 있는 것으로 잘못 받아들이기 쉽게끔 항목을 달았다. 그리고 나·당연합을 동북아의 合縱策으로 말한 것도 재미있다. 또 신라가 당의 병력을 빌려 이른바 '貢道'를 개설한 것이 정치, 군사상의 관계를 가속화한 것 이외에 문화, 경제면에서도 고려할 수는 없을까? 라는 논평자의 문제제기는 해답을 반드시 요구한 것은 아니지만 생각해 볼만한 것이다. 신라의 적극적이고 활기찬 친당정책의 추진은 정치, 군사상에서만 의미를 갖는 것이 아니라 문화, 사회, 경제면에서도 함께 이행되어 갔다고 본다. 그것을 말해주는 사료는 그다지 많지 않다. 『舊唐書』 卷 199上(『新唐書』, 『文獻通考』, 『三國史記』, 『太平御覽』, 『諸蕃志』 등에서도 같은 내용이 보이고 있다)에서 처럼 신라의 문화적인 수준 즉, 예컨대 바둑[奕碁]을 두는 수준이 중국과 같은 수준급이라고 찬양한데에서 찾을 수 있다. 이 말은 삼국 중에서 신라가 가장 친밀히 교류되고 있다는 뜻이다. 그 기준은 660년이라는 시점 즉, 나·당연합으로 함께 싸우는 시기에 나타난 것이다. 이 시점에 있어서 당의 신라에 대한 문화적 인식이 禮儀로 가득 찬 先進的 인식이었다. 즉, 禮儀의 통용이 중국과 조금도 다를 바가 없다는 이른바 '君子之國'의 찬양이다. 일본은 이보다 2세기 늦게 唐 玄宗으로부터 일본이 파견한 大使 藤原淸河의 문필을 보고 일본을 군자국이라고 칭찬하였던 것이다.

申採湜교수의 「10~13세기 東亞 文化交流」에 대한 논평

李 治 安 (南開大 敎授)

申採湜 교수는 宋代의 官僚制에 대해 심도있는 연구를 수행해왔으며, 이번에는 다시 10~13세기 東亞文化交流에 대하여 특별히 연구대상으로 삼았다. 이를 통해 東아시아 각국의 문화교류를 분석함으로써 새로운 접근방법을 제시했다. 그는 이 글에서 주목할만한 훌륭한 견해를 피력하여 宋史연구분야에서의 깊은 조예와 뛰어난 논술기법을 과시했다.

이 글은 특히 일반적인 文化交流보다는 그 근저를 이루고 있는 이념의 융합과 상호작용에 초점을 맞추고 있다. 그래서 皇帝를 중심으로 하는 집권층의 高麗觀을 분석하는데 그치지 않고 曾鞏·徐兢·蘇軾을 전형적인 사례로 포착하여 親高麗觀, 중립적 고려관 및 反高麗觀을 상세히 고찰하였다. 또한 文化나 理念을 그 자체로 국한시키지 않고 그것을 당시의 정치, 군사, 경제, 외교 등의 상황과 연계시켜 파악한 점이 주목된다. 특히 麗·宋간의 海路交易에 대해서도 치밀한 고증을 하였다.

이제까지 東아시아 文化交流에 관한 중국학자의 연구는 표면적인 왕래나 영향을 고찰하는데 머물러 왔고 이념에 대하여는 별다른 관심을 갖지 않았다. 申敎授의 연구는 이런 면에서 높은 학술적 가치는 물론이고, 창의성이 평가되며 중국학자가 배워야할 본보기가 된다.

다만 宋, 遼, 金, 西夏 그리고 高麗사이의 관계를 '國際關係'로 볼 수 있느냐에 대하여 몇가지 다른 견해를 밝히고자 한다. 역사적으로 고려와 중국은 정치, 경제 문화적으로 밀접한 관계를 맺어왔지만 兩者는 기본적으로 장기간 독립된 두개의 국가로 존재해 왔다. 따라서 고려와 중국의 관계는 국제관계임에 틀림없다. 그러나 宋, 遼, 金, 西夏 사이는 국제 관계가 아니라 중국 내부의 여러 民族政權 또는 地域政權간의 관계로 보아야할 것이며, 그 근거는 다음과 같다.

첫째, 현재의 강역 판도에 따라 과거의 國際와 國內를 구분하는 것이 일반적인 국제관례이다. 주지하는 바와 같이 19세기 무렵의 독일에는 프러시아, 바바리아를 비롯해 많은 王國과 公國이 존재했으나 이들을 독일의 國內政權으로 보는데에 별다른 이견이 없다. 국제관례가 이러하거늘 宋, 遼, 金, 西夏 사이의 관계를 중국 국내의 여러 民族政權 또는 地域政權간의 관계로 간주하는 것은 또한 무리가 없을 것이다.

둘째, 10세기 이후 중국의 민족관계에 나타난 새로운 변화와 발전이 지적된다. 중국은 본디 多民族國家이며, 그 발전과정에는 '多元一體'의 특징이 두드러지게 나타나고 있다. '多元'이란 민족의 기원과 구성이 다원적이었다는 뜻이고, '一體'란 각 민족과 지역의 관계가 날로 밀접해져 不可分해졌고 응집력 또한 날로 강화되었다는 의미이다.

漢魏時代에는 華와 夷를 구별하고 華로서 夷를 敎化시키며 華를 높이고 夷를 천시하는 것 등이 사상의 주류를 차지하였으나 宋, 遼, 金, 元으로 이어지는 4백년 동안의 動亂과 融合을 거치면서 중국의

華夷觀과 民族關係는 본질적인 변화가 발생했다. 과거에는 사람들이 대체로 漢族王朝를 正統으로 인정하고 소수민족 왕조를 僭僞로 여겼으나 金朝때의 趙秉文은 ≪蜀漢正名論≫에서 "春秋時代의 제후들은 오랑캐의 예법(夷禮)에 따르면 오랑캐로 보았고 오랑캐일지라도 중국의 예법을 받아들이면 중국으로 간주했다"≪閑閑老人 滏水文集 卷十四≫고 주장했다. 즉 中原에 진출한 소수민족도 중국의 문물제도를 따르면 正統이 될 수 있다는 것이다.

이같은 사상은 元으로 이어지면서 계속 발전하였으며, 元末의 丞相 脫脫은 宋史, 遼史, 金史 편찬에 있어 각기 그 正朔을 받들고 그 年號를 사용토록 재가했다. 그리하여 遼, 金도 宋과 마찬가지로 正統王朝의 반열에 오르게 되었다.

그리고 과거에는 소수민족이 중원에 진출하면 '以夷亂華' 또는 '五胡亂華'로 매도했으나 明太祖 朱元璋은 胡漢은 원래 일가이며 번갈아 중국을 통치했다고 선포했다. 또한 과거의 正史는 소수민족 정권을 蠻夷傳, 外國傳 및 載紀로 처리하였으나 ≪宋史≫속의 遼와 金은 더이상 外國傳이나 蠻夷傳으로 밀려나지 않았다.

이러한 사례들은 과거에는 없었던 커다란 변화가 아닐 수 없다. 遼, 金 등 소수민족 정권이 당시의 봉건통치자나 韓族 士大夫들에 의해 外國으로 배제되지 않고 正統王朝로 받아들여졌던 만큼 오늘날 宋, 遼, 金, 西夏의 관계를 國際關係가 아니라 국내의 民族政權으로 또는 地域政權으로 보는 것 또한 타당성을 지닌다 하겠다.

결론적으로 이같은 견해는 현재의 판도로 國內와 國外를 구분하는 國際慣例에 어긋나지 않고 10세기 이후 중국민족 관계의 새로운 변화와 발전에도 부합된다. 따라서 '中華中心論'的인 논리라고 비판받지 않을 것이며 사람들에 의해 널리 받아들여질 것으로 생각한다.

≪遼·金·元 時代에 高麗와 北方民族 사이의 關係에 대한 評≫

楊志玖 (南開大學 敎授)

 본고의 내용은 高麗와 遼·金·元의 관계에 대하여 전반적인 서술과 분석을 하였다. 본고의 구성은 먼저 宋과 高麗에 대하여 논술하고, 다음으로 遼·金·元에 대하여 논술하였다. 高麗와 宋은 農耕民族으로 유교를 지도 이념으로 삼는 文治政策을 내세우고, 군사의 편제는 步兵 위주였다. 遼·金·元은 北方民族으로 유목·수렵 생활을 위주로 하였으며, 샤마니즘이 신앙의 중심이 되고 騎馬가 무력의 기초가 되었기 때문에 尙武·犧牲 精神이 강하였다. 騎馬民族이 中原을 무력으로 정벌하여 北宋을 남쪽으로 옮겨가게 하였는데, 마침내 南宋은 蒙古에게 멸망당하였다. 이와 마찬가지로 高麗도 이때에 騎馬民族의 침략을 받았으나, 宋이 망하는 것과 같은 前轍을 밟지는 않았다. 이것이 본고에서 필자가 고찰하고자 하는 주된 논지이다.

 본인이 생각하기에는, 이처럼 각국의 국제정세를 분석하는 작업으로부터 출발하여, 연구하려는 주제를 이끌어 내어 고찰하는 방법은 아주 높이 평가할 만하다. 이것은 넓은 시야에서 바라보거나, 또는 높은 곳에서 내려다보는 방법의 하나이다.

　필자는 나아가서 당시 東亞 國際秩序의 변화, 宋과 高麗의 北方民族政策, 高麗와 北方民族과의 관계 등에 관하여 세밀한 서술과 분석을 하였다. 그 가운데에서 정밀하게 논술한 부분도 있다. 예를 들면, 北方 騎馬民族은 생활필수품의 부족으로 말미암아 남방의 농경사회를 약탈하였으며, 宋 太祖는 唐末 이래 節度使의 세력을 억제하기 위하여 文治政策을 시행하다가, 契丹·女眞·蒙古族의 침입을 받아서 멸망하였다고 하였다. 또 北方 騎馬民族의 사회가 발전하는 과정과, 남방 농경사회의 영향을 받아 점차 진보해 나가는 과정에 대한 분석을 하였다. 宋과 高麗는 北方 騎馬民族이 침입할 때에 긴밀하게 협조하지 않았고, 심지어 다른 편의 재난을 다행으로 생각하거나 혹은 관망하는 형세를 취하다가, 양쪽이 모두 패배하게 되었다는 교훈을 필자는 지적하였다. 그러나 필자는 글 가운데에서 高麗와 宋은 朝貢을 통하여 우호관계를 유지하였고, 宋의 선진문화를 받아들이는 데에 있어서 자발적이고 적극적이라고 지적하였으나, 반면에 무력에 의하여 강제적으로 朝貢 關係를 유지하려던 契丹族·女眞族에 대하여는 피동적이고 소극적이었다고 주장하였는데, 이것은 역사의 실제 사실과 부합되는 논지이다.

　結論에서 필자는 위의 논지에서 출발하여 高麗는 實利 外交와 형세 변화에 순응하는 現實 外交를 추구하였는데, 이것이 高麗가 宋처럼 北方民族에게 멸망당하지 않은 원인이라고 생각하였다. 본인이 생각하기에는 이것은 實事求是적 견해이다. 약소 국가가 몇 개의 강하고 호전적인 이웃나라에 둘러싸여 있을 때 자기 민족의 생존을 구하기 위해서는, 단지 형세에 순응하고 자기를 낮추어 국가를 보존하는 길뿐이다. 그러나 高麗 民族은 또한 이민족의 침입을 감수하지 않고,

참지 못할 경우에는 용감히 일어서서 항쟁하였다. <高麗의 對蒙古關係>의 부분에서 필자는 蒙古가 高麗에 대하여 여섯번의 침략을 감행하여 高麗에게 큰 손실을 입혔지만, 蒙古軍도 또한 큰 댓가를 치루어야 했으며, 蒙古軍 장수 撒禮塔이 僧將 金允候에게 죽임을 당하였다고 하였는데, 이것은 하나의 생동감 넘치는 논증이다.

전체적으로 보면, 본고의 내용은 자료를 풍부히 인용하고, 많은 사람들의 연구 성과와 자기의 觀點을 가지고 복잡한 역사 사실들을 조리 있게 서술하였다. 그 중에서 高麗와 宋 사이의 문화 교류, 평화 공존에 대한 서술은 보는 이로 하여금 친절감을 느끼게 할 뿐만 아니라 또한 상당한 현실적인 의의도 있다고 하겠다. 어떤 부분은 中國 史料의 부족한 부분을 보충할 수가 있다. 예를 들면, 撒禮塔에 대해서는 ≪元史≫가운데에서 "그가 날아오는 화살에 맞아서 죽었다〔中流矢卒〕"라고 기록하였을 뿐인데, 본고에서는 그가 僧將 金允候의 화살을 맞아서 죽었다고 지적하였다. 또한 蒙古가 여섯번째 침입을 할 때 蒙古 장수에 대해서도, 본고에서는 그 이름이 車羅大라고 하였고, 전쟁은 6년 동안(1254년~1259년) 계속되었다고 하였는데, 이 사람에 대해서는 ≪元史≫에는 보이지 않는다. 다만 ≪元史≫ 권 133 ≪塔出傳≫에 기재하기를, "塔出은 蒙古의 札剌兒氏이다. 아비 札剌臺는 太祖와 憲宗을 섬겼는데, 갑인년(1254년)에 聖旨를 받들고 高麗를 정벌하였다.…그 해에 蒙古軍이 高麗의 城을 연달아 격파하니, 高麗의 온 나라 사람들이 숨어서 海島로 들어갔다. 기미년(1259) 정월에 高麗가 계책이 궁해지자, 蒙古에 드디어 內附하였는데, 이때에 札剌臺의 功이 많았다."라고 하였다. 札剌臺에 대해서는, ≪元史≫ 憲宗紀에 劄剌臺가 나오는데, 그가 바로 ≪高麗史≫에 나오는 車羅臺인 것이다. 高麗의 語音을 한문으로 옮기는 과정에 서로 다르게 표기한 까닭이 아닌가 생각하는데, 필자가 이것을 고증하여 주기를 바라는 바이다. ≪元史≫에서는 이 전쟁을 아주 간략하게 기술하였으나, 본고에서는 ≪高麗史≫에 기록된 내용을 인용하여 아주 상세하게 기록하였다. 한·중 양국의 史料를 서로 참고하는 것이 중요하다는 것을 알 수 있다.

본고에서 어떤 부분은 검토를 해야할 문제도 있다. 예를 들어, ??? 쪽에 元은 遼·金과 마찬가지로 二重 統治體制를 실행하여 南·北面官을 두었다고 하였으나, 南·北面官의 관제를 단지 遼代에서만 실시하였을 뿐이고 金·元代에서는 뚜렷한 기록이 보이지 않는다는 사실이다. 金과 元은 "자기 나라 사람[國人]"들을 중시하고 그 지위를 漢人보다 우대하였으며, 元代에는 그와 아울러 色目人도 우대하였다. 이러한 통치 정책에 대하여 遼代에 설치한 南·北面官 體制를 가지고, 金·元代와 일괄해서 논의할 수가 없다고 생각한다. 이러한 점은 필자가 참고하기를 바란다.

崔韶子교수의 「淸與朝鮮關於明·淸交替時期의 東亞的 國際秩序內」에 대한 논평

馮 爾 康 (南開大 敎授)

崔교수의 논문을 읽고 많은 수확을 거두었는데, 이 글은 창조성의 견해를 가진 좋은 논문이라고 여겨진다. 아래에 이 논문의 장점을 서술하겠다.

(一)연구방향과 방법의 참신성은 전통을 뛰어넘어 새로운 길을 개척하였다.

(1)이전의 학술계는 明淸之際 朝鮮과 淸朝(女眞, 後金, 淸)의 관계사에 대해서는 부분적인 면을 중시하였다. 최교수의 "朝鮮史의 입장에서 두차례의 전쟁중 朝鮮이 받은 피해와 명분론, 부분적으로 事大와 交隣방면에 관한 연구를 주로 하였다."는 지적과 같이 국부의 문제만을 다루었고, 이러한 상황은 이 방면의 연구에서 새로운 방법을 개척하고 깊게 연구할 필요를 표명하는 것으로 이는 또한 당연히 崔교수로 하여금 새로운 연구를 기도하도록 하였다.

(2)이 논문은 새로운 과제의 방향을 제시하였다. 淸朝의 각도에서

동양제국과 제집단과의 관계를 고찰하였다. 즉 이 글에서 말한 바와 같이 "淸의 입장에서 淸과 朝鮮, 朝鮮의 淸에 대한 관계, 朝鮮의 明에 대한 관계, 明의 朝鮮에 대한 정책 등등의 이러한 복잡한 관계중에서, 明중심의 동양국제질서에서 淸중심의 질서로 전환하는 과도시기의 淸과 朝鮮의 관계를 고찰한다." 明淸之際의 明·朝鮮·淸의 세 방면의 관계에서 明과 朝鮮은 동맹에서 해체로, 淸과 朝鮮은 대립에서 새로운 질서의 확립으로 나아가는데, 삼국관계의 변화로 淸朝는 明朝를 대신하여 동양국제질서의 중심이 되었고 역사의 주인공이 되었다. 연구자는 시선을 淸朝로 이동하여 역사의 실제를 부언하였는데 이는 역사를 존중하는 것으로 또한 역사를 설명할 수 있는 것이기도 하다. 따라서 崔교수가 이러한 새로운 각도에서 창조성이 풍부한 논문을 제시하여 계발을 함으로 연구자의 이 방면에 대한 노력을 이끌 수 있을 것이다.

(3)새로운 방향의 제시는 이와 더불어 연구내용의 변화와 풍부를 낳았다. 즉 淸代 내부의 사물과 이로 인한 대외관계의 변화를 중점 연구하였다. 이 논문은 명확하게 당시 淸의 국내문제, 특히 권력구조, 군사·사회·경제의 기초와 이와 관계있는 영역에 대해 연구를 진행하였다. 예를 들어 조공제도에 대해 단지 예속관계만을 연구하지 않고 사회·경제·문화의 여러 방면을 고려하였다.

(4)새로운 방향의 연구는 상응하는 사료의 탐구를 요구하였다. 崔교수는 지금까지의 연구의 결핍과 사료부족은 연관관계를 가지며, 연구자들이 朝鮮의 사료에 지나치게 치우치도록 하였다는 것을 인식하였다. 새로운 길을 열었으므로 새로운 자료를 찾아야하므로, 崔교수는 논문중 明·淸兩朝의 '實錄', '正史', 당안과 문집을 이용하였다. 여기서 주제를 벗어난 것일지 모르겠지만 어떻게 외국의 사료문헌을 대할

것인가의 문제를 생각해보면 우선 중시하고, 또 감별하여 이용해야된 다고 여겨진다. 본세기 상반기에 중국의 학자들은 관찬사료의 문제점을 인식하고 외국의 사료를 이용하였는데 孟森, 陳垣, 吳晗 등은 학술연구에 많은 공헌을 하였다. 그러나 외국의 사료들도 많은 문제점이 있다.예를 들어 서양선교사의 중국서간중 문화배경이 달라서 사실의 이해에 착오가 있기도 하고, 선교성과에 따라 고의로 왜곡되거나 사실을 과장하기도 하였다. 朝鮮의 『李朝實錄』중의 明·淸전쟁(특히 淸初 남방방면에 관한 부분)에 관한 부분중의 일부는 불확실하다. 그 이유는 당시 朝鮮은 '崇明抑淸'의 태도를 지녔고 중국인에게서 정보를 얻었을 때 거짓 정보를 얻는 경우가 많고 기재상에 진실이 아닌 부분이 들어가는 것을 면하기 어렵다. 따라서 외국문헌사료에 대해서도 진위를 잘 판별하여 적절히 이용해야 되리라 여겨진다. 앞에서 말했듯이 이는 주제외의 말로 崔교수의 문장에 이 문제가 있다는 것이 아니라 외국문헌을 이용할 때에 주의해야할 점을 들어 강조한 것이다.

(二)논문에서 努爾哈赤(淸太祖)시대 淸朝(女眞,金)의 朝鮮에 대한 정책을 정확하게 총결하였다.

崔교수는 努爾哈赤의 흥기부터 서거까지의 30여년중, 朝鮮에 대해 "우호적이고, 朝鮮의 입장과 태도에 마찰이 없는 관계를 유지하였다."고 지적하였다. 이러한 결론은 역사사실과 부합하는 것이다.

努爾哈赤는 큰 포부를 지녔으며 실제에 적합한 행동을 취했던 정치가로 각 방면의 관계를 잘 유지하였다. 흥기하는 과정에서 女眞의 다른 부락, 明朝, 蒙古, 朝鮮 등 각 방면의 관계를 잘 처리하였다. 그는 明朝를 주요 대상으로 1616년 건국이전에는 臣屬關係를 유지하며 무역상의 이익을 얻고 유리한 정치환경을 쟁취하여 女眞의 각 부락을 통일하였다. 건국후에는 무장으로 明朝를 주요 공격목표로 삼았다. 당시 蒙古의 각 부는 통일이 되지 못하였고(林丹汗의 공제력이 극히 약함), 분쟁을 하였는데, 努爾哈赤는 蒙古와 많은 모순을 갖고 있었는데 蒙古의 내부분열을 이용하여 한 부를 장악하여 그 외의 蒙古부락과 明朝에 대치하였다.

朝鮮에 대해서는 우호적 태도를 취하여 朝鮮이 明·淸의 전쟁 중 중립태도를 취하도록 하였다. 그것은 그가 다음과 같은 견해를 갖고 있기 때문이다. (1)朝鮮은 평화의 국가로 蒙古와 달리 주동적으로 淸朝를 공격하지 않을 것이므로 전쟁을 유발하여 적을 만들 필요가 없다. (2)朝鮮과 明朝와의 공고한 동맹관계를 충분히 이해하고 있다. 壬辰倭亂 이후, 朝鮮은 明朝에 대해 '再造之恩'을 보답해야 하므로 가볍게 明을 배반할 수 없어 薩爾滸의 전쟁에서 병력을 출동하여 明을 지원하였기 때문이다. 努爾哈赤는 이를 이해하고 전쟁이 끝난 뒤 朝鮮의 국왕에게 문서를 보내어 朝鮮이 부득이하게 출병한 고충을 이해한다는 것을 표시하고 문책을 하지않고 明朝에 대하는 것과 같이 淸朝와 좋은 관계를 유지할 것을 요구하였다. (3)우호관계를 달성하기 위해서 朝鮮에 압력을 가하였는데 皇太極(淸太宗) 등의 主戰派는 朝鮮에 대해 무력을 행사할 것을 주장하였으나, 努爾哈赤는 동맹을 주요 목표로 삼았다.

(三)논문은 두차례의 전쟁(1627년, 1636년)의 중요성과 그로 인한 淸朝와 朝鮮의 관계의 거대한 변화를 정확히 분석하고 있다.

皇太極이 즉위하자 朝鮮에 대한 정책을 바꾸어 1627년 정월 전쟁

(제1차 전쟁)을 발동하였는데, 그 원인은 여러 방면에 있다. (1)遼西의 경영에 장애가 있으며, (2)明의 장군 毛文龍이 朝鮮의 경내에서 활동하고 있고, (3)毛文龍이 遼東을 불시에 습격하곤 하였는데 明朝가 淸朝에 대해서 공격할 가능성이 있어 불리한 처지에 놓일 수가 있다. (4)淸太宗본인은 원래 朝鮮을 정벌할 것을 주장하였다. 淸朝는 전쟁에서 승리를 거두고 쌍방은 '兄弟之盟'을 맺고, 朝鮮은 淸朝에 納貢할 것을 규정하였다. 그 후에 淸朝는 새로운 요구를 끊임없이 요구하였다. 도망자를 환송하고, 양식과 군사와 선박을 제공하고, 明과의 관계를 단절하여, 朝鮮이 굴종의 지위에 처하게 하였다. 朝鮮은 이에 불만을 갖고, 여전히 明朝를 종주국으로 삼고, 군사를 제공하지도, 도망자를 환송하지도 않았고, 納貢의 기간도 잘 지키지 않았다. 이 때에 쌍방은 이미 대등관계가 아니라 주종관계로 발전하였다. 淸朝는 이에 만족하지 못하고, 또한 淸太宗의 稱帝時 朝鮮이 사신을 파견하지도 않아 1636년 12월에 제2차 전쟁을 발동하여 다음해 정월 朝鮮을 투항하게 하였다. 그 조건은 (1)淸朝의 正朔을 따르고, 明朝의 연호를 버리고 관계를 단절한다; (2)세자, 왕자와 대신의 자제를 인질로 삼는다; (3)척화파의 대신을 淸朝에 보내어 처리케한다. 이는 淸朝가 明朝를 대신하여 종주국이 되고, 朝鮮은 복속국이 되는 것을 의미하는 것으로 군신관계를 형성하였는데 이것이 쌍방관계의 실질이다. 이에 대한 崔교수의 결론은 매우 적합하다. 즉 "제1차 정벌이 交隣에서 事大로의 발전의 단서를 제공하였다면, 제2차 정벌은 事大交隣을 실현한 것이다." 이것이 바로 "이 시기 관계사의 성질이다."

두차례에 걸친 전쟁은 淸朝와 朝鮮의 관계를 변화시켰고, 이 후의 2,3백년의 관계구조를 형성하였다. 이는 양국관계사의 중대사건으로, 崔교수는 이의 의의를 깊이 인식하고 다음과 같이 말하였다. "明淸교체기의 淸과 朝鮮의 관계를 언급할 때, 양차의 전쟁을 배제할 수 없다."그는 이러한 인식의 바탕에서 양차 전쟁에 관한 논술을 문장의 중요한 위치에 놓아 논문의 완성도를 증대시켰다.

崔교수의 논문을 읽고 이해가 철저하지 못한 부분에 대해서 지적하여 지도를 받고자 한다. 崔교수는 결론부분에서 淸朝의 入關前에 국력을 축적하고, 대국으로 발전하는 기초를 제공하였던 시기에 "蒙古로 부터 많은 영향을 받았으나, 朝鮮으로 부터 획득한 것은 군사적인 것이외에도 적지않고, 어느 의의상에는 蒙古를 초월한다고 할 수 있다"고 하였다. 본인이 崔교수에게 지도를 받고 싶은 부분은:

(1)淸의 入關前의 발전과정 중, 朝鮮으로부터 무엇을 획득하였나?

(2)어떻게 朝鮮으로부터 획득한 것이 蒙古보다 많은가? 소위 '어느 의의'라는 것은 무엇을 의미하는가?

본인의 천견으로는 淸朝가 蒙古로 부터 얻은 것이 많은 것같다. 아래에 蒙古의 淸朝의 발전에 대한 중요성에 대해 몇가지 요소를 서술하겠다.

(甲)淸朝의 홍기시, 蒙古의 힘을 얻어 明朝를 공격하고, 朝鮮을 위협하기도 하였다.(蒙古에 식량을 팔도록 강박함). 內蒙古를 통일하고, 전력을 기울여 遼西를 공격하고, 중국을 통일하였다.

(乙)元朝로 부터 玉璽를 전수받고, 이를 천명으로 여기고, 정식으로 淸朝를 건립하여 군주전제국가정권을 이루고 통일천하사상을 수립하였다. 이에 地方的 稱雄觀念은 천하통일의 관념이 되었다. 이는 努爾哈赤과 皇太極시대의 차이점인데 이는 옥새를 획득한 것과 관계가 크다. 滿人은 천명을 믿는데 국새를 전수받은 사실을 천명으로 여기고 중국통일의 관념으로 발전시켰다.

(丙)문화의 영향에서 보면, 蒙古文의 영향으로 滿文을 창시하였다.

(丁)몽고팔기를 설립한 것을 통해 몽고를 중시하고 중국을 통일하는데 도움을 받은 것을 알 수있다.

崔교수가 진행한 것은 창조성의 연구로, 새로운 연구방향과 사상을 제시하였다. 즉 淸朝의 각도에서 淸朝, 明朝, 朝鮮, 蒙古의 네방면과 상호간의 관계를 고찰하여 역사사실과 부합되는 견해를 제시하고, 양차전쟁의 朝鮮과 청조관계중의 작용을 성공적으로 서술한 한편의 좋은 문장이다. 문중에서 문제의 분석에서 의문시되는 부분도 있으나 문장의 전체에 해당되지는 아니함으로 과도한 요구는 옳지않으리라 여긴다.

중국과 동아시아 세계

인쇄일 초판 1쇄 1997년 02월 25일
　　　　 2쇄 2018년 04월 20일
발행일 초판 1쇄 1997년 03월 01일
　　　　 2쇄 2018년 04월 23일

지은이 조영록
발행인 정찬용
발행처 국학자료원
등록일 1987.12.21, 제17-270호

서울시 강동구 성내동 447-11 현영빌딩 2층
Tel : 442-4623~4 Fax : 442-4625
www.kookhak.co.kr
E-mail : kookhak2001@hanmail.net
ISBN 978-89-8206-096-0 (03910)
가 격 12,000원

*저자와의 협의 하에 인지는 생략합니다.